KB235740

화엄경

불교경전 **1**

화 엄 경
(華嚴經)

무한의 세계관

●

김지견 譯

민족사

일러두기

1. 본 민족사판 한글 《화엄경》은 중국 동진(東晉) 시대의 고 승 불타발타라(佛陀跋陀羅)가 번역한 60권 본 화엄경(34 품)의 축역(縮譯)이다.
2. 번역에 있어서는 누구나 쉽게 이해할 수 있도록 하기 위 하여 가능한 평이한 문체의 한글을 사용하였으며 반드시 필요한 한자(漢字)는 괄호 안에 표기하였다.
3. 불, 보살의 명호·인도의 절 이름, 지명 등 고유명사는 본서의 번역에 사용된 저본이 한역(漢譯)이므로 한자음 을 따랐다. 그러나 한자음이 변하여 한글음으로 통용되 고 있는 관용음은 그대로 적었다.
4. 독자들의 편의를 위해 역주와 해설을 수록하였다.

화 엄 경

차 례

제 1 장. 세간정안품 ················ 11

제 2 장. 노사나품 ················ 17

제 3 장. 여래명호품 ················ 33

제 4 장. 사제품 ················ 37

제 5 장. 여래광명각품 ················ 39

제 6 장. 보살명난품 ················ 45

제 7 장. 정행품 ················ 57

제 8 장. 현수보살품 ················ 65

제 9 장. 불승수미정품 ················ 79

제10장. 보살운집묘승전상설게품 ················ 83

제11장. 보살십주품 ················ 89

제12장. 범행품 ················ 101

제13장. 초발심공덕품 ················ 107

제14장. 명법품 ··· 117

제15장. 불승야마천궁자재품 ······························ 129

제16장. 야마천궁보살설게품 ······························· 131

제17장. 십행품 ··· 147

제18장. 십무진장품 ·· 169

제19장. 여래승도솔천궁품 ···································· 187

제20장. 도솔천궁보살찬불품 ······························ 191

제21장. 십회향품 ·· 195

제22장. 십지품 ··· 231

제23장. 십명품 ··· 253

제24장. 십인품 ··· 261

제25장. 심왕보살문아승지품 ······························ 273

제26장. 수명품 ··· 279

제27장. 보살주처품 ·· 281

제28장. 불부사의법품 ·· 285

제29장. 여래상해품 ·· 291

제30장. 불소상광명공덕품 ···································· 293

제31장. 보현보살행품 ·· 301

제32장. 여래성기품 ·· 307

제33장. 이세간품 ·· 317

제34장. 입법계품 ·· 339

역 주 ··· 385

해 설 ··· 399

제1장 세간정안품
(世間淨眼品)

이와 같이 나는 들었다.

어느 때, 부처님께서 마가다국의 적멸도량[1]에 계시었다. 부처님께서 처음으로 깨달음을 이루셨을 때, 대지는 청정해지고 갖가지 보화와 꽃으로 장식되었으며 아름다운 향기가 넘쳐 흘렀다.

또 화환은 부처님 주위를 둘러싸고 있었으며, 그 위에 금·은·유리·수정·산호·마노 등의 진귀한 보석들이 뿌려졌다. 그리고 수많은 나무들은 잎과 가지에서 빛을 발하면서 빛나고 있었다.

그때 부처님께서는 과거·현재·미래의 진리가 모두 평등함을 깨달았고, 그 지혜의 광명은 모든 사람의 몸 속까지 비추었으며, 미묘한 깨달음의 음성은 세계의 끝까지 들렸다. 그것은 마치 허공을 질러 가듯이 아무런 장애도 받지 않았다.

부처님은 평등한 마음으로 모든 사람들 가까이에 계시며 사람들의 마음과 행동을 알고 계셨다. 그 지혜의 빛은 모든 어둠을 없앴을 뿐 아니라 무수한 부처님의 나라〔佛國土〕를 나타내었으며 여러 가지 방편을 써서 사람들을 교화시켰다.

부처님은 보현(普賢)보살과 보덕지광(普德智光)보살 등 무수한 보살들과 함께 계셨다. 이 보살들은 모두 옛날에 함께 수행한 비로자나 부처님의 벗들이며 뛰어난 덕을 완성한 이들이었다.

그들은 보살의 수행을 마쳤을 뿐 아니라 지혜의 눈이 밝아 과거·현재·미래를 통찰하고 있었다. 또한 마음은 고요히 통일되어 있었으며 한 번 진리를 설하기 시작하면 광대한 바다와 같이 끝이 없었다.

또 모든 사람들의 마음의 움직임을 알고 있어서 그에 따라 괴로움을 없애주었으며, 어떠한 일이든 그 안에 뛰어들어 능히 이를 경험한 후, 버릴 것은 버리고 지닐 것은 취하였다.

또 모든 부처님의 세계에 있으면서 정토(淨土)²⁾를 건설하고자 하는 원(願)을 일으켰으며, 무수한 부처님을 예배·공양하며 자신의 몸은 부처님의 공덕으로 충만해 있었다.

이처럼 많은 보살들이 부처님의 주위를 에워싸고 부처님의 시중을 들고 있었다.

그 밖에도 부처님을 호위하는 신들과 도량을 지키는 신들, 대지와 수목의 신들, 하천과 바다의 신들, 혹은 아수라

(阿修羅), 라후라(羅喉羅), 긴나라(緊那羅)3) 등의 신들과 삼십삼천왕(三十三天王)4)과 야마천왕(夜摩天王), 도솔천왕(兜率天王), 화락천왕(化樂天王), 타화자재천왕(他化自在天王) 등의 무수한 천신 천왕들도 부처님의 곁에 있었다.

그들은 모두가 부처님의 가르침을 받들고 있었으며 여러 가지 방편으로 모든 사람을 교화하는 능력을 지니고 있었다. 또 수많은 천신과 천왕, 그리고 여러 보살들은 부처님의 신통력을 받고는 모두가 부처님께서 깨달은 세계를 찬탄하였다.

그 가운데 낙업광명천왕(樂業光明天王)은 부처님의 신통력을 받고 다음과 같이 찬탄하였다.

"모든 부처님의 경계는 매우 깊어서 생각으로는 헤아릴 수가 없다. 부처님은 많은 중생들을 교화하여 궁극의 깨달음에 이르게 하신다. 모든 사물의 진실한 모습은 번뇌의 어지러움을 떠나서 고요히 통일되어 있으며, 어떠한 것으로부터도 장애를 받지 않으신다.

또한 여래는 신통력으로써 비록 한 개의 털구멍과 같은 작은 세계에서도 중생을 위하여 위없는 진리를 설하여 주신다.

여래는 진리의 깊은 의미를 통찰하고 중생들 각각의 능력에 따라 불멸의 가르침을 비와 같이 내리시며, 그로 인해 많은 진리의 문이 열려 고요히 통일되어 있는 평등하고 진실한 세계로 중생을 이끌어 들이신다."

세간정안품
13

또 시기대범왕(尸棄大梵王)은 부처님의 신통력을 입고 다음과 같이 찬탄하였다.

"부처님의 몸은 언제나 맑고 고요하다. 가령 시방의 세계를 두루 비추어도 부처님의 몸은 모습이 없고 형태를 나타내는 일이 없으며, 흡사 하늘에 떠있는 구름과 같다.

이같이 부처님의 몸은 적정하여 통일의 경계에 있으므로 어떠한 중생도 생각으로 헤아려 알 수 있는 것이 아니다.

또 여래는 진리의 대해(大海)를 단지 한 소리로써 설하시니 거기에는 조금의 모자람도 없다. 여래의 미묘한 음성은 깊고 충만하며, 중생은 저마다의 근기에 따라서 그 가르침을 받아들일 수가 있다. 과거·현재·미래의 삼세(三世)에 걸쳐서 얻은 바 시방의 모든 부처님의 보살행(菩薩行)[5]은 모든 여래의 몸 안에 나타나 있다.

그러나 여래는 그것을 조금도 꾸미지 않으신다. 부처님의 몸은 흡사 허공과 같아서 다하여 그치는 일이 없다. 부처님의 몸은 모습이 없으며, 따라서 어떠한 것으로부터도 방해를 받지 않는다."

또 일광천자(日光天子)는 부처님의 신통력을 입고 다음과 같이 찬탄하였다.

"부처님의 지혜광명은 한량없는 시방의 국토를 비추며 모든 중생들로 하여금 눈앞에서 바로 부처님을 보고 믿고 받들게 한다. 중생의 세계는 큰 바다와 같이 넓지만 부처님은 그 마음을 잘 알고 있으며 중생들을 이끌어 지혜의 바다에 들게 하신다.

부처님께서는 이 세상에 나시어 시방세계를 남김없이 비춘다. 부처님의 영원불변한 법신(法身)[6]은 어떠한 것에도 비교할 수가 없으며 위없는 지혜로써 진리를 설하신다.

부처님께서 중생의 생활 속에 뛰어들어 같이 고난을 겪는 것은 오로지 중생을 위해서이다.

부처님께서는 그때그때의 상황에 따라 오묘하신 몸을 나타낸다. 그러나 그것은 마치 보름달과 같고 허공에 맑은 빛이 비치는 것과 같은 것이다. 어리석음으로 인하여 마음이 어두운 중생은 앞을 못 보는 장님과 같다. 부처님은 그러한 괴로움을 겪고 있는 중생들을 위하여 밝은 눈을 열어 주고 지혜의 등불을 밝혀 청정한 몸을 중생들 앞에 나타내신다."

또 비사문야차왕(毘沙門夜叉王)[7]은 부처님의 신통력을 입고 다음과 같이 찬탄하였다.

"중생의 죄는 깊고 무겁다. 아무리 오랜 세월이 흘러도 부처님을 만날 수가 없다. 또 미혹의 세계를 끊임없이 윤회하며 끝없는 괴로움을 받는다.

부처님은 이들 중생을 구하기 위하여 이 세상에 출현하셨다. 부처님은 시방의 모든 중생 앞에 모습을 나타내어 여러 세계에 있는 중생들의 괴로움을 뽑아버린다. 부처님은 방편을 써서 중생의 무거운 죄와 악업의 장애를 없애고 중생을 바른 진리 속에 머물게 하신다.

부처님께서 헤아릴 수 없이 긴 세월을 수행하고 있을 때 시방의 모든 부처님을 찬탄한 일이 있었다. 그로 인하여 높고 위대한 부처님의 이름이 시방의 모든 나라에 전해졌다. 부처님의 지혜는 허공과 같이 끝이 없으며, 영원불멸한 진실의 모습인 법신은 불가사의하다고 할 수밖에 없다.”

이 밖에도 많은 천신(天神)과 보살들이 차례로 부처님의 신통력을 받아서 부처님의 세계를 찬탄하였다. 그때, 연화장 장엄세계(蓮華藏莊嚴世界)는 열 여덟 가지의 모습으로 진동하였다.

그리고 모든 세계의 왕들은 불가사의한 공양(供養)의 구름을 나타내어 부처님의 적멸도량 위에 비를 내렸다.

그 하나하나의 세계 안에 부처님의 도량이 있었으며 또 부처님은 그 각각의 도량에 앉아 계셨다.

모든 세계의 왕들은 그들의 세계에 있는 부처님을 믿고 마음을 통일하였으며, 불도를 행하고 깨달음을 열었다. 시방의 모든 세계도 이와 같았다.

제 2 장 노사나품
(盧舍那品)

그때 많은 천신들과 천왕들은 다음과 같은 의문을 일으켰다.

"도대체 부처님의 세계라고 하는 것은 무엇일까. 부처님의 행과 부처님의 힘과 부처님의 선정(禪定), 부처님의 지혜라고 하는 것은 도대체 무엇일까.

또 부처님의 명호(名號)의 바다, 부처님의 생명의 바다, 중생의 바다, 방편의 바다라고 하는 것은 무엇일까. 그리고 모든 보살들이 실천하고 있는 행의 바다라는 것은 무엇일까.

원하옵건대 부처님이시여, 저희들의 마음을 열어 이와 같은 문제에 대하여 밝게 알도록 해 주시옵소서."

이어서 많은 보살들이 부처님의 신통력을 받아 자연스러운 목소리로 다음과 같이 말하였다.

"여래는 한없는 긴 세월 동안 수행을 성취하여 스스로 깨달음을 열으셨습니다. 그리고 때와 장소를 묻지 않고 몸을 나타내시어 중생을 교화하셨습니다.

그것은 마치 구름이 피어올라 허공에 충만하는 것과 같아서 중생의 의심을 낱낱이 제거하여 커다란 믿음을 일으켰으며 세간의 한없는 괴로움에서 벗어나 깨달음의 안락을 얻게 하셨습니다.

또한 무수한 보살들은 일심으로 합장하고 한결같이 여래를 받들어 모시고 있습니다. 아무쪼록 보살의 원에 따라 뛰어난 가르침을 설하여 의혹을 제거하여 주시옵소서.

또한 부처님의 경계와 부처님의 지혜와 힘은 어떠한 것입니까. 바라옵건대 저희를 위하여 가르쳐 주소서. 수많은 부처님의 삼매(三昧)와 청정한 수행과 깊고 오묘한 법과 신통력은 헤아릴 수가 없습니다.

아무쪼록 커다란 가르침의 구름을 피어오르게 하여 중생들의 머리 위에 단비를 뿌려 주시옵소서."

그때 부처님께서는 많은 보살들의 소원을 아시고 입 속의 치아 사이로부터 무수한 광명을 발하셨다.

그 하나하나의 광명으로부터 다시 무수한 광명이 퍼져 나와 수없이 많은 부처님의 나라를 비추었다.

수많은 보살들은 이 광명에 의하여 비로자나 부처님의 연화장엄세계의 바다를 볼 수가 있었다.

그들은 부처님의 신통력에 의하여 다음과 같이 말하였다.

"비로자나 부처님은 한없는 긴세월 동안 공덕을 닦고, 시방의 모든 부처님을 공양하고, 헤아릴 수 없는 온갖 중생들을 교화하여 최고의 깨달음을 완성하셨다.

그리고 광명을 발하여 시방세계를 비추며, 하나하나의 털구멍으로부터 화신(化身)[8]의 구름을 일으켜서 중생의 능력에 따라 교화 방편의 길을 얻으셨다.

여러 훌륭한 불자들이여, 부처님께 공양하라. 그리고 다만 일심으로 공경·예배하며 부처님을 받들어라.

부처님께서 설하신 진리는 그 한 말씀 안에도 무한한 경전의 바다가 있고, 일체 중생에게 감로(甘露)[9]의 비를 뿌려 준다.

여래의 커다란 지혜의 바다는 아무리 깊은 곳도 그 광명으로 비추시며, 진리를 향한 모든 길이 충만하여 있는 것이다.”

이같은 연화장엄세계의 동쪽에 또 다른 세계가 있고 그 안에 부처님 나라가 있으며 그 부처님을 중심으로 무수한 보살들이 결가부좌(結跏趺坐)하고 있었다.

또 남쪽에도, 북쪽에도, 서쪽에도, 또 동남·서남·서북·상·하 어디에도 저마다의 세계가 있어서 그 안에는 부처님의 나라가 있고, 그 부처님을 중심으로 무수한 보살들이 결가부좌하고 있었다.

이들 무수한 보살들은 자기 몸의 모든 털구멍 하나하나로부터 구름과 같은 빛을 뿜어 내고 그 하나하나의 빛 속에 다시 무수한 보살들을 나타내고 있었다.

그때 부처님은 이들 모든 보살들에게 부처님의 무량무변한 세계와 자유자재한 진리의 세계와 자유자재한 진리의 길을 가르쳐 주기 위하여 눈썹 사이[眉間]의 백호(白毫)로부터 광명을 발하였다.

그 빛은 모든 부처님의 나라를 남김없이 비추고 보현보살을 빛 속에 나타나게 하였다. 그리고 보현보살을 대중에게 보인 다음에야 부처님의 족하상륜(足下相輪) 안에 갈무리하였다.

보현보살은 부처님 앞에서 연화장(蓮華藏)의 사자좌(師子座)에 앉았다. 그리고 부처님의 신통력에 의하여 삼매에 들었다. 이것이 '비로자나 부처님의 삼매'이다. 그러자 시방세계의 모든 부처님이 나타나 보현보살을 찬탄하였다.

"훌륭하고 훌륭하도다. 그대는 능히 이 삼매에 들었나니 이것은 한결같이 비로자나불의 본원력(本願力)에 따르기 때문에 이루어진 것이다.

또 그대가 모든 부처님의 서원을 실천하였기 때문이며 이것은 모든 부처님이 설하신 진리를 전하기 위함이다. 그리고 모든 부처님의 지혜의 바다를 넓히기 위함이며, 또 일체 중생의 번뇌를 없애고 청정한 길을 얻게 하기 위함이며, 또 모든 부처님의 경계에 자유자재하게 들어가게 하기 위함이다."

그때 시방의 모든 부처님은 보현보살에게 여러 가지 지혜를 주었고, 또 저마다 오른팔을 뻗어 보살의 머리를 어루만졌다.

그 지혜는 무량무변한 진리의 세계에 들어가는 지혜, 과거·현재·미래의 모든 부처님이 얻으셨던 경계에 이르는 지혜, 그리고 무량한 중생의 세계에 드는 지혜, 일체 중생에게 다함 없는 말씀의 바다에서 진리를 설하여 주는 지혜들이었다.

이 광경을 보고 있던 모든 보살들은 일제히 소리를 높여 보현보살을 향하여 말하였다.

"바라옵건대 청정한 가르침을 설해 주십시오."

그때 보현보살은 부처님의 신통력을 입고 바다와 같이 넓은 중생의 세계[衆生海]와 바다와 같이 깊은 업의 세계[業海], 바다와 같이 넓고 깊은 과거·현재·미래의 모든 부처님들의 세계[三世諸佛海]를 관찰하였다.

그리고 보살들을 향하여 말하였다.

"불자들이여, 모든 부처님의 바다와 같은 지혜는 생각으로 헤아려 알 수는 없습니다. 나는 부처님의 신통력에 의지하여 말하려 합니다. 이는 다만 일체 중생이 지혜의 바다에 들어가기를 원하기 때문입니다."

보현보살은 삼매로부터 일어섰다.

그러자 모든 세계는 여섯 가지로 진동하고, 모든 중생은 평화로워졌으며, 마음은 기쁨으로 가득 차고, 모든 여래의 바다에는 열 가지 보배의 비가 내렸다.

그때 보현보살은 무수한 보살들에게 말하였다.

"모든 불자들이여, 첫째, 모든 세계의 바다[世界海]는 한 없는 인연에 의하여 성립되고 있습니다. 모든 것은 인연에 의하여 이미 성립되어 있으며, 현재에도 성립되어가고 있습니다. 또 미래에도 성립할 것입니다.

여기서 말하는 인연이라고 하는 것은 다음과 같은 것을 가리킵니다. 그것은 즉 여래의 신통력입니다. 그것은 사물 모두가 있는 그대로의 존재인 진여(眞如)인 것입니다. 또 중생의 행위나 숙업(宿業)인 것입니다.

모든 보살은 궁극의 깨달음을 얻을 가능성을 가지고 있습니다. 그래서 보살이 부처님의 나라를 청정하게 하는 일이 자유자재하다고 하는 것입니다. 이것이 세계의 바다에 있어서의 인연입니다.

비로자나 부처님의 경계는 헤아릴 수가 없습니다. 왜냐하면 비로자나 부처님은 무량무변한 모든 세계의 바다를 청정하게 하였기 때문입니다.

둘째, 하나하나의 세계해는 여러 가지 인연에 의지함으로써 성립될 수 있습니다.

예를 들면 하나하나의 세계해는 부처님의 힘을 입어 성립되어 있고, 혹은 허공에 의지하여 성립되어 있으며, 혹은 부처님의 광명에 의지하여 성립되어 있고, 혹은 꼭두각시와 같은 업력(業力)¹⁰⁾에 의하여 성립되어 있으며, 혹은 보현보살의 원력에 의하여 성립되어 있습니다.

비로자나 부처님은 여러 부처님과 여러 보살들의 신통력
을 나타내고 있습니다.

하나하나의 작은 티끌 속에도 부처님의 나라가 있어 안정
되어 있고, 하나하나의 티끌 속으로부터 부처님의 구름이
피어올라서 모든 것을 빠짐없이 포섭하고 있으며, 모든 것
을 지키고자 항상 염원하고 있습니다.

하나의 작은 티끌 속에도 부처님의 자재력(自在力)이 활
동하고 있으며, 그 밖의 모든 티끌 속에서도 같은 일이 이루
어지고 있습니다.

셋째, 모든 세계해에는 여러 가지 형태가 있습니다. 혹은
둥글고, 혹은 네모지며, 혹은 세모지고, 혹은 팔각(八角)이
며, 혹은 물이 굽이쳐 흐르는 것과 같고, 혹은 꽃 모양과 같
아 여러 가지 형태가 있습니다.

모든 부처님의 국토는 마음의 업에 의하여 일어나고, 헤
아릴 수 없을 만큼 많은 여러 가지 모양을 가지고 있습니다.
그리고 부처님의 힘에 의하여 장엄되고 있습니다.

그 나라의 모든 것은 저마다 자유자재하며 무량한 모습을
나타내고 있습니다. 깨끗한 것이 있는가 하면 더럽혀진 것
도 있고, 괴로운 것이 있으면 즐거움도 있으며, 사물이 항상
유전(流轉)하고 있고, 그에 따라서 그 모양도 변하여 갑니
다. 일체의 업은 불가사의하다고 말할 수밖에 없습니다.

하나의 털구멍 안에도 무량한 부처님의 나라가 장엄되어

있으며 평화롭게 안정되어 있습니다.

　모든 세계에는 여러 가지 형상이 있고, 어떤 형상의 세계 속에서도 가장 높은 불법이 설하여지고 있습니다. 그것이야 말로 비로자나 부처님의 설법인 것입니다. 이는 비로자나 부처님의 본원력이며 초인적인 힘의 작용으로 이루어지는 것들입니다. 그것은 흡사 꼭두각시와 같고, 또 허공과 같고, 온갖 마음의 업에 의하여 장엄되어 있습니다.

　넷째, 일체의 세계해에는 여러 가지 몸이 있습니다. 예를 들면, 많은 보배로 장엄되어 있는 몸, 혹은 하나의 보배로 장엄되어 있는 몸, 혹은 금강(金剛)과 같이 견고한 대지(大地)의 몸 등이 그것입니다.

　세계해는 때로는 많은 보배로 성립되어 있고 견고하여 결코 부서지는 일이 없습니다. 혹은 광명에 의하여 성립되어 있으며, 광명의 구름에 의하여 둘러싸여 있습니다. 혹은 번개와 같아서, 도저히 말로써는 표현할 수가 없습니다. 이 모든 것이 부처님의 원력에 의하여 일어나는 것입니다.

　부처님의 광명은 보배로 이루어진 나라에 있으며, 깨달음의 구름은 모든 것을 포용하고 모든 부처님은 자유자재합니다. 또 보현보살은 부처님의 나라를 나타내며 이는 모든 부처님의 원력에 힘입은 것입니다.

　불자들이여, 다섯째로 모든 세계해에는 헤아릴 수 없는

장엄이 있습니다.

예를 들면, 모든 중생의 숙업이 장엄되어 있고, 또 과거·
현재·미래의 모든 부처님과 보현보살의 원력이 장엄되어
있는 것이 그것입니다.

시방의 세계해는 여러 가지로 장엄되어 있고, 광대무변합
니다. 중생의 숙업의 바다는 넓고 끝이 없으며, 때와 상황에
따라서 변하여 갑니다. 그리고 그 깊이를 알 수 없는 곳까지
도 부처님의 힘에 의하여 장엄되어 있습니다.

여섯째, 모든 세계해에는 여러 가지 청정한 방편이 있습
니다.

예를 들면, 보살은 많은 선지식(善知識)[11]을 친근히 섬겨
서 덕을 닦고 지혜를 닦으며, 또 여러 가지 뛰어난 경지를
관찰하고 그에 도달하며, 혹은 중생의 온갖 고뇌를 없애고
자 염원합니다.

모든 부처님 나라의 장엄은 헤아릴 수 없는 원력의 바다
로부터 생기며, 모든 부처님 나라의 청정한 빛은 보살의 깊
은 업력(業力)으로부터 나타나고 있습니다.

보살은 멀고 먼 옛날로부터 선지식을 친근히 섬겨서 수행
하고 그 자비심은 널리 퍼져 흘러서 중생에게 혜택을 줍니
다. 그 때문에 보살은 세계해를 청정하게 한다고 하는 것입
니다.

보살은 깊고 청정한 마음을 일으켜 부처님을 믿고 의심하

지 않으며, 어떠한 난관을 당하여도 이를 인내합니다. 때문에 보살은 세계해를 청정하게 한다고 합니다.

보살은 중생을 위하여 청정한 행(行)을 다하고 중생은 그에 의하여 무량한 복덕을 얻습니다. 때문에 세계해를 청정하게 한다고 합니다.

보살은 모든 부처님의 공덕의 바다에 들어 일체 중생으로 하여금 괴로움의 근본을 알게 하고, 이리하여 광대한 부처님의 나라를 완성합니다. 때문에 보살은 세계해를 청정하게 한다고 합니다.

일곱째, 하나하나의 세계해에는 무수한 부처님이 법을 설하고 계십니다.

그 모습은 혹은 작고 혹은 크며, 그 수명은 혹은 짧고 혹은 길며, 단 하나의 부처님의 나라를 청정하게 했는가 하면, 무수한 부처님의 나라를 청정하게 하기도 하며, 단 하나의 법(法)을 가르쳤는가 하면, 불가사의한 많은 법을 설하기도 합니다. 또 중생의 일부를 교화하는가 하면 무량한 중생을 교화하기도 합니다.

모든 부처님은 헤아릴 수 없는 방편의 힘에 의하여 모든 부처님의 나라를 일으키고, 중생의 바라는 바에 따라 사바세계에 오셨습니다.

부처님의 법신(法身)은 불가사의합니다. 빛도 없고 형상도 없고 아무것에도 비교할 수가 없습니다. 그러나 중생을 위하여 여러 가지 형상을 나타내고 중생의 마음가짐에 따라서 모습을 보여 줍니다.

혹은 하나의 털구멍으로부터 부처님의 화신(化身)이 구름과 같이 피어오르고 시방세계에 충만하며 헤아릴 수 없는 많은 방편의 힘으로 중생을 교화합니다.

부처님의 음성은 모든 세계에 남김없이 울려 퍼지고 중생의 바라는 바에 따라서 설법을 계속하며 한 순간도 끊이는 때가 없습니다.

불자들이여, 여덟째로 하나하나의 세계해에는 저마다 그 세계의 시간이 있습니다.

긴 시간을 가진 세계가 있는가 하면 짧은 시간을 가진 세계도 있고, 또 헤아릴 수 없이 긴 시간을 가진 세계도 있습니다.

모든 부처님은 무량한 방편과 원력에 의하여 이들 모든 시간 속에 자유자재하게 출입합니다.

아홉째로 모든 세계해에는 여러 가지 변화가 있습니다.

예를 들면 세계해는 자연의 움직임에 따라 세상에 나타나고 이윽고 소멸합니다.

또 세계해는 번뇌를 가진 중생이 살고 있기 때문에 번뇌에 의하여 변화합니다.

또 세계해는 지혜를 갖춘 보살이 살고 있기 때문에 청정함과 오염에 의해서도 변화합니다.

또 세계해는 무수한 중생이 깨달음에 대한 마음을 일으키기 때문에 오직 청정함에 의하여 움직이고 있습니다.

또 세계해는 모든 보살이 구름과 같이 모여 있기 때문에 헤아릴 수 없는 대장엄(大莊嚴)에 의해서 변화합니다.

또 세계해는 여래의 신통력이 작용하고 있기 때문에 모든 것은 남김없이 청정한 모습 그대로 변화합니다.

이와 같이 시방의 모든 국토는 다만 업력에 따라 변화하는 것입니다.

불자들이여, 열째로 모든 세계해에는 차별이 없습니다.

예를 들면 하나하나의 세계해 속에는 또 수많은 세계해가 있지만 거기에는 어떠한 차별도 없습니다.

또 하나하나의 세계해에는 여러 부처님이 계시지만 그 위력에는 차별이 없습니다.

또 하나하나의 세계해 안에는 여러 부처님의 광명이 있어 남김없이 고루고루 비추기 때문에 차별이 없습니다.

또 하나하나의 세계해 안에는 모든 부처님의 음성이 울려 퍼지기 때문에 차별이 없습니다.

또 하나하나의 세계해 안에는 하나하나의 작은 티끌까지도 삼세의 모든 부처님의 광대한 세계를 나타내고 있으며 거기에는 차별이 없습니다.

하나하나의 작은 티끌 안에까지도 헤아릴 수 없는 많은

부처님이 계시고, 중생의 마음에 따라 나타나셔서 모든 국토해(國土海)에 충만하고 있습니다. 또한 이와 같은 방편에는 차별이 없습니다.”

보현보살은 다시 계속해서 설했다.

“불자들이여, 다음과 같이 알아야 합니다. 이 연화장 세계해는 비로자나불이 멀고 먼 오랜 옛날, 보살의 수행을 닦을 때, 여러 부처님 아래에서 보살의 큰 서원을 일으켜 장엄한 세계입니다.

이 세계는 과거의 무수한 부처님이 수행을 위하여 자기 몸을 수없이 버린 곳입니다. 그리고 마침내 모든 더러움을 떠나서 남김없이 청정하게 된 세계해입니다.

대비(大悲)의 구름은 모든 중생의 위에 드리워지고 비로자나불의 광대한 서원은 모든 국토에 미치고 있습니다. 중생의 괴로움은 제거되고 궁극의 깨달음은 확정되어 있으며, 모든 세계해는 남김없이 광명으로 비추어져 있습니다.

이 연화장 세계해 안의 하나하나의 작은 티끌 안에서도 삼천대천세계(三千大千世界)[12]의 광경을 볼 수가 있습니다.

모든 부처님은 중생의 마음이 생각하는 바를 남김없이 알고 있으며 무수한 방편의 가르침에 의하여 중생을 교화합니다. 사람들의 마음을 바른 자리에 되돌아가게 하여 언제나 고요히 안주하게 합니다.

이와 같이 비로자나 부처님의 위대한 활동은 모든 세계를 청정하게 밝히고 있습니다. 그 세계는 헤아릴 수 없이 많으며 또 그 세계는 넓어 끝이 없습니다.

비로자나 부처님은 이와 같이 무수하고 무변한 세계해에서 자유자재로 활동하고 있습니다.

비로자나 부처님은 시방세계해에 가득하며 스스로 무수한 화신불(化身佛)을 나타내고 있습니다. 그 화신불은 오는 것도 아니며 가는 것도 아닙니다. 화신불은 다만 비로자나불의 본원력 때문에 우리들이 우러러볼 수가 있는 것입니다.

이와 같은 연화장 세계해 안에서 무수한 불자들은 저마다 자기의 행을 닦고 있으니 그 수행은 본래의 불도(佛道)에 이르는 길입니다. 불자들에게는 이윽고 반드시 궁극의 깨달음에 이른다고 하는 수기(授記)가 주어져 있습니다.”

보현보살은 끝으로 보장엄(普莊嚴)이라고 하는 소년의 보리심(菩提心)[13]에 대해 설하였다.

“오랜 옛날 보장엄이라고 하는 소년이 있었습니다. 소년은 부처님의 한없는 덕을 받들고 갖가지 삼매를 얻었습니다. 그때 소년은 부처님을 찬탄하면서 이렇게 말하였습니다.

‘부처님은 도량에 앉아 계시며 청정한 대광명을 발하셨다. 그것은 흡사 천 개의 태양이 일시에 나와서 허공을 비추는 것과 같았다. 천만억 겁(劫)[14]을 지나도 만나기 어려운 부처님이 이제 사바세계에 출현하셨다. 모든 사람들은 부처님을 친견할 수가 있으며 모든 사람들이 부처님을 공경하고 있다.

광명은 부처님 몸의 털구멍에서 나오고 마치 구름이 피어오르는 것 같이 다함이 없어 시방세계에 가득하고 있다. 어디에서나 흡사 눈앞에서 보듯 광명을 볼 수 있다.

중생은 부처님의 빛에 닿으면 곧 괴로움을 떠나 마음이 고요해지며 평화로움과 기쁨으로 가득 찬다.'

그때 부처님은 일체 중생을 교화(敎化)하기 위하여 대중혜(大衆海) 안에서 경을 설하였습니다. 소년은 이 경을 다 듣고 나서 여러 가지 삼매를 얻었습니다. 그것은 숙세(宿世)의 인연에 의한 것입니다. 소년은 기쁜 나머지 다음과 같이 말하였습니다.

'나는 최고의 진리에 대한 가르침을 듣고 지혜의 눈이 열려 모든 부처님께서 닦으신 공덕의 바다를 볼 수가 있다.

나는 생사의 바다 속에서 자기를 무수히 버리고 오직 보살의 행을 닦아 불국토를 장엄하였다. 귀를 버리고, 코를 버리고, 눈과 머리와 손발까지도, 그리고 궁전도, 왕의 자리도, 모두 버리고서 나라를 청정하게 하는 보살행만을 닦았다.

태양의 빛에 비치어 태양 그 자체를 볼 수 있는 것과 같이 나는 부처님의 지혜의 빛에 의지하여 부처님의 행하심을 모두 볼 수가 있다.

불국토에는 최고의 깨달음을 완성한 기쁨이 충만하다. 나
는 부처님의 위신력을 받아 또 새로운 깨달음의 길을 나아
가리라.'

소년이 이와 같이 말했을 때, 헤아릴 수 없이 많은 중생이
모두 위없는 보리심을 일으켰습니다.

그때 부처님께서는 소년에게 다음과 같이 말씀하셨습니
다.

'착하고 착하도다. 소년이여, 그대는 큰 용기로써 깨달음
을 구하였다. 그대는 만중생의 의지할 바가 될 것이다. 또
장차 부처님의 다함 없는 활동의 세계에 들어갈 수가 있을
것이다. 게으른 자는 깊은 방편의 바다를 깨달을 수가 없나
니 정진의 힘이 완성됨으로써 부처님의 세계는 청정하게 되
는 것이다.'"

제 3 장 여래명호품
(如來名號品)

부처님께서는 마가다국의 적멸도량에서 설법을 마친 다음 보광법당에 있는 연화장 사자좌에 앉으셨다.

부처님 주위에는 수많은 보살들이 모여 있었고, 그들은 모두 진리의 세계에 들어서 중생의 본성을 통찰하는 뛰어난 보살들이었다.

그때 다음과 같은 소원이 보살들의 마음 속에 떠올랐다.

'부처님이시여, 바라옵건대 저희들을 가엾게 여기시어 가르쳐 주시옵소서. 저희들이 번뇌를 끊고, 무명(無明)을 떠나고, 의혹의 그물을 찢고, 애욕의 탐심이 없어지는 길을 가르쳐 주시옵소서.

또 부처님의 최고의 경지, 부처님의 생명, 부처님의 힘과 임무와 그리고 빛과 지혜와 선정(禪定)을 여기에 나타나게 해 주시옵소서.'

그때 부처님께서는 보살들의 생각을 아시고, 신통력을 나타내셨다. 그 초인적인 힘에 의하여 동방의 나라로부터 문수보살이 수많은 보살들을 거느리고 부처님을 찾아왔다.

문수보살은 부처님께 예배하고 공양한 다음, 초인적인 힘으로 사자좌를 만들고 결가부좌하고 앉았다.

남방의 나라에서도 각수(覺首)보살이 무수한 보살들과 함께 부처님을 찾아와 예배하고 공양한 다음 결가부좌하고 앉았다. 또한 서방과 북방, 동북방, 동남방, 서남방, 서북방, 상·하의 나라에서도 보살들이 부처님을 찾아와 예배하고 공양한 다음 결가부좌하고 앉았다.

그때 문수보살은 부처님의 신통력을 받아 모인 보살들을 향하여 말했다.

"불자들이여, 다음과 같이 알아야 합니다. 부처님의 나라는 불가사의합니다. 부처님의 생명과 부처님의 가르침, 부처님의 위없는 깨달음, 부처님께서 이 세상에 오신 것 등, 이러한 모든 것은 참으로 불가사의한 것입니다.

왜냐하면, 시방의 모든 부처님께서는 중생들의 소원이 각기 다른 것을 가름하시고 저마다의 소원에 알맞도록 법을 설하지만, 그 설법의 힘은 마치 허공을 자유자재하게 뛰어다니듯 훌륭하기 때문입니다.

불자들이여, 이 나라에서 여래는 많은 이름을 지니고 있습니다. 즉 만월(滿月), 사자후(獅子吼), 석가모니(釋迦牟尼), 신선(神仙), 대사문(大沙門), 최승(最勝) 등 그 수는 일만에 이릅니다.

또 동방의 나라에서도 여래는 많은 이름을 지니고 있습니다. 금강(金剛), 존승(尊勝), 대지(大智), 불괴(不壞), 무쟁(無諍), 평등(平等), 환희(歡喜), 무비(無比), 묵연(默然) 등이 있고 그 수는 일만에 달합니다.

또 남방의 나라에서도 이구(離垢), 조어(調御), 대음(大音), 무량(無量), 승혜(勝慧) 등이 있어 그 수는 일만에 이릅니다.

서방의 나라에서도 애현(愛現), 무상왕(無上王), 무외(無畏), 실혜(實慧), 지족(知足), 구경(究竟), 능인(能忍) 등이 있고 그 수는 일만에 이릅니다.

북방의 나라에서도 고행(苦行), 바가바(婆伽婆), 복전(福田), 일체지(一切智), 선의(善意), 청정(淸淨) 등이 있고 그 수는 일만에 이릅니다.

그리고 동북방 나라에도, 서남방 나라에도, 서북방 나라에도, 위쪽 나라에도, 아래쪽 나라에도, 각각 일만에 이르는 이름이 있습니다.

이같이 사바세계에는 백억의 나라들이 있고 또 백억만에 달하는 여래의 이름이 있습니다. 이 사바세계의 동쪽에는 밀훈(密訓)이라고 하는 세계가 있고, 그곳에도 평등(平等), 안위(安慰), 일체사(一切捨), 대초월(大超越), 무비지(無比智) 등 백억만에 달하는 여래의 이름이 있습니다.

불자들이여, 사바세계의 남·서·북 등 시방(十方)에도, 각각의 세계가 있고 그 세계마다 백억만에 달하는 여래의 이름이 있습니다.

　이와 같이 셀 수도 헤아릴 수도 없는 무수한 여래의 이름이 있으며 시방의 중생은 모두 저마다 여래의 이름을 부르고 있습니다. 이와 같이 무수한 이름은 오로지 부처님의 가르침을 중생에게 알리기 위한 것입니다.”

제4장 사제품
(四諦品)

문수보살은 또 다음과 같이 설하였다.

"불자들이여, 사바세계에서는 괴로움, 즉 고제(苦諦)를 가리켜 재해(災害)와 죄업, 핍박, 무지(無知) 그리고 사랑하는 것으로부터 떠나야 하는 괴로움 등이라고 합니다.

또 그러한 괴로움이 모인 것[集諦]을 불[火], 속박, 애착, 망념, 그릇된 생각 등이라 하며, 그 괴로움이 이윽고 없어지는 것[滅諦]을 장애가 없고, 번뇌로부터 떠나며, 적정(寂靜)하고, 불사(不死)하며, 진실하며, 있는 그대로 존재하는 것이라고 합니다.

그리하여 진리의 길로 나아가는 것[道諦]을 일승(一乘)으로 나아감, 변하지 않음, 인도(引導), 평등(平等), 선인행(仙人行) 등이라고 합니다.

이렇듯 네 가지 진리[四諦]¹⁵⁾에 관한 이름이 이 사바세계에는 수없이 많습니다. 이 명칭들은 모두가 중생의 행위와 마음에 따라 적절히 가르치고 이끌기 위하여 무수한 이름이 붙여진 것에 지나지 않습니다.

이 사바세계와 마찬가지로 동방에 있는 밀훈세계(密訓世界)에서도 네 가지 진리에 관한 이름은 무수합니다. 이처럼 네 가지 진리에 관한 이름이 무수한 까닭은 중생의 마음과 행위에 따라 중생을 가르치고 이끌어야 하기 때문입니다.

불자들이여, 이와 같이 사바세계의 남방, 서방, 북방, 동북방, 동남방, 서남방, 서북방, 상, 하의 모든 세계에도 네 가지 진리에 관한 이름은 무수히 설해지고 있습니다.

또한 이 사바세계를 비롯한 시방의 모든 세계와 같이 동방의 백천억에 이르는 수없는 세계에서도 네 가지 진리에 관한 이름은 무수히 설해지고 있으며, 남방, 서방, 북방, 동북방, 동남방, 서남방, 서북방, 상, 하의 세계도 그와 같습니다.

이는 모두가 중생의 마음과 행위에 따라 가르치고 이끌기 위한 것에 지나지 않습니다."

제 5 장 여래광명각품
(如來光明覺品)

그때 부처님의 두 발로부터 무수한 광명이 비쳐 나와 삼천대천세계의 모든 것을 비추었다.

부처님께서 연화장 사자좌에 앉으시자 문수보살을 비롯한 많은 보살들이 저마다 자기의 동료들을 데리고 부처님의 주위에 모여들었다.

문수보살은 다음과 같이 부처님을 향해 찬탄하였다.

"여래는 이 세상 모든 것은 꼭두각시[幻]와 같고 허공과 같다고 깨달았습니다. 그 마음은 청정하여 걸림이 없고 모든 중생을 깨닫게 합니다.

부처님께서 처음으로 이 세상에 태어났을 때, 그 모습은 황금의 산과 같이 눈부시고 보름달과 같이 밝게 빛났습니다. 태어나시자 곧 일곱 걸음을 걸으셨고, 그 한 걸음 한 걸음은 무량한 공덕을 지녔으며, 지혜와 선정을 갖추고 있었습니다.

부처님께서는 밝고 맑은 눈으로 시방세계를 두루 살폈습니다. 그리고 중생들이 기뻐하는 것을 보시고 빙그레 웃으셨습니다.

또 사자와 같이 위엄을 갖춘 음성으로 '천상천하에 오직 나 홀로 높다〔天上天下唯我獨尊〕'라고 외치셨습니다.

가비라성을 나와 출가할 때는 모든 속박을 벗어버리고 모든 부처님들이 닦은 대로 수행 정진하여 항상 번뇌의 불이 꺼진 조용한 마음의 상태〔寂滅〕를 원하였습니다. 그리하여 드디어 깨달음의 피안(彼岸)에 이르러 미혹과 번뇌의 소멸을 체험하셨습니다.

그 후 중생들을 위해서 진리의 바퀴〔法輪〕를 굴리어 대비심(大悲心)으로써 가르치셨습니다. 그리고 사바세계의 인연이 다한 후에는 열반에 드셨습니다.

그러나 부처님은 지금도 더욱더 다함 없는 힘으로 자유자재한 진리를 설하고 계십니다."

그때 부처님의 자비 광명이 무수한 세계를 비추자 세계 안에 있는 온갖 것이 드러났다. 이 세계는 부처님이 연화장의 사자좌에 앉아 시방세계의 무수한 보살들에게 싸여 있는 것과 같았고 또 하나하나의 세계에서도 그와 같았다.

문수보살은 또 다음과 같이 설했다.

"부처님께서 설하신 진리는 매우 깊어서 빛깔도 모양도 없습니다. 그 세계는 모든 번뇌를 뛰어넘었으며 모든 아집(我執)을 떠났으며, 때문에 공적(空寂)하며 청정합니다.

　깨달음의 세계는 넓고 광대무변하여 그 안의 온갖 존재는 서로 얽히고 설켜 있습니다. 그러나 그 하나하나는 해탈해 있고, 본래가 항상 공적하여 모든 속박으로부터 떠나 있습니다.”

　또 문수보살은 이와 같이 부처님의 깨달음의 세계 안에서 수행하고 있는 보살들의 실천에 대해 설법하였다.

　“첫째는 인간의 세계나 천신(天神)의 세계에 있어서 추구하는 모든 쾌락을 떠나 항상 커다란 자비심을 행하고 모든 중생을 구하고 지켜야 합니다. 이것이 보살의 으뜸기는 실천입니다.

　둘째는, 깊이 부처님을 믿고 그 마음이 퇴보하지 않도록 항상 모든 부처님을 마음 속에 지녀야 합니다.

　셋째는, 영원히 생사의 바다를 떠나 불법(佛法)의 흐름을 따라 맑고 깨끗한 지혜에 안주해야 합니다.

　넷째는, 일상생활 속에서 늘 부처님의 깊은 공덕을 생각하고 낮이나 밤이나 이를 게을리하지 말아야 합니다.

　다섯째는, 과거·현재·미래가 무량한 것을 알아 태만한 마음을 일으키지 말고 항상 부처님의 공덕을 구해야 합니다.

　여섯째는, 자기 자신의 실상을 관찰하고 모든 것이 적멸(寂滅)함을 알고 아(我)와 무아(無我)에 대한 집착을 떠나야 합니다.

　일곱째는, 중생의 마음을 관찰하여 미혹의 망상을 떠나고 진실의 경계를 완성해야 합니다.

여덟째는, 끝없는 세계에 부처님의 가르침이 가득하게 하고 모든 진리의 대해(大海)를 남김없이 마시는 초인적인 지혜를 완성해야 합니다.

아홉째는, 모든 부처님 나라 안에 존재하는 형상이 있는 것과 형상이 없는 것을 알아야 합니다.

열째는, 헤아릴 수 없이 무수한 부처님 나라에 있는 한 알의 티끌까지도 하나의 부처가 되도록 해야 합니다."

그때 부처님께서 자비 광명으로 무수한 세계를 비추시니 그 세계에 있는 모든 것이 남김없이 모습을 드러냈다.

문수보살은 이어서 다음과 같이 또 설법하였다.

"부처님께서는 진리를 굳게 지키고 행하여 낮과 밤을 가리지 않으며, 항상 정진하면서도 조금도 피로를 느끼지 않습니다.

부처님께서는 가장 험난한 삶과 죽음이 반복되는 윤회의 큰 바다를 넘어 '나는 모든 중생들로 하여금 남김없이 생사의 바다를 넘게 하리라'고 크게 말씀하십니다.

중생들은 생사의 흐름 속을 헤매면서 애욕의 바다에 잠기고, 무지(無知)와 미망(迷妄)이 열 겹 스무 겹으로 마음을 덮고, 칠흑과 같은 어둠 속에서 두려움에 떨고 있습니다.

중생은 번뇌가 가리키는 대로 행하며 다섯 가지 욕심[五欲]에 취하고 망상을 일으켜서 영구한 세월 동안 괴로워하고 있습니다.

부처님께서는 중생세계의 온갖 고뇌를 낱낱이 끊고 해탈
하신 분이 되었습니다. 이것이 대비(大悲)의 세계입니다.

부처님은 생사의 근본인 아집을 끊었지만, 중생들은 아직
이러한 아집에 의하여 생사의 세계를 끊임없이 되풀이하고
있습니다. 부처님께서는 이와 같은 중생을 적멸의 세계로
이끌어들이기 위하여 최고의 진리를 설하십니다. 이것이 대
비의 세계입니다.

중생은 고독하고 의지할 곳도 없으며, 탐욕하고 성내며
미망에 속박되어 있습니다. 중생이 항상 이와 같이 번뇌의
불길에 타고 있는 것을 보시고 부처님께서는 이 고뇌로부터
중생을 구하리라 서원(誓願)하십니다. 이것이 대비의 세계
입니다.

중생은 나고 죽은 윤회의 바다에서 헤매다가 바른 길을
잃고 나쁘고 고통스러운 길에 들어서서 어둠 속에 떨어졌습
니다. 부처님께서는 지혜의 등불을 밝히고 모든 부처님의
가르침을 보여 주리라 생각하여 마침내 부처님 스스로가 그
등불이 되셨습니다. 이것이 대비의 세계입니다.

생사의 바다는 깊고 또 넓어 끝이 없습니다. 중생은 여기
에 빠져서 표류하고 있습니다. 부처님은 진리의 커다란 배
를 만들어 남김없이 중생을 태우고 생사의 바다를 건네 주
십니다. 이것이 대비의 세계입니다.

부처님의 깊은 가르침을 듣고 믿어 의심치 않게 하며, 적
멸의 세계를 관찰하되 두려운 마음을 갖지 않게 하며, 어떠

한 근기의 중생과도 동화(同和)하여 적절한 방편으로써 해탈의 길로 이끄십니다. 그러므로 부처님께서는 사람[人]과 하늘[天]의 스승이십니다.

헤아릴 수 없는 시간의 흐름을 한 생각[一念] 사이에서 관찰하여 보면 오는 것도 가는 것도 없으며, 현재도 또한 머물러 있지 않습니다.

있는 그대로의 실상에 따라서 잘 판별하고 그것을 알며 궁극의 모습을 체득하면 부처님의 자유자재한 힘을 얻어 시방의 모든 세계를 볼 수가 있습니다.

부처님께 공양하고, 모든 것을 잘 참아내는 지혜를 닦고, 깊은 선정(禪定)에 들고, 진실한 가르침을 관찰하고, 모든 중생으로 하여금 기쁜 마음으로 부처님을 향해 나아가도록 해야 합니다. 만약 이와 같이 가르침을 행하면, 보살은 최고의 깨달음에 빨리 도달할 수가 있습니다.

시방의 모든 부처님께 가르침을 묻고 받들어 그 믿는 마음이 물이 가득 찬 것과 같이 항상 움직이지 않아 물러서지 않으며, 일상생활 속에서 부처님의 공덕을 갖추고, 모든 사물은 있는[有] 것도 아니고 없는[無] 것도 아니라는 것을 깊이 체득해야 합니다.

이와 같이 바르게 관찰하면 보살은 진실하게 부처님을 받들어 모실 수가 있습니다.”

제6장 보살명난품
(菩薩明難品)

문수보살은 첫번째로 각수(覺首)보살에게 물었다.

"불자여, 마음의 본성은 하나임에도 불구하고 어찌하여 이 세상은 여러 가지 차별이 있습니까. 행복한 사람이 있는가 하면 불행한 사람이 있고, 사지가 완전한 사람이 있는가 하면 불구자도 있으며, 용모가 단정한 사람이 있는가 하면 보기 싫은 사람도 있습니다. 괴로워하는 사람이 있는가 하면 즐거워하는 사람도 있습니다.

또 자신의 세계를 반성하여 보면 업(業)은 마음을 알 수 없고 마음은 업을 알지 못합니다. 감각은 그 결과를 알 수 없으며 결과는 감각을 알지 못합니다. 마음은 감각을 알지 못하며 감각은 마음을 알지 못합니다. 인(因)은 연(緣)을 알지 못하며, 연은 인을 알지 못합니다."

이에 대하여 각수보살은 다음과 같이 대답하였다.

"중생을 교화하기 위하여 그대는 이 문제를 잘 물어주었습니다. 나는 세계가 있는 그대로의 모습을 설하고자 합니다. 잘 듣도록 하십시오.

모든 것은 자성(自性)을 갖지 아니합니다. 그것이 무엇인가 묻는다 하여도 체득할 수가 없습니다. 따라서 어떠한 것이라도 서로 알고 있지 않습니다.

예를 들면, 냇물은 흐르고 흘러서 끝이 없으나 그 물 한 방울, 한 방울은 서로 알 수 없는 것과 같이 모든 것도 그러합니다.

또 큰 불은 타올라 잠시도 쉬지 않지만 그 속에 있는 불꽃들은 서로 알지 못합니다. 그와 같이 모든 것은 서로 알지 못하는 것입니다.

눈과 귀와 혀와 몸과 마음 등은 괴로움을 받고 있다고 느끼고 있으나 실제로는 아무런 괴로움도 받고 있지 않습니다.

또 사물 그 자체는 항상 조금도 움직이지 않고 있으나 나타나고 있는 쪽에서 보면 항상 움직이고 있는 것입니다. 그러나 실제로 나타나고 있다고 하는 것에도 아무런 자성은 없습니다.

또 바르게 사유하고 있는 그대로 관찰하면 모든 것에 자성이 없는 것을 알 수 있습니다. 이와 같은 마음의 눈은 청정하고 불가사의합니다. 그러므로 허망이라고도 말하고, 또 허망이 아니라고도 말하며, 진실이라고도 말하며 진실이 아니라고도 말하는 것 등은 모두가 꾸며진 말에 불과한 것입니다."

문수보살이 두 번째로 재수(財首)보살에게 물었다.
"불자여, 여래가 중생을 교화하는 경우, 어떠한 까닭으로 해서 여래는 중생의 시간·수명·일체의 행위·견해 등에 따라서 교화하는 것입니까."
그때 재수보살이 다음과 같이 답하였다.
"지혜가 밝은 사람은 항상 적멸의 행을 바라고 있습니다. 나는 있는 그대로를 그대에게 설하고자 합니다.
자신의 신체를 안으로부터 관찰하여 보면, 도대체 나의 몸에는 어떤 실체가 있는 것인가. 이와 같이 정확하게 관찰하는 사람은 자아(自我)가 있고 없음을 알 수가 있습니다.
이와 같이 신체의 모든 부분을 관찰하여 보면, 어디에도 자아는 존재하지 않습니다.
이와 같이 신체의 상태를 깨닫고 있는 사람은 마음의 어디에도 집착하지 아니합니다.
이와 같이 신체가 있는 그대로의 상태를 깨닫고, 모든 것으로부터 공(空)16)을 깨달은 자는 모든 것이 허망함을 알아 다시는 그 마음에 집착하지 않습니다.
이와 같이 신체와 정신이 서로 관계하고 있고, 관련을 가지면서 활동하고 있는 모양은 흡사 타오르고 있는 불의 바퀴와 같아서 어느 것이 앞이고 어느 것이 뒤인지 식별할 수가 없습니다.

보살명난품

또 인연에 의하여 일어나는 업은 비유컨대 꿈과 같은 것
이며 따라서 그 결과 또한 모두가 적멸한 것입니다.

또 모든 세상의 일은 다만 마음을 중심으로 하여 움직이
고 있습니다. 그러므로 자기의 기호에 의하여 판단을 내리
는 자는 그 견해가 잘못되어 있다고 해도 좋습니다.

또 생멸(生滅)하고 유전(流轉)하는 일체의 세계는 모두가
인연으로부터 일어나고 순간순간마다 소멸하고 있습니다.

지혜 있는 자는 존재하는 모든 것은 무상하며, 빠르게 변
해가며 공(空)하여 진실한 자기[自我]는 없다고 관찰하여
집착하는 마음을 떠납니다.”

문수보살은 세 번째로 보수(寶首)보살에게 물었다.

“불자여, 중생의 몸은 모두가 흙·물·불·바람[地水火
風]의 네 가지 원소로 이루어져 있습니다. 따라서 그 안에
진정한 나[自我]라고 하는 실체는 없습니다.

또 모든 사물의 본성은 선(善)도 아니고 악도 아닙니다.
그럼에도 불구하고 어떠한 까닭으로 중생에게는 괴로움과
즐거움이 있고 선과 악이 있으며, 모습이 단정한 자와 추악
한 자가 있습니까.”

그때 보수보살은 다음과 같이 답하였다.

“저마다 행하는 업에 따라서 과보를 받고 있는 것이며,
그 행하는 실체는 존재하지 않습니다. 이것이 모든 부처님
께서 설하신 가르침입니다.

예를 들면 밝은 거울에 비치고 있는 영상이 여러 가지이
듯이 업의 본성도 그와 같습니다.

혹은 식물의 종자는 서로 알지 못하는 사이에 싹을 내는
것과 같이, 업의 본성도 또한 그와 같습니다.

또 많은 새들이 저마다 다른 소리를 내는 것과 같이 업의
본성도 또한 그와 같습니다.

또 지옥에서 받는 괴로움은 밖에서 별도로 오는 것이 아
닌 것과 같이 업의 본성도 또한 그와 같습니다.”

문수보살은 네 번째로 덕수(德首)보살에게 물었다.

“불자여, 부처님께서 깨달은 진리는 다만 하나입니다. 그
럼에도 불구하고 어떠한 까닭으로 부처님은 무량한 법(法)
을 설하고 무량한 소리를 내며, 무량한 몸을 나타내는 것입
니까. 또 초인적인 힘에 의하여 나타나는 여러 가지 이변(異
變)을 무량하게 보여서 무량한 중생을 교화하는 것입니까.
더욱이 법성(法性) 안에서 이와 같은 차별을 구한다면 얻을
수 없는 것이 아닙니까.”

그때 덕수보살은 다음과 같이 답하였다.

“불자여, 그대의 질문은 실로 의미가 깊습니다. 지혜 있
는 사람이 이것을 깨닫는다면 항상 부처님의 공덕을 구할
수 있을 것입니다.

예를 들면, 대지(大地)의 본성은 하나이면서도 모든 중생
을 저마다 안주시키고 있고, 그러면서도 대지 자신은 아무

런 분별도 하지 않습니다. 모든 부처님의 법도 또한 이와 같습니다.

또 불[火]의 본성은 하나이면서도 모든 것을 태워 없애지만 불 자신에게는 아무런 분별도 없는 것과 같이 모든 부처님의 법도 또한 그와 같습니다.

또 큰 바다에는 무수한 강물이 흘러 들어가고 있지만 그 맛에 있어서는 조금도 변함이 없는 것과 같이 모든 부처님의 법도 또한 그와 같습니다.

또 바람의 본성은 하나이면서도 일체의 것을 날려 보냅니다. 그러나 바람 그 자체에는 아무런 변함이 없는 것과 같이 모든 부처님의 법도 또한 그와 같습니다.

또 태양은 시방의 모든 것을 비추지만 그 빛에 차별은 없습니다. 이와 같이 모든 부처님의 법 또한 차별이 없습니다.

또 하늘의 밝은 달은 모든 사람이 똑같이 우러러봅니다. 하지만 달은 어느 한 사람에게 마음을 두지 않는 것과 같이 모든 부처님의 법도 또한 그러합니다.”

다섯 번째로 문수보살은 목수(目首)보살에게 물었다.

“불자여! 여래의 복전(福田)[17]은 하나인데 어찌하여 중생이 받는 과보는 각기 다릅니까.

중생에게는 모습이 아름다운 자도 있고 추한 자도 있으며, 귀한 자도 있고, 천한 자도 있고, 부자도 있고, 가난한 자도 있고, 지혜가 많은 자가 있는가 하면 적은 자도 있습니다. 그러나 여래는 평등하여 친하고 친하지 않음의 분별이 없습니다. 어째서입니까."

그때 목수보살은 다음과 같이 답하였다.

"예를 들면, 대지는 하나입니다. 친하고 친하지 않음이 없습니다. 그러나 여러 가지 식물의 싹을 트게 하는 것과 같이 복전도 또한 그와 같습니다.

또 같은 물이지만 그릇에 따라서 그 모양이 달라지는 것과 같이 모든 부처님의 복전도 중생에 의하여 달라집니다.

또 변재친(辯才天)[18]이 사림을 즐겁게 하는 것과 같이 모든 부처님의 복전도 또한 중생을 즐겁게 합니다.

또 밝은 거울이 여러 가지 영상을 비추는 것과 같이 모든 부처님의 복전도 온갖 중생을 양육합니다.

또 태양이 떠오를 때, 모든 어둠이 사라지는 것과 같이 모든 부처님의 복전도 시방세계를 남김없이 비춥니다."

문수보살은 여섯 번째로 진수(進首)보살에게 물었다.

"불자여, 부처님의 가르침은 하나이면서도 가르침을 들은 중생은 어찌하여 똑같이 번뇌를 끊을 수가 없습니까."

그때 진수보살은 다음과 같이 대답하였다.

"불자여, 잘 들으시오. 나는 진실한 가르침을 설하고자 합니다. 중생에게는 신속하게 해탈하는 자가 있는가 하면 그렇지 못한 자도 있습니다. 만약 미혹을 없애고 해탈에 도달하고자 생각한다면 항상 마음을 굳게 갖고 커다란 정진을 일으켜야 합니다.

예를 들면, 젖은 나무에는 불이 잘 피지 못하는 것과 같이 불법 안에서 게으른 자 또한 그와 같습니다.

한편, 불을 피울 때에도 자주자주 쉬게 되면 불길은 약해지고 이윽고는 꺼져버립니다. 게으른 자도 이와 같습니다.

결국, 게으른 자가 불법을 구한다고 하는 것은 눈을 감고 빛을 보고자 하는 것과 같습니다."

문수보살은 일곱 번째로 법수(法首)보살에게 물었다.

"불자여, 중생 가운데는 불법을 듣기만 해서는 번뇌를 끊을 수 없는 자가 있습니다. 불법을 들으면서도 탐욕을 일으키고 성내는 마음을 일으키며, 어리석은 생각을 갖고 있는 것은 어떠한 까닭입니까."

그때 법수보살은 다음과 같이 대답하였다.

"불자여, 다만 듣기만 하여서는 불법을 체득할 수가 없습니다. 이것이 구도의 진실한 모습인 것입니다.

예를 들면, 아무리 맛있는 음식이 많이 있다 해도 입으로 먹지 않으면 굶어 죽는 것과 같이 다만 듣기만 하는 자도 또한 그와 같습니다.

또 온갖 약을 알고 있는 훌륭한 의사일지라도 스스로의 병은 고치지 못하는 것과 같이 다만 듣기만 하는 자도 또한 그와 같습니다.

또 가난한 사람이 낮과 밤을 가리지 않고 남의 보물을 세어도 스스로는 반 푼조차도 갖지 못하는 것과 같이 다만 듣기만 하는 자도 그와 같습니다.

또 장님이 그림을 그려서 남에게 보여 준다 해도 스스로는 볼 수 없는 것과 같이 다만 듣기만 하는 자도 그와 같습니다.

또 물 속에 떠다니면서도 물을 마시지 못하고 드디어는 목말라 죽는 사람이 있는 것과 같이 듣기만 하는 자도 또한 그와 같습니다."

문수보살은 여덟 번째로 지수(智首)보살에게 물었다.

"불자여, 불법 중에서는 지혜를 제일로 삼는데 부처님께서는 어떠한 까닭으로 네 가지 한량없는 마음[四無量心][19]을 찬탄하는 것입니까. 이러한 법은 최고의 깨달음을 얻을 수 있는 것입니까."

그때 지수보살은 다음과 같이 대답하였다.

"불자여, 잘 들으십시오. 과거·현재·미래의 부처님은 다만 한 법으로는 위없는 최고의 깨달음을 완성할 수가 없습니다. 다시 말하면 여래는 중생의 성질을 잘 알아서 그때마다 적절한 법을 설하고 있습니다. 탐욕하는 중생에게는 보시(布施)를 가르치고, 바른 생활을 하지 않는 중생에게는 지계(持戒)를 가르치며, 성 잘 내는 중생에게는 인욕(忍辱)을 가르치고, 게으른 중생에게는 정진(精進)을 가르치며, 마음이 혼란하기 쉬운 중생에게는 선정(禪定)을 가르치고, 어리

석은 중생에게는 지혜를 가르치며, 사랑이 없는 중생에게는
자애(慈愛)를 가르치고, 사람을 상해(傷害)하는 중생에게는
자비를 가르치며, 마음이 괴로운 중생에게는 기쁨을 가르치
고, 애욕이 강한 중생에게는 버리는 마음[捨]을 가르칩니
다.

이와 같이 실천을 계속해 간다면 이윽고는 모든 진리를
깨닫게 될 것입니다.”

아홉 번째로 문수보살은 현수(賢首)보살에게 물었다.
“불자여, 모든 부처님은 다만 일승(一乘)에 의하여 생사를
초월하고 있습니다. 그럼에도 불구하고 일체의 모든 불국토
(佛國土)를 관찰하여 보면 사정이 각각 다릅니다. 즉 세계·
중생·설법(說法)·초월(超越)·수명(壽命)·광명(光明)·신
력(神力) 등 모든 조건이 같지 않습니다. 그렇다면 모두 불
법을 갖추지 않고서는 최고의 깨달음을 완성할 수 없는 것
이 아닙니까.”
그때 현수보살은 다음과 같이 대답하였다.
“문수보살이여! 불법은 변하지 않는 가르침입니다. 오직
한 법[一法]일 뿐입니다. 모든 부처님은 한 길[一道]에 의하
여 생사를 초월하고 있습니다.

모든 부처님의 몸은 다만 하나의 법신(法身)이며, 또 그
마음이나 지혜도 일심(一心)이며, 하나의 지혜입니다.

그러나 중생이 최고의 깨달음을 구하는 방법에 따라서 설

법과 교화도 달라집니다.

또 모든 부처님의 국토는 평등하게 장엄되어 있지만, 중생들이 쌓아온 업〔宿業〕은 각기 다르기 때문에 눈에 비치는 것도 같지 않습니다.

부처님의 힘은 자유자재하기 때문에 중생의 숙업이나 과보에 따라서 진실한 세계를 나타내는 것입니다."

열 번째로 모든 보살들은 문수보살을 향하여 물었다.

"불자여, 우리들이 알고 있는 것을 저마다 설하였습니다. 아무쪼록 다음에는 그대가 그 깊은 지혜에 의하여 부처님의 경계를 설하여 주십시오.

부처님의 세계라고 하는 것은 어떤 것이며, 또 그 원인은 어떤 것이며, 어떻게 하면 거기에 들어갈 수 있습니까. 또 어떻게 하면 그 세계를 알 수 있는지 가르쳐 주십시오."

그때 문수보살은 다음과 같이 대답하였다.

"여래의 깊은 세계는 흡사 허공과 같이 광대합니다. 설사 중생이 거기에 들어간다 해도 진실로는 들어가지 못하는 것과 같습니다. 세계의 원인은 오직 부처님만이 알고 있으며, 가령 부처님이 헤아릴 수 없는 오랜 세월을 설법하신다고 해도 그 모든 것을 다 설할 수는 없을 것입니다.

부처님께서 중생을 해탈시키고자 할 때에는 중생의 마음이나 지혜에 따라서 불법을 설하십니다. 그리고 아무리 설하여도 불법은 다하지 않습니다.

보살명난품

55

　이와 같이 부처님은 중생의 능력에 따라서 자유자재하게
설하여 무수한 중생의 세계에 들어가시지만 부처님의 지혜
는 항상 맑고 고요합니다. 이것은 오직 부처님만의 세계인
것입니다.
　부처님의 지혜는 과거·현재·미래에 걸림이 없으며 그
세계는 마치 허공과 같습니다.
　부처님의 세계는 업(業)도 아니고 번뇌도 아니며 적멸(寂
滅)도 아닙니다. 또 의지할 곳도 없습니다. 그러나 평등하게
중생의 세계에서 활동하고 있습니다.
　일체 중생의 마음은 과거·현재·미래 안에 있고, 부처님
은 단 한 생각[一念]만으로 중생의 마음을 낱낱이 분명하게
압니다.”

　문수보살이 이와 같이 설했을 때, 부처님의 신통력에 의하
여 이 사바세계에 있는 모든 중생의 숙업과 신체·능력·지
계(持戒) 등의 각기 다른 상태가 나타났다. 이와 마찬가지로
시방의 무량무수한 세계에 있는 중생의 차별도 분명하게 나
타났다.

제7장 정행품
(淨行品)

그때 지수(智首)보살이 문수보살을 향하여 말하였다.

"불자여, 보살은 어떻게 하면 청정해지며, 사물[法]의 영향을 받지 않는 청정한 몸[身]과 말[口]과 뜻[意]의 삼업(三業)[20]을 얻을 수 있습니까?

또 보살은 어떻게 하면 지혜를 완성하고 두려움을 모르는 믿음을 가져 구도의 결의를 굳게 할 수가 있습니까.

또 보살의 가장 뛰어난 지혜와, 불가사의(不可思議), 불가칭(不可稱), 불가설(不可說)의 지혜라고 하는 것은 어떠한 것입니까.

보살은 어떻게 하면 방편의 힘과 선정(禪定)의 힘을 갖출 수 있습니까.

보살은 어떻게 하면 연기의 이법(理法)을 깨닫고, 또 공의 삼매[空三昧]와 모양이 없는 삼매[無相三昧]를 행할 수가 있습니까.

보살은 어떻게 하면 지혜를 완전하게 하는 여섯 가지 수행[六波羅蜜][21]과 모든 중생에게 은혜를 베풀고자 하는 네 가지의 한량없는 마음[四無量心]을 성취할 수 있습니까.

보살은 어떻게 하면 모든 천왕(天王), 용왕(龍王), 귀신왕(鬼神王), 범천왕(梵天王) 등에 의해서 수호되고, 또 공경을 받을 수 있게 됩니까.

보살은 어떻게 하면 중생을 위한 안락의 집이 되고 구호하는 손이 되며, 등불이 되고 교화하는 손이 될 수 있습니까.

보살은 어떻게 하면 일체 중생의 안에서 비교가 되지 않을 만큼 뛰어난 자가 될 수 있습니까."

그때 문수보살은 지수보살에게 대답하였다.

"불자여, 그대의 물음은 매우 훌륭합니다. 중생을 사랑하고 중생에게 은혜를 베풀기 위하여 그대는 매우 훌륭한 질문을 하였습니다.

불자여, 만약 보살이 청정하여 사물의 영향를 받지 않는 몸[身]과 말[口]과 뜻[意]의 삼업(三業)을 성취하면 보살은 뛰어난 덕을 얻을 것입니다.

그때 보살은 부처님의 바른 가르침과 마음이 일치할 것이며, 부처님께서 가르친 최고의 깨달음을 스스로 나타낼 수 있으며 중생을 버리지 않고, 분명하게 모든 사물의 실상(實相)에 도달하여 모든 악을 없애고 모든 선을 갖추어, 일체의 모든 사물에 자유자재하게 될 것입니다.

불자여, 보살이 청정하여 사물의 영향을 받지 않는 몸과 말과 뜻의 삼업을 성취하여 모든 것에 뛰어난 덕을 얻는다고 하는 것은 무엇인가 하면 다음과 같습니다.

보살은 마땅히 이렇게 원을 세워야 합니다.

즉 보살이 집에 있을 때에는 집에서의 온갖 고난을 버리고 인연이 공(空)함을 체득해야 합니다.

부모를 섬길 때에는 양친께서 커다란 안심을 얻을 수 있게 해야 합니다.

처자와 권속이 모였을 때는 원수든 아니든 모두 평등하게 대하며, 애욕의 탐착으로부터 떠나야 합니다.

다섯 가지 욕망[五欲]을 만났을 때에도 탐욕과 미혹을 버리고 덕이 갖추어지도록 해야 합니다.

음악이나 춤을 감상할 때는 최고의 진리에 접한 기쁨을 얻어 모든 것은 환상과 같은 것이라고 깨달아야 합니다.

침실에 있을 때에는 애욕을 떠나서 밝은 경지에 나아가야 합니다.

아름다운 옷을 입을 때에는 거기에 집착하는 마음을 버리고 진실한 세계에 이르도록 해야 합니다.

높은 곳에 올랐을 때에는 불법의 높은 곳에 오른다고 하는 생각으로서 모든 것을 보아야 합니다.

타인에게 보시할 때에는 모든 집착을 버리고 밝은 마음으로 보시를 하고, 법회에 참석하였을 때에는 깨달음을 성취하며, 모든 부처님의 법회가 되도록 노력해야 합니다.

또 재난(災難)을 만났을 때는 자유자재하게 마음을 작용하여 그 재난이 마음에 장애가 되지 않도록 해야 합니다.

보살이 신심을 일으켜 집을 버릴 때에는 일체의 세상 일을 버리고 집착하지 않게 해야 합니다.

숭방(僧房)에 있을 때에는 모든 출가자가 서로 화합하여 마음에 거리가 없어야 합니다.

출가할 때에는 일단 얻은 공덕을 다시는 잃지 않는 경지[不退轉地]를 목표하고 마음에 장애가 없도록 해야 합니다.

속복(俗服)을 버릴 때에는 오로지 부처님의 가르침을 찾아 덕을 닦되 게으르지 않아야 합니다.

삭발할 때에는 번뇌도 함께 깎아버리고 깨달음의 세계에 도달하도록 노력해야 합니다.

승복을 입을 때에는 탐욕과 성냄과 어리석음의 삼독(三毒)을 떠나 부처님의 가르침에 젖는 기쁨을 얻도록 해야 합니다.

출가하였을 때에는 부처님과 같이 집을 나와 모든 중생을 교화하는 일에 정진해야 합니다.

스스로 부처님께 귀의하였을 때에는 진실한 길을 체득하여 최고의 깨달음을 향한 마음을 일으켜야 합니다.

스스로 부처님의 가르침에 귀의하였을 때에는 깊이 부처님의 경전을 배워서 큰 바다와 같은 지혜를 얻어야 합니다.

스스로 부처님과 부처님의 가르침을 믿고 받들어 행하는

승단(僧團)에 귀의하였을 때에는 모든 대중을 받들어 화합하게 하여야 합니다.

몸을 바로 하여 단정하게 앉을 때에는 어떠한 망상에도 걸리지 않도록 해야 합니다.

결가부좌하고 앉았을 때에는 진리를 구하는 마음을 굳게 하여 흔들리지 않아 깨달음의 경지를 얻어야 합니다.

마음을 조용하게 통일한 상태〔三昧〕에 들었을 때에는 그것을 철저히 하여 무심한 경지〔禪定〕에 이르도록 해야 합니다.

모든 사물을 관찰할 때에는 있는 그대로의 진실한 모습을 보되 장애나 거리가 있어서는 아니됩니다.

의복을 입을 때에는 모든 공덕을 입는다는 생각으로 항상 참회하여야 합니다.

옷을 입고 허리띠를 두를 적에도 부처님의 가르침에 정진하는 마음을 새롭게 하여야 합니다.

손에 양치질하는 도구를 들었을 때에는 마음에 부처님의 가르침을 얻었으니 자연히 청정하게 되어야 합니다.

대소변을 볼 때에는 모든 더러움을 없애고 탐욕과 성냄과 어리석음의 삼독(三毒)을 버리도록 하여야 합니다.

물로 손을 씻을 때에는 그 깨끗한 손으로 부처님의 가르침을 받도록 해야 합니다.

입을 열어 말할 때에는 청정한 가르침을 향하여 해탈을 완성하도록 하여야 합니다.

길을 갈 때에는 청정한 진리의 세계를 밟고 나아가 마음의 장애인 번뇌를 없애야 합니다.

올라가는 길을 보고 있을 때에는 드높은 경지에 올라가 삼계(三界)[22]를 초월하고자 해야 합니다.

내려가는 길을 보았을 때에는 부처님의 법 저 깊숙이 내려가도록 노력해야 합니다.

험한 길을 보고서는 인생의 악도(惡道)를 버리고 사견(邪見)으로부터 떠나도록 해야 합니다.

바른 길을 보았을 때에는 마음을 정직하게 하고 거짓이 없도록 해야 합니다.

커다란 나무를 보았을 때에는 다투는 마음을 버리고 분노나 원한으로부터 떠나야 합니다.

높은 산을 보고서는 위없는 깨달음을 향하여 불법의 뿌리를 찾아보아야 합니다.

가시밭을 보았을 때에는 삼독의 가시를 빼어버리고 상처 입은 마음을 없애야 합니다.

부드러운 과일을 보았을 때에는 불도(佛道)의 큰 실천을 일으켜 위없는 결과를 거두도록 하여야 합니다.

흐르는 물을 보았을 때에는 정법(正法)의 흐름을 타고 부처님 나라의 대해(大海)에 나가도록 하여야 합니다.

우물을 보았을 때에는 다함 없는 가르침[法水]을 마시고, 위없는 덕을 갈무리하여야 합니다.

골짜기에 흐르는 물을 보고서는 먼지와 때를 씻고 맑은

마음이 되도록 하여야 합니다.

다리를 보았을 때는 불법의 다리를 만들어 쉼 없이 사람들을 깨달음의 저 언덕[彼岸]으로 건너가게 하여야 합니다.

즐거운 사람을 보았을 때는 청정한 가르침을 원하고 부처님의 가르침에 따라 스스로 기뻐해야 합니다.

또 굶주린 자를 보았을 때에는 미혹을 떠나는 마음을 일으키고, 괴로워하는 사람을 보았을 때에는 모든 괴로움을 없애주는 부처님의 지혜를 얻어야 하며, 건강한 사람을 보았을 때에는 금강(金剛)과 같이 부서지지 않는 법신(法身)에 이르고, 병든 사람을 보았을 때에는 몸이 본래 공(空)한 것임을 알아 일체의 괴로움에서 해탈하여야 합니다.

은혜를 갚는 사람을 보았을 때에는 항상 모든 부처님과 모든 보살의 은덕을 생각하고, 출가한 사람을 보았을 때에는 청정한 불법을 얻어 모든 악을 떠나야 합니다.

고행을 하는 사람을 보았을 때에는 몸과 마음을 굳게 갖고 불도에 정진하여야 합니다.

밥을 얻었을 때는 밥을 먹고 얻은 그 힘으로 부처님의 가르침에 뜻을 두고 정진해야 하며 밥을 얻지 못하였을 때에도 모든 악행으로부터 벗어나야 합니다.

맛있는 음식을 얻었을 때에는 절도를 지키고 욕심을 줄이고 그에 집착하는 것을 끊어야 합니다.

맛없는 음식을 얻었을 때에는 모든 것은 허공과 같이 무상(無常)하다고 하는 삼매에 사무쳐야 합니다.

　음식을 삼킬 때에는 선정(禪定)의 기쁨을 삼킨다는 마음
을 갖고, 음식을 먹은 다음에는 공덕이 몸에 충만하여 부처
님의 지혜를 완성하도록 해야 합니다.

　여래를 보았을 때에는 모두가 부처님 눈을 얻고 여래의
실상을 볼 수 있어야 하며, 여래의 실상을 보았을 때에는 모
든 시방을 보더라도 단정하기가 부처님과 같아야 합니다.

　저녁에 잠자리에 들었을 때에는 모든 번거로움을 그치고
마음의 혼란을 떠나야 하며 아침에 눈을 떴을 때에는 모든
마음을 기울여 시방을 되돌아보아야 합니다.”

제8장 현수보살품
(賢首菩薩品)

　문수보살은 불법의 깊은 의미를 체득하고 있는 현수(賢首)보살에게 물었다.

　"불자여, 나는 이미 보살의 청정한 행에 관해서 설하였습니다. 바라옵건대 그대는 보살의 광대무변한 공덕의 의미를 설하여 주십시오."

　현수보살이 대답하였다.

　"불자여, 잘 들으시오. 보살의 공덕은 광대무변하여 헤아릴 수 없습니다.

　나는 자신의 힘에 의하여 그 중 일부의 공덕을 설하고자 합니다. 내가 설하는 것은 마치 큰 바다 속의 한 방울 물에 지나지 않습니다.

　처음 깨달음을 구하는 마음[菩提心]을 낸 보살은 오로지 꾸준하게 깨달음을 구하여 동요하지 않습니다.

　만약 그 일념(一念)의 공덕을 여래가 설한다 해도 그 일념의 공덕을 설하여 마칠 수는 없습니다. 하물며 보살이 여러 가지 행을 닦은 공덕에 대해서 다 말할 수는 더욱이 없습니다. 모든 세계의 모든 부처님이 설한다고 하여도 다 설할 수는 없습니다. 지금 나는 공덕의 일부를 설하지만 그것은 마치 새가 허공을 품는 것과 같고 또 대지(大地)의 한 티끌과 같습니다.

보살이 깨달음을 구하는 마음을 일으킬 때에는 다음과 같은 여러 가지 이유가 있습니다.

부처님과 그 가르침 그리고 스님[三寶]에 대한 깊고 청정한 신심을 갖기 때문에 보리심을 일으킵니다.

감각에 따르는 욕망이나 재물을 구하지 않고 세간의 명예를 바라지 아니하며, 중생의 고뇌를 없게 하여 맹세코 이 중생을 구하고자 하는 염원 때문에 보리심을 일으킵니다.

부처님의 바른 진리를 배워서 위없는 깨달음을 얻고자 생각하고 모든 지혜를 닦기 때문에 보리심을 일으킵니다.

깊고 청정한 신심은 견고하여 부서지는 일이 없습니다. 모든 부처님을 공경하고 정법과 스님을 존경하기 때문에 보리심을 일으킵니다.

신심은 불도의 근본으로서 모든 공덕의 어머니입니다. 그것은 모든 선법(善法)을 증진하여 모든 의혹을 없애고 위없는 불도(佛道)를 열어 줍니다.

신심은 때가 없고 흐리지 않으며 성내는 마음을 없애고 근신하는 근본입니다.

신심은 최고의 보배창고[寶庫]이며, 청정한 손이 되어 온갖 행을 받아들입니다.

신심은 모든 집착을 떠나고 깊고 오묘한 불법을 깨달으며 모든 선을 행하고 드디어는 반드시 부처님의 나라에 이를 것입니다.

신심의 힘은 견고하여 부서지는 일이 없습니다. 모든 악을 영구히 제거하고 일체의 마경(魔境)을 넘어서 위없는 해탈의 길을 얻을 수 있습니다.

만약 진실한 불법을 믿는다면 항상 그것을 듣고자 원하며 권태를 느끼는 일이 없을 것입니다. 만약 권태를 느끼는 일이 없다면 마침내는 불가사의한 불법을 깨달을 것입니다.

만약 신심이 견고하여 동요하는 일이 없으면 몸과 마음이 함께 밝고 모든 것이 청정하게 될 것입니다.

모든 것이 청정하게 되면 모든 악우(惡友)를 떠나서 선우(善友)와 가까이 지낼 것입니다.

선우와 가까이 하면 헤아릴 수 없는 많은 공덕을 닦을 것입니다. 공덕을 닦으면 온갖 인과(因果)를 배우고 그 도리를 깨달을 것입니다.

그 도리를 깨달으면 일체의 모든 부처님이 지켜주며 위없는 깨달음을 향한 마음[菩提心]을 일으킬 것입니다.

위없는 깨달음을 향한 마음을 일으키면 모든 부처님의 가르침 안에 태어나 일체의 집착을 떠날 것입니다.

일체의 집착을 떠날 수 있으면 깊고 청정한 마음을 얻을 수 있으며 모든 보살행을 실천하고 대승(大乘)의 법을 갖추게 될 것입니다.

대승의 법을 갖추면 모든 부처님에게 공양하고 염불삼매(念佛三昧)가 끊이지 않을 것입니다.

염불삼매를 체득하면 항상 시방의 부처님을 볼 수 있으며 부처님의 세계에 항상 안주(安住)함을 알 수 있을 것입니다.

부처님의 세계에 안주하게 되면 스스로 불법을 체득하게 되어 한없는 변재(辯才)를 갖고 무량한 불법을 설할 수 있을 것입니다.

무량한 불법을 설할 수 있으면 모든 중생을 해탈시킬 수가 있고 대비심(大悲心)은 확립될 것입니다.

대비심이 확립되면 깊고 깊은 불법을 기뻐하고 교만심과 게으름을 떠날 수 있을 것입니다.

교만심과 게으름을 떠날 수 있으면 고뇌의 생사에 있으면서도 조금도 근심하는 일이 없고 노력하고 정진할 수가 있을 것입니다. 정진할 수가 있으면 온갖 신통을 얻고 중생의 생활을 알 것입니다.

중생의 생활을 알면 중생에 대하여 법을 설하고 재물을 보시하며 사랑스러운 말로써 중생에게 기쁨을 주며 선행으로써 이끌며 함께 활동할 것이고 헤아릴 수 없는 이익을 베풀 것입니다.

헤아릴 수 없는 이익을 베풀게 되면 스스로는 위없는 진리에 안주하고 악마로 인하여 정복되는 일은 없을 것입니다.

악마로 인하여 정복되는 일이 없으면 부동지(不動地)에 도달하여 불생불멸의 진리를 체득할 수 있을 것입니다.

불생불멸의 진리를 체득하면 이윽고 성불하는 것이 약속되고 모든 부처님의 깊은 가르침을 깨닫고 모든 부처님이 항상 지켜줄 것입니다.

모든 부처님이 지키게 되면 부처님의 무량한 공덕이 몸에 넘치고 그 모습은 광명으로 빛날 것입니다.

광명을 받아 빛나면 그 광명으로부터 무량한 연꽃이 나타나 그 연꽃 하나하나의 꽃잎에 무량한 부처님이 나타나고 중생을 교화하여 해탈하게 할 것입니다.

중생을 교화하기 위해서 무량한 자재력으로 적절한 곳에 모습을 나타내고, 일념 사이에 모든 중생의 마음을 낱낱이 알 수 있을 것입니다.

일념 가운데 중생의 마음을 알면 고뇌의 생사는 영원히 종식되고 모든 번뇌는 적멸하며 법신의 지혜가 갖추어져 모든 사물의 실상을 깨달을 수 있을 것입니다.

모든 사물의 실상을 깨달으면 모든 자재력을 낱낱이 실현하여 뛰어난 해탈에 이르고 시방의 모든 보처(補處)23)로부터 성불의 약속을 받을 수 있으며, 감로의 법수(法水)가 이마에 부어질 것입니다.

감로의 법수가 이마에 부어지면 법신은 허공에 충만하고 시방세계에 안주할 것입니다.

이와 같은 보살의 큰 실천에 의하여 정법은 항상 안주하며 영원히 불멸하게 될 것입니다. 그 힘은 대해와 같이 광대하고 또 금강과 같이 견고합니다.

또 보살은 일념 사이에 시방세계에 나타나 시방세계에서 생각생각마다 불도를 실현하여 열반(涅槃)[24]에 듭니다.

혹은 남녀의 모습으로, 혹은 천신이나 인간, 용(龍), 신(神)의 모습에 의하여 무량한 활동을 하고, 온갖 음성을 내어 불법을 설합니다.

이와 같이 보살이 시방세계에 나타나 가득 차는 것은 해인삼매(海印三昧)[25]의 힘에 의한 것입니다.

또 보살은 일체의 모든 보살을 공양하고, 모든 부처님을 공양하고, 스스로 발한 광명은 불가사의하며 중생을 교화하는 것이 무량합니다.

이와 같이 모든 것에 자유자재하여 불가사의한 것은 화엄삼매(華嚴三昧)의 힘 때문입니다.

또 보살은 모든 부처님을 공양하고자 생각하였을 때 무량한 삼매가 생기는 것입니다.

온갖 춤과 음악과 노래와 시(詩)로써 모든 부처님의 공덕을 찬탄하고 그 음성이 시방세계에 충만하여도 이것은 모두가 보살의 손 안에서 나오는 것입니다.

또 보살은 중생을 편안하게 하는 삼매에 들어서 광명을

발하고 이 광명에 의하여 중생을 해탈시킵니다.

예를 들면 '선현(善現)'이라는 광명은 중생에게 한없이 좋은 과보를 받고 드디어 위없는 진리를 알 수 있게 합니다. 이 빛에 의하여 불·법·승의 삼보가 나타나고 탑과 불상이 세워집니다.

또 '제애(除愛)'라고 하는 광명은 모든 중생을 눈뜨게 하고, 온갖 애욕을 버리고 해탈의 감로수를 마시게 합니다. 그리고 그때, 해탈의 감로의 비가 모든 중생 위에 뿌려질 것입니다.

또 '환희'라고 하는 광명 역시 모든 중생을 눈뜨게 하고, 기쁨에 가득 차서 깨달음을 구하게 하며, 위없는 진리의 보배를 원하게 합니다. 그리하여 부처님의 대자비상이 건립되고 온갖 공덕은 찬탄을 받고 그로 인하여 환희의 광명은 완성됩니다.

또 '애락(愛樂)'이라고 하는 광명 역시 모든 중생을 눈뜨게 하고, 마음은 항상 모든 여래와 위없는 불법과 청정한 승단(僧團)을 기쁘게 합니다. 항상 시방의 모든 부처님 앞에 나와서 위없는 불법을 이해하게 되며 중생을 교화하여 깨달음을 구하는 방편을 개발하며 그로 인하여 애락의 광명이 완성됩니다.

또 '혜등(慧燈)'이라고 하는 광명 역시 모든 중생을 눈뜨게 하는데, 모든 사물은 공적(空寂)하여 생(生)하지도 않고 멸(滅)하지도 않으며, 유(有)도 아니고 무(無)도 아니라고 하는 것을 깨닫고 해탈하게 합니다.

이를테면, 아지랑이나 물에 비친 달 그림자, 또는 꼭두각시나 꿈, 혹은 거울 속의 영상과 같이 모든 사물은 실재가 없으며 모두가 공적함을 알게 됩니다. 이 때문에 혜등의 광명은 완성됩니다.

또 '무간(無慳)'이라고 하는 광명은 모든 중생으로부터 탐심을 없애고 재보(財寶)는 영원한 것이 아님을 알게 하여, 모든 집착을 떠나게 합니다. 억제할 수 없는 탐욕을 잘 통제하고 재보는 꿈과 같고 뜬구름과 같다고 깨닫게 하여 항상 기쁜 마음으로 사람들에게 보시하게 합니다. 이로 인하여 무간의 광명은 완성됩니다.

또 '인장엄(忍莊嚴)'이라고 하는 광명은 분노한 사람을 눈 뜨게 하여 분노를 버리고 항상 온화한 마음으로 인욕하는 부처님의 법을 원하게 합니다. 성품이 포악하여 참지 못하는 중생으로 하여금 모든 일을 참게 하고, 불도를 구하며, 항상 인욕에 대한 부처님의 가르침을 칭찬하게 하여, 그로 인하여 인장엄의 광명은 완성됩니다.

또 '적정(寂靜)'이라고 하는 광명은 마음이 혼란한 사람의 눈을 뜨게 하고 탐욕과 분노와 어리석음의 삼독을 떠나서 깊고 깊은 삼매에 안주하게 합니다. 악인이나 착하지 못한 일에서 멀어지게 하고, 거짓과 옳지 않은 말을 떠나 조용한 곳에서 좌선하는 것을 기뻐하게 하며, 그 때문에 적정의 광명이 완성됩니다.

또 '견불(見佛)'이라고 하는 광명은 죽음에 이른 사람을 눈뜨게 하여, 염불삼매의 힘으로 반드시 부처님을 보게 하며, 목숨이 다할 때에는 부처님 앞에 태어나게 합니다. 그 임종을 보고서는 염불을 권하고 불상을 예배하게 하며, 그 때문에 견불의 광명은 완성됩니다.

또 '법청정(法淸淨)'이라고 하는 광명이 있습니다. 하나하나의 털구멍 안에서 무량한 모든 부처님은 저마다 불가사의한 불법을 설하고 있으며, 중생을 환희하게 합니다. 즉 인연에 의하여 생기는 것은 실체가 아니며, 여래의 법신 또한 무상한 신체가 아닌 부동(不動)으로서 영원하며 그 영원함은 마치 허공과 같다고 설합니다. 이 때문에 법청정의 광명이 완성됩니다.

이와 같은 광명은 저마다 무량하고 무변하며 또 그 수는 헤아릴 수 없습니다. 낱낱이 보살의 털구멍에서 나왔고 하나하나의 털구멍에서 나온 광명은 무변무량하며 그 수는 헤아릴 수가 없습니다. 모든 털구멍에서 나온 광명도 또한 이와 같습니다. 이것은 보살의 삼매에 있어서의 자재력 때문입니다.

만약 무량한 공덕을 닦고, 무수한 부처님을 공경하고, 마음이 항상 위없는 불도를 구하는 자는 이와 같은 광명을 만날 것입니다.

예를 들면, 장님이 해를 볼 수 없는 것은 해가 지상에 떠오르지 않아서가 아닙니다. 눈을 가진 자만이 모든 것을 보고 일에 따라서 성과를 얻는 것과 같습니다.

　광명도 그와 같아서 보는 자도 있고 보지 못하는 자도 있습니다. 그릇된 소견을 가진 사람은 보지 못하나 지혜가 뛰어난 사람은 능히 볼 수 있습니다.

　또 보살은 시방의 세계에 인연이 있기 때문에 자유자재로 오고 가며 출입하여 중생을 구제하고, 때로는 삼매에 들고, 때로는 삼매에서 일어섭니다.

　혹은 동방에서 삼매에 들고 서방에서 삼매로부터 일어나며, 혹은 서방에서 삼매에 들고 동방에서 삼매로부터 일어납니다.

　이와 같이 삼매에 출입하여 시방에 충만하는 것은 보살에게 있는 삼매의 자재력 때문입니다.

　시각(視覺)으로써 삼매에 들고 색채(色彩)로써 삼매에서 일어서며, 색채의 불가사의함을 봅니다. 색채로써 삼매에 들고, 시각으로써 삼매에서 일어서도 마음은 혼란하지 않습니다. 시각은 생하는 일도 없고, 자성도 없으며, 오직 적멸할 뿐이라고 설합니다.

　청각(聽覺)으로써 삼매에 들고 음성으로써 삼매에서 일어서며, 온갖 음성을 듣고 판별합니다. 음성으로써 삼매에 들고 청각으로써 삼매에서 일어서도 마음은 혼란하지 않습니다. 청각은 생하는 일도 없으며 자성도 없고, 오직 적멸할 뿐이라고 설합니다.

이와 같이 취각·미각·촉각에 대해서도 마찬가지입니다.

마음으로써 삼매에 들고 대상으로써 삼매에서 일어서며, 온갖 대상을 식별합니다. 대상으로써 삼매에 들고 마음으로써 삼매에서 일어서도 마음은 생하는 일도 없고 자성(自性)도 없으며 오직 적멸하다고 설합니다.

소년의 몸으로 삼매에 들고 장년의 몸으로 삼매에서 일어서며, 장년의 몸으로 삼매에 들고 노년의 몸으로 삼매에서 일어섭니다.

노년의 몸으로 삼매에 들고 선한 여인으로서 삼매에서 일어서며, 선한 여인으로서 삼매에 들고 선한 남자로서 삼매에서 일어섭니다.

선한 남자로서 삼매에 들고 비구니의 몸으로서 삼매에서 일어섭니다. 비구니의 몸으로 삼매에 들고 비구의 몸을 가지고 삼매에서 일어섭니다.

비구의 몸으로 삼매에 들고 성문(聲聞)26)의 몸으로 삼매에서 일어서며, 성문의 몸으로 삼매에 들고, 연각(緣覺)27)의 몸으로 삼매에서 일어섭니다.

연각의 몸으로 삼매에 들고 여래의 몸으로 삼매에서 일어서며, 여래의 몸으로 삼매에 들고 모든 하늘〔天神〕의 몸으로 삼매에서 일어섭니다.

모든 하늘의 몸으로 삼매에 들고 모든 귀신의 몸으로서 삼매에서 일어서며, 모든 귀신의 몸으로서 삼매에 들고 하나의 털구멍으로서 삼매에서 일어섭니다.

하나의 털구멍으로서 삼매에 들고 모든 털구멍으로서 삼매에서 일어서며, 모든 털구멍으로서 삼매에 들고, 하나의 털끝으로서 삼매에서 일어섭니다.

하나의 털끝으로서 삼매에 들고, 모든 털끝으로서 삼매에서 일어서며, 모든 털끝으로서 삼매에 들고, 하나의 작은 티끌로서 삼매에서 일어섭니다.

하나의 작은 티끌로서 삼매에 들고, 모든 작은 티끌로서 삼매에서 일어서며 모든 작은 티끌로서 삼매에 들고, 모든 부처님의 광명으로서 삼매에서 일어섭니다.

모든 부처님의 광명으로서 삼매에 들고, 큰 바다의 물로서 삼매에서 일어서며, 큰 바다의 물로서 삼매에 들고 허공으로서 삼매로부터 일어섭니다.

이같이 무량한 공덕이 있는 사람은 그 삼매가 자유자재하여 불가사의합니다. 설사 시방의 모든 여래가 그 삼매를 설한다 하여도 모두 설할 수는 없을 것입니다. 일체의 모든 부처님이 이를 찬탄하며 중생의 과거는 불가사의하다고 합니다.

그때 자연히 소리가 들렸습니다.

'일체의 오욕은 모두가 무상하다. 허망하고 물거품과 같으며 꼭두각시나 아지랑이와 같으며 물 속에 뜬 달과 같고 뜬구름과 같다.

오욕은 모든 공덕을 장애하는 것이다. 그대는 항상 진실하고 청정한 보살행을 구하라.'

모든 세계의 중생 가운데 성문(聲聞)의 길을 바라고 구하고자 하는 자는 적으며, 연각(緣覺)을 구하고자 하는 자는 보다 적으며, 대승(大乘)[28]을 구하고자 하는 자는 더욱 적습니다.

그러나 대승을 구하는 것은 또 쉬우나 대승의 법을 믿는 것은 어렵습니다. 하물며 이 법을 잘 수지(受持)하고 바르게 기억하며 가르침 그대로 행하고 진실을 이해하는 것은 더욱더 어렵습니다.

삼천대천세계를 머리에 이고 일 겁(一劫) 사이를 움직이지 않는 상태로 있는 것은 그다지 어렵지 않은 일입니다. 그러나 대승의 법을 믿는 것은 오히려 어려운 일입니다.

모든 세계의 중생이 일 겁 동안 공양한다 해도 그 공덕은 그다지 뛰어나다고 할 수는 없습니다. 그러나 대승의 법을 믿는 공덕은 보다 뛰어납니다.

손바닥 안에 열 개의 부처님 나라를 갖고 일 겁 사이 허공에 머무를 수 있다고 해도 그것은 그다지 어려운 일은 아닙니다. 그러나 대승법을 믿는 것은 훨씬 어려운 일입니다.

열 개의 부처님 나라에 사는 중생에게 일 겁 동안을 공양한다 해도 그 공덕은 그다지 뛰어난 것이라고 할 수는 없습니다. 그러나 대승의 법을 믿는 공덕은 보다 뛰어납니다. 하물며 이 경전을 수지하고 있는 공덕은 더욱더 뛰어날 것입니다.”

현수보살이 이 장(章)을 설하여 마쳤을 때 시방의 세계는 여섯 가지로 진동하였다. 모든 악마의 궁전은 흡사 칠흑과 같이 어두웠으나 부처님의 광명은 시방을 두루 비추어 모든 악도를 낱낱이 제거하였다.

시방의 모든 부처님은 모두가 현수보살 앞에 나타나 저마다 오른손을 뻗쳐서 그 머리를 어루만졌다. 그 때문에 보살의 자비는 한량없는 공덕으로 장엄된 빛을 발했다. 모든 여래는 보살의 머리를 어루만진 다음에 칭찬하여 이와 같이 말하였다.

“착하고 착하도다. 진실한 불자여, 그대는 대승의 법을 분명하게 설하여 마치었다. 나는 그대와 함께 마음으로부터 기뻐하리라.”

제9장 불승수미정품
(佛昇須彌頂品)

　　세존께서는 위신력으로써 이 깨달음의 자리를 떠나서 수미산(須彌山)[29]의 정상(頂上)에 올라 도리천(忉利天)[30]에 있는 제석천(帝釋天)으로 향하셨다.

　　그때 제석천은 저 멀리로부터 부처님께서 오시는 것을 보고 많은 보배를 뿌린 자리를 만들어 그 위에 또 보배로 된 자리를 몇 겹으로 폈다. 그리고 제석천은 부처님 앞에 합장 예배하고 말했다.

　　"잘 오셨습니다. 세존이시여, 아무쪼록 저희들을 불쌍히 여기시어 이 궁전에 머물러 주시옵소서."

　　세존께서는 이 원을 받아들여 궁전으로 올라갔다. 그때 제석천의 궁전에서 흘러 나오는 무량한 음악은 부처님의 위신력으로 인하여 조용해졌다. 제석천은 과거세에 부처님을 모시고 진리를 지키는 구도자의 고행을 닦던 일을 생각해내고 다음과 같이 말하였다.

"가섭불(迦葉佛)31)은 대자비를 갖추어 복덕이 원만합니다. 그 부처님은 전에 여기에 오신 적이 있었습니다. 그 때문에 이 땅은 보다 더 축복되었습니다.

구나함모니불(拘那含牟尼佛)32)의 지혜는 장애가 없고 복덕이 원만합니다. 그 부처님도 전에 이곳에 오셨습니다. 때문에 이 땅은 보다 더 축복되고 있습니다.

구류손불(拘留孫佛)33)의 몸은 흡사 황금의 산과 같고 복덕이 원만합니다. 그 부처님도 전에 이곳에 오신 일이 있었습니다. 그 때문에 이 땅은 보다 더 축복되고 있습니다.

비사부불(毘舍浮佛)34)은 탐욕과 분노와 우치의 삼독을 떠나서 복덕이 원만합니다. 그 부처님도 전에 이곳에 오신 적이 있습니다. 때문에 이 땅은 보다 더 축복되고 있습니다.

시기불(尸棄佛)35)은 항상 적연(寂然)하고 복덕이 원만합니다. 그 부처님도 전에 이곳에 오신 일이 있습니다. 때문에 이 땅은 더 축복되고 있습니다.

비바시불(毘婆尸佛)36)은 흡사 보름달과 같으며 복덕이 원만합니다. 그 부처님도 전에 이곳에 오신 적이 있습니다. 그 때문에 이 땅은 보다 더 축복되고 있습니다.

연등불(燃燈佛)37)은 세계를 밝게 비추며 복덕이 원만합니다. 그 부처님도 전에 이곳에 오신 적이 있습니다. 때문에 이 땅은 보다 더 축복되고 있습니다."

이와 같이 제석천은 부처님의 위신력을 받아서 과거의 모든 부처님의 공덕을 찬탄하였다. 십만의 제석천도 또한 저마다 전에 수행하였던 곳에 있는 과거세의 모든 부처님을 찬탄하였다.

　그때 세존께서 사자좌에 올라 결가부좌하였다. 그러자 궁전은 곧 순식간에 넓혀지고 도리천도 같은 넓이가 되었다. 십만의 궁전도 또한 그와 같이 넓혀졌다.

제10장 보살운집묘승전상설게품
(菩薩雲集妙勝殿上說偈品)

그때 시방세계에 있는 모든 보살들은 저마다 수많은 보살들을 이끌고 부처님을 찾아와 합장하고 예배하였다. 이 세계의 정상 수미산 위에는 보살들이 운집하여 흡사 시방세계와 같았다.

그때 세존께서는 두 발의 발가락에서 아름답고 무수한 광명을 발하여 시방세계의 궁전을 비추었다. 그리하여 거기에 모인 보살들의 광명 속에 떠올랐다.

그때 법혜(法慧)보살은 부처님의 신통력을 받아서 시방세계를 남김없이 관찰하고 게송(偈頌)[38]을 읊었다.

"일체의 모든 부처님은 수미산 정상에 있는 제석천의 묘승전(妙勝殿)에 나타나셨습니다. 부처님을 받드는 이 무수한 보살들은 시방으로부터 찾아와 결가부좌하였습니다."

그리고 법혜보살은 대중을 향하여 말하였다.

"모든 보살들이여, 다음과 같이 알아야 합니다. 여래의 위신력에 의하여 모든 세계, 모든 사람 앞에 부처님이 계십니다. 지금 우리는 부처님께서 제석천의 묘승전에 앉아 계시는 것을 보고 있습니다. 시방세계의 묘승전도 또한 같습니다. 이는 한결같이 여래의 자재력에 의한 것입니다.

모든 세계 안에서 뜻을 세우고 최고의 깨달음을 구하는 자는 먼저 청정한 서원을 일으켜 보살행을 닦아야 합니다. 보살은 헤아릴 수 없는 긴 세월을 수행하고, 가르침을 펴는 데에도 장애가 없으며, 시방을 비추어 어리석음의 어두움을 제거하고 있으니 그 힘은 무엇에도 비교할 수가 없습니다."

또한 일체혜(一切慧)보살은 부처님의 신통력을 받아서 시방세계를 남김없이 관찰하고 다음과 같이 찬탄하였다.

"헤아릴 수 없이 긴 세월 동안, 항상 부처님을 뵈올 수 있기를 원하였습니다. 그러나 그 바른 가르침 안에서도 아직도 진실을 볼 수가 없습니다. 망상에 얽매이고 생사에 윤회하며 마음의 눈은 감겨서 부처님을 볼 수가 없습니다.

또 모든 사물을 관찰하지만 아직도 실상을 볼 수 없습니다. 일체의 모든 사물은 생멸하고 있다고 생각하여 그 관념에 얽매여 있습니다.

만약 일체의 사물은 생하는 일이 없고 멸하는 일도 없음을 깨달을 수가 있으면 모든 부처님은 항상 눈앞에 나타날 것입니다.

　모든 사물은 본래가 집착도 없고, 변하지 않는 주체〔我見〕가 있는 것도 아니며, 공적(空寂)하여 진실 그 자체까지도 없습니다. 모든 부처님은 본래 공하여 헤아려 알 수가 없습니다.

　일체의 모든 사물을 헤아려 알 수가 없다고 깨닫는 자는 어떠한 번뇌 속에 있어서도 그 마음이 오염되지 않을 것입니다.”

　또한 공덕혜(功德慧)보살은 부처님의 신통력을 받아시 시방세계를 남김없이 관찰한 후 게송을 읊었다.

　“모든 것은 꼭두각시와 같이 허망하여 실체가 없습니다. 그럼에도 불구하고 사람들은 이에 집착하여 항상 생사에 윤회하고 있습니다. 여덟 가지 바른 길〔八正道〕[39]을 알지 못하고 있습니다. 그러니 어떻게 하여 자기의 마음을 알 수 있겠습니까. 또한 도리에 어긋난 견해로 인하여 여러 가지 악을 만들고 있습니다.

　사람들은 모든 것이 공함을 보지 못하고 항상 무량한 고뇌를 받고 있습니다. 그것은 부처님의 가르침에 대한 청정한 눈을 완성하지 못하고 있기 때문입니다.

　만약 일체의 마음을 알고자 한다면 먼저 부처님의 가르침에 대한 눈을 구하여야 합니다. 그렇게 하면 진실한 부처님을 볼 수가 있을 것입니다.

　만약 부처님을 보고서 자기의 마음에 집착하지 아니하면

모든 것의 진실을 깨달을 수가 있을 것입니다. 부처님은 실로 이 진실한 가르침으로 중생을 교화하십니다.”

또한 선혜(善慧)보살은 부처님의 신통력을 받아 시방세계를 남김없이 관찰하고 게송을 읊었다.

“훌륭하고 훌륭합니다. 한량없는 부처님들은 해심(害心)을 떠나 스스로 생사를 넘고, 해탈하여 중생들도 눈을 뜨게 합니다.

세간의 모든 모습은 모두가 공하여 실체가 없습니다. 그럼에도 불구하고 미혹한 사람은 이것을 진실이라고 생각합니다. 실제로 모든 것에는 그 자체의 본성은 없으며, 이 본성이 없는 것으로 성품을 삼아 그 성질이 마치 허공과 같습니다.

만약 이러한 모양을 설한다 하여도 설하여 다 마칠 수가 없습니다. 따라서 지혜 있는 자는 이것을 다함이 없다고 설하지만, 그것 또한 다 설한 것이 되지는 않습니다. 이렇게 모든 것의 본성이 허공과 같아 다함이 없기 때문에 불가사의라고 할 수밖에 없습니다.”

또한 진혜(眞慧)보살은 부처님의 신통력을 입어 시방세계를 남김없이 관찰하고 게송을 읊었다.

“헤아릴 수 없이 긴 세월 동안 모든 고뇌를 받고 생사 속에 유전하고 있는 것은 부처님의 이름을 듣지 못했기 때문입니다. 현재의 부처님은 인연에 의하여 생긴 것이 아닙니다. 과거·미래의 부처님도 또한 그러합니다. 일체의 모든 것은 차별을 초월한 모습이라고 하는 것이 부처님의 참 성품입니다.

만약 이와 같이 모든 것의 깊은 뜻을 관찰하면 무량한 부처님의 영원불멸한 진실의 모습 그 자체를 볼 수가 있을 것입니다. 진실을 진실이라고 알며, 진실하지 않은 것을 진실하지 아니하다고 아는 이것이 최후의 가장 뛰어난 깨달음이며, 그것을 부처님이라고 이름하는 것입니다.

모든 부처님은 이와 같이 닦았으면서도 한 가지의 법도 얻지 아니하였습니다. 하나에 의하여 많음을 알고, 많음에 의하여 하나를 압니다. 또 모든 것은 의지하는 곳이 없이 다만 인연에 의하여 일어납니다. 활동의 주체도, 활동 그 자체도 함께 얻는 바가 없으며, 이것을 구하여도 얻을 수는 없습니다. 이 얻을 수 없는 것이야말로 모든 부처님이 의지하는 곳입니다. 왜냐하면 모든 것에는 의지하는 바가 따로 없고 깨달은 이에게는 집착이 없기 때문입니다.”

그 밖에 많은 보살이 부처님의 신통력을 받아 시방세계를 남김없이 관찰하고 게송을 읊었다.

제11장 보살십주품
(菩薩十住品)

그때 법혜보살은 부처님의 신통력을 받아서 보살의 무량한 방편의 삼매에 들었다. 법혜보살이 삼매에 들자, 시방의 무수한 부처님 나라와 그 밖의 무수한 부처님들이 삼매의 힘으로 나타났다. 이 부처님들의 이름은 모두가 법혜(法慧)였다.

그때 모든 부처님은 법혜보살에게 다음과 같이 말씀하였다.

"훌륭하고 훌륭하도다. 선남자여, 그대는 능히 보살의 무량한 방편의 삼매에 들었도다.

선남자여, 그대가 이 삼매에 든 것은 시방의 무수한 부처님이 그대에게 신통력을 주었기 때문이다. 또 일체 중생을 구하고자 하는 비로자나 부처님의 서원의 힘과 선근력(善根力)에 의한 것이다. 또 그대로 하여금 넓은 가르침을 설하게 하고자 생각하였기 때문이다. 또 가르침의 지혜를 키우고 진리의 세계를 열며, 중생의 세계를 분별하게 하고 장애를 없게 하여 장애 없는 경지에 들어가게 하기 위해서이다.

선남자여, 참으로 부처님의 신통력을 받아 오묘한 진리[法]를 설하여야 한다.”

그때 모든 부처님은 저마다 오른쪽 팔을 뻗쳐 법혜보살의 머리를 어루만졌다. 법혜보살은 삼매로부터 일어나 모든 보살들에게 말하였다.

“모든 불자들이여, 보살의 본성은 광대하고 깊어 흡사 허공과 같습니다. 일체의 보살은 과거·현재·미래의 모든 부처의 본성으로부터 생긴 것입니다.

모든 불자들이여, 보살의 십주(十住)의 행(行)은 과거·현재·미래의 모든 부처님이 설하신 것입니다.

무엇을 십주(十住)라고 합니까. 그것은 초발심주(初發心住), 치지주(治地住), 수행주(修行住), 생귀주(生貴住), 방편구족주(方便具足住), 정심주(正心住), 불퇴주(不退住), 동진주(童眞住), 법왕자주(法王子住), 관정주(灌頂住)를 말합니다. 이것이 보살의 수행이 머무는 열 가지 장소입니다.

모든 불자들이여, 첫째 보살이 머무는 초발심주(初發心住)라고 하는 것은 무엇입니까.

이 보살은 부처님의 위덕을 잘 드러내는 원만한 상호를 지니신 부처님을 보며, 혹은 부처님의 신통을 보고, 설법을 들으며, 또 일체 중생의 무량한 고통을 보고 깨달음을 구하는 마음을 일으켜 일체지(一切智)를 구하되 결코 퇴보하지 않습니다.

이 보살은 초발심에 의하여 열 가지 힘을 얻습니다. 예를
들면, 도리와 도리가 아닌 것을 분별하는 지혜이며, 업보로
인하여 주어진 생의 번뇌와 청정을 아는 지혜이며, 과거의
생애를 아는 지혜이며, 멀리 떨어져 있는 세계를 볼 수 있는
지혜이며, 모든 번뇌와 그 남은 악업이 없어지는 것을 아는
지혜 등입니다.

모든 불자들이여, 이 보살들은 열 가지 덕목을 배워야 합
니다.

즉 부처님을 공경하고 공양하며, 모든 보살을 찬탄하며,
중생의 마음을 지키며, 현명한 자를 가까이하며, 끊임없이
부처님의 가르침을 찬탄하며, 부처님의 공덕을 닦으며, 모
든 부처님의 앞에 태어난 것을 찬탄하며, 방편에 의하여 삼
매를 익히며, 생사의 윤회를 떠나기를 바라며, 괴로움에 젖
은 중생을 위하여 스스로 귀의하는 곳이 되도록 배워야 합
니다.

왜냐하면, 이것에 의하여 깨달음을 구하는 마음을 보다
더 견고하게 할 수 있으며, 위없는 부처님의 가르침을 완성
할 수가 있기 때문입니다. 만약 진리를 들을 수 있으면 스스
로 이것을 듣고 이해하며 결코 타인에게 의지하여 깨닫는
일을 하지 않습니다.

모든 불자들이여, 두 번째로 보살이 머무는 치지주(治地
住)라고 하는 것은 무엇입니까?

이 보살은 일체의 중생에 대하여 열 가지 마음을 일으킵니다. 그 열 가지 마음이란 즉, 대비심(大悲心)과 대자심(大慈心), 안락심(安樂心), 안주심(安住心), 연민심(憐愍心), 섭수심(攝受心), 수호심(受護心), 동기심(同己心), 사심(師心), 여래심(如來心)입니다.

모든 불자들이여, 이 보살들은 열 가지 덕목을 익혀야 합니다.

즉, 자주 가르침을 듣기를 원하며, 탐욕을 떠나 삼매를 닦으며, 선지식을 가까이하여야 합니다. 또 그 가르침에 따라서 말할 때에는 적절한 때를 선택하고, 두려워하는 마음을 지니지 않으며, 진리의 깊은 뜻을 깨닫고, 부처님의 가르침에 요달하여 진리 그대로를 행하며, 마음의 어리석음을 떠나 움직이지 않는 마음에 안주하여야 합니다.

왜냐하면, 이와 같이 하여야만 일체 중생에 대하여 대자비를 중진하고자 할 수 있기 때문입니다. 또 만약 들을 수 있는 불법이 있다면 스스로 듣고 이해하며 결코 타인에게 의지하여 깨닫는 일을 하지 않습니다.

모든 불자들이여, 세 번째로 보살이 머무는 수행주(修行住)라고 하는 것은 무엇입니까?

이 보살은 모든 존재를 관찰하는 열 가지 길을 닦습니다. 즉 모든 존재는 무상(無常)하며, 괴로움[苦]이며, 공(空)이며, 영원히 변하지 않는 주체는 없다는[無我] 것과 모든 존재는 즐거워할 것이 아니며, 모이고 흩어지는 일도 없으며,

영원히 변하지 않는 것도 아니며, 모든 사물은 허망하고, 거기에는 견고함이 없다고 관찰합니다.

불자들이여, 이 보살은 다음과 같은 열 가지 덕목을 익혀야 합니다.

즉, 모든 중생의 세계, 진리의 세계, 땅[地]의 세계, 물[水]·불[火]·바람[風]의 세계, 욕망의 세계, 형상이 있는 세계·형상이 없는 세계를 알도록 배워야 합니다. 왜냐하면 이와 같이 하여야만 보살은 모든 사물에 대해서 맑고 밝은 지혜를 증진할 수 있기 때문입니다.

만약 들을 수 있는 진리가 있으면 스스로 이를 듣고 이해하며 결코 타인에게 의지하여 깨닫는 일을 하지 않습니다.

모든 불자들이여, 네 번째로 보살이 머무는 생귀주(生貴住)라고 하는 것은 무엇입니까.

이 보살은 거룩한 가르침 안에서 태어나 열 가지 부처님의 가르침을 수행합니다. 즉 부처님을 믿고, 진리를 실현하며, 선정(禪定)에 들고, 또 중생과 부처님의 나라와 세계와 모든 업과 과보와 생사의 열반 등을 아는 것입니다.

불자들이여. 이 보살은 열 가지 덕목을 익혀야 합니다.

즉, 과거·현재·미래의 모든 부처님의 가르침을 알고 과거·현재·미래의 가르침을 수행하며, 과거·현재·미래의 진리를 몸에 갖추고, 일체의 모든 부처님의 평등한 것을 관찰하여야 합니다. 왜냐하면 보살은 과거·현재·미래의 삼세(三世)를 밝게 요달하고 마음의 평등을 얻어야 하기 때문입니다.

만약 들을 수 있는 진리가 있으면 스스로 이를 듣고 이해하며, 결코 타인에게 의지해서 깨닫는 일을 하지 않습니다.

불자들이여, 다섯 번째로 보살의 방편구족주(方便具足住)라는 것은 무엇입니까.

보살은 열 가지 가르침을 듣고 수행하여야 합니다.

즉, 보살이 수행하는 공덕으로써 일체 중생을 구호하고, 일체 중생에게 연민하며, 일체 중생의 인격을 완성하고, 일체 중생으로 하여금 모든 재난을 떠나게 하고, 일체 중생을 생사의 고뇌로부터 벗어나게 하며, 일체 중생을 기쁘게 하고, 일체 중생으로 하여금 번뇌를 극복하게 하며 모두가 열반을 얻도록 하여야 하는 것입니다.

불자들이여! 이 보살은 열 가지 덕목을 익혀야 합니다. 즉 중생은 무변하고 무량하며, 무수하고 불가사의하며, 여러 가지 형태를 갖고 있으며, 무상하고 자재하지 못하며, 진실하지 못하며, 의지할 곳이 없고, 자성(自性)이 없다고 하는 것을 익혀야 하는 것입니다. 왜냐하면 보살은 자기의 마음에 집착하지 말아야 하기 때문입니다.

만약 들을 수 있는 불법이 있으면 이를 듣고 이해하고 결코 타인에게 의지하여 깨닫는 일을 하지 않습니다.

모든 불자들이여, 여섯 번째로 보살의 바른 믿음〔正心住〕이라는 것은 무엇입니까.

보살은 열 가지 가르침을 듣고 믿음을 결정하여 흔들리지 않는 마음[決定心]을 얻습니다.

만약 부처님을 칭찬하거나 비방하는 말을 들어도 마음은 부처님의 가르침 안에 안정되어 있어서 움직이지 않습니다.

진리를 찬탄하거나 비방하는 말을 들어도 마음은 부처님의 가르침 안에 안정되어 있어서 움직이지 않습니다.

보살을 칭찬하거나 비방하는 말을 들어도 마음은 부처님의 가르침 안에 안정되어 있어서 흔들리지 않습니다.

보살의 행하는 진리를 찬탄하고 비방하는 말을 들어도 마음은 부처님의 가르침 안에 안정되어 있어서 흔들리지 않습니다.

중생의 수는 유한하거나 혹은 무한하다는 말을 들어도 마음은 부처님의 가르침 안에 안정되어 있어서 흔들리지 않습니다.

중생은 더럽혀져 있다든가 혹은 더럽혀져 있지 않다는 말을 들어도 마음은 부처님의 가르침 안에 안정되어 있어서 흔들리지 않습니다.

중생은 구원하기 쉽다, 혹은 구원하기 어렵다고 하는 말을 들어도 마음은 부처님의 가르침 안에 안정되어 있어서 흔들리지 않습니다.

진리의 세계는 유한하다거나 혹은 무한하다고 하여도 마음은 부처님의 가르침 안에 안정되어 있어서 흔들리지 않습니다.

세계는 생성(生成)되어 있거나 혹은 파괴되어가고 있다고 하여도 마음은 부처님의 가르침 안에 안정되어 있어서 흔들리지 않습니다.

세계는 실재한다거나 혹은 실재하지 않는다고 하여도 마음은 부처님의 가르침 안에 안정되어 있어서 흔들리지 않습니다.

불자들이여, 이 보살은 열 가지 덕목을 익혀야 합니다.

즉, 존재하는 모든 것은 모습이 없는 것이며, 본성이 없고, 수행할 수도 없으며, 실체가 아니며, 진실하지도 않고, 자성도 없으며, 흡사 허공과 같고, 꼭두각시와 같고, 꿈과 같고, 메아리와 같은 것이라고 알아야 하는 것입니다.

왜냐하면, 보살은 일단 얻은 공덕을 다시는 잃지 않는 경지〔不退轉〕에서 불생불멸하는 절대적인 진리를 깨달은 평온함〔無生法忍〕[40]을 체득하여야 하기 때문입니다.

또 불법은 스스로 이를 듣고 이해할 것이지 결코 타인을 의지하여 깨닫는 일은 하지 말아야 합니다.

불자들이여, 일곱 번째로, 깨달음을 확약받은 보살이 머무는 경지〔不退住〕는 무엇입니까?

이 보살은 열 가지 일에 대한 이야기를 듣고서도 그 마음은 견고하여 흔들리지를 않습니다.

즉, 부처님은 존재한다고 하든 혹은 존재하지 않는다고 하든 부처님의 가르침 안에 있어서는 결코 물러서는 일이 없습니다.

진리가 있다고 하든 혹은 없다고 하든 부처님의 가르침

안에 있어서는 결코 물러서는 일이 없습니다.

보살이 있다고 하든 없다고 하든 부처님의 가르침 안에 있어서 결코 물러서는 일이 없습니다.

보살의 행(行)이 있다고 하든 없다고 하든 부처님의 가르침 안에 있어서 결코 물러서는 일이 없습니다.

보살의 행이 미혹을 초월한다고 하든 초월하지 않는다고 하든 부처님의 가르침 안에 있어서는 결코 물러서는 일이 없습니다.

과거의 부처님과 미래의 부처님과 현재의 부처님이 각각 있다고 하든 없다고 하든 부처님의 가르침 안에 있어서는 결코 물러서는 일이 없습니다.

최고의 깨달음을 여신 부처님의 지혜가 다함이 있다고 하든 없다고 하든 부처님의 가르침 안에 있어서는 결코 물러서는 일이 없습니다.

과거·현재·미래의 존재가 동일한 모습이라고 하든 동일한 모습이 아니라고 하든 부처님의 가르침 안에 있어서는 결코 물러서는 일이 없습니다.

불자들이여, 이 보살은 열 가지 덕목을 익혀야 합니다.

즉, 하나[一]는 많은 것[多]이며, 많은 것[多]은 하나[一]이며, 가르침에 따라서 의미를 알고, 의미에 의하여 가르침을 알며, 비존재(非存在)는 존재이며 존재는 비존재이며, 모습을 갖지 않는 것이 모습이며, 모습이 모습을 갖지 않는 것이며, 본성이 아닌 것이 본성이며, 본성이 본성이 아닌 것임을 알아야 합니다.

왜냐하면 보살은 모든 사물에 있어서 방편을 얻어야 하기 때문입니다. 만약 들을 수 있는 불법이 있으면 스스로 이를 듣고 이해하며 결코 타인에게 의지하여 깨닫는 일을 하지 아니합니다.

모든 불자들이여! 여덟 번째로, 보살이 머무는 동진주(童眞住)라고 하는 것은 무엇입니까?

보살은 열 가지 사물에 있어서 마음을 안정할 수 있습니다. 즉 마음과 말과 행위에 있어서 청정하게 되고, 뜻대로 생을 받으며, 중생의 마음과 바라는 것과 본성과 업을 알고, 세계의 생성과 소멸을 알며, 초인적인 힘은 자유자재하여 장애를 받는 일이 없습니다.

불자들이여, 이 보살은 열 가지 덕목을 익혀야 합니다.

즉 모든 부처님의 나라를 알고, 관찰하고, 진동(震動)하며, 지속하고, 또 모든 부처님의 나라와 그 밖의 모든 세계에 이르러 헤아릴 수 없는 진리를 문답하고, 초인적인 힘에 의하여 온갖 모습을 나타내며, 무량한 음성을 이해하고 한 생각 안에 무수한 모든 부처님을 공경하고 공양하는 것을 익혀야 합니다. 왜냐하면, 보살은 여러 가지 방편에 의하여 모든 법(法)을 완성하여야 하기 때문입니다.

만약 들을 수 있는 사람은 스스로 진리를 듣고 이해하며 결코 타인에게 의지하여 깨닫는 일을 하지 않습니다.

모든 불자들이여, 아홉 번째로, 보살이 머무는 법왕자주

(法王子住)라고 하는 것은 무엇입니까.

이 보살은 열 가지 사물을 이해하고 있습니다. 중생의 나라들, 모든 번뇌, 그리고 이별의 아쉬움, 헤아릴 수 없는 진리, 방편, 모든 예의와 작법(作法), 모든 세계의 실정, 과거·현재·미래의 시간의 흐름, 세간의 도리와 궁극의 진리 등입니다.

불자들이여, 이 보살은 열 개의 덕목을 익혀야 합니다.

즉 법왕(法王)이 머무는 곳과 법왕의 작법, 법왕이 있는 곳에 안주하는 것, 법왕이 있는 곳에 절묘히 들어가는 것, 법왕이 있는 곳을 분별하는 것, 법왕의 진리를 오래도록 지속하는 것, 법왕의 진리를 칭찬하는 것, 법왕이 완전하게 진리를 실현하는 것, 두려워하지 않는 법왕의 진리, 집착을 떠난 법왕의 진리 등을 배워야 합니다. 왜냐하면, 보살은 모든 사물에 있어서 장애를 받지 않는 지혜를 얻어야 하기 때문입니다.

만약 들을 수 있는 부처님의 가르침이 있다면 스스로 이를 이해하고 결코 타인을 의지해서 깨닫지 않습니다.

불자들이여, 열 번째로 보살이 머무는 관정주(灌頂住)라고 하는 것은 무엇입니까.

이 보살은 열 가지 지혜를 완성합니다. 즉 헤아릴 수 없는 세계를 진동하고, 비추며, 지속하고, 청정하게 맑히고 또한 그 세계에 들며, 또 헤아릴 수 없는 중생의 마음과 행위와 감관의 작용을 알고 온갖 방편에 의하여 중생으로 하여금 번뇌를 극복하고 깨달음을 얻게 합니다.

불자들이여, 보살의 실체는 알 수가 없습니다. 즉 그가 선정에 드는 것이나, 초인적인 힘이 자유자재한 것이나, 그의 과거·현재·미래의 지혜와 모든 부처님의 모든 나라를 밝히는 지혜와, 그의 마음을 경계 등을 낱낱이 알 수가 없습니다.

불자들이여, 보살은 열 가지 지혜를 익혀야 합니다.

즉 과거·현재·미래의 지혜, 최고의 깨달음을 여는 부처님의 지혜, 진리의 세계는 장애를 받지 않는다고 하는 지혜, 진리의 세계는 무량무변이라고 하는 지혜, 모든 세계를 비추고 지속하며 충실하게 하는 지혜, 모든 중생을 분별하는 지혜, 최고의 깨달음을 여는 무량무변한 부처님의 지혜 등을 익혀야 합니다. 왜냐하면 보살은 모든 종류의 지혜를 가져야 하기 때문입니다.

만약 들을 수 있으면 스스로 이를 듣고 이해하여야 하며 결코 타인에게 의지하여 깨닫는 일을 하지 않습니다.”

그때 부처님의 신통력에 의하여 시방의 무량한 부처님 나라는 온갖 모양으로 진동하고 하늘의 꽃과 꽃다발과 하늘옷이 비오듯이 뿌려지고 하늘의 음악은 스스로 소리를 내며 울려 퍼졌다.

제12장 범행품
(梵行品)

이때 정념천자(正念天子)가 법혜보살에게 말하였다.

"불자여, 온 세계의 모든 보살들이 여래의 가르침을 의지하여 물든 옷을 입고 출가하였으면, 어떻게 하여야 청정한 범행(梵行)⁴¹⁾을 실천하게 되며 보살의 지위로부터 위없는 보리의 도에 이르게 되는 것입니까."

법혜보살이 정념천자에게 답하였다.

"불자여, 보살 마하살이 범행을 닦을 때에는 마땅히 열 가지 법으로 반연을 삼고 뜻을 내어 관찰하여야 하나니, 이른바 몸과 몸의 업[身業]과 말과 말의 업[語業]과 생각으로 갖는 업[意業]과, 부처님과 부처님의 가르침과, 부처님의 가르침을 실천하는 승단과 계율입니다.

그러므로 마땅히 다음과 같이 관찰해야 합니다.

첫째, 만일 몸이 범행이라면 범행은 선하지 않은 것이며, 진실하지 않으며, 탁한 것이며, 냄새나는 것이며, 부정한 것

이며, 싫은 것이며, 어기는 것이며, 잡되고 물든 것이며, 송
장이며 벌레라고 관찰해야 합니다.

둘째, 만일 몸의 업[身業]이 범행이라면 범행은 곧 가는
것, 머무는 것, 앉는 것, 눕는 것, 왼쪽으로 돌아보는 것, 오
른쪽으로 돌아보는 것, 구부리는 것, 펴는 것, 숙이는 것, 우
러르는 것이라고 관찰해야 합니다.

셋째, 만일 말이 범행이라면 범행은 곧 음성이며, 말하는
것이며, 혀의 움직임이며, 이와 입술이 서로 어울리는 것이
라고 관찰해야 합니다.

넷째, 만일 말의 업[語業]이 범행이라면 범행은 곧 문안
(問安)하고, 약설(略說)하고, 광설(廣說)하고, 비유로 말하고,
직설(直說)하고, 칭찬하고, 헐뜯고, 방편으로 말하고, 세속
따라 말하고, 분명하게 말하는 것이라고 관찰해야 합니다.

다섯째, 만일 뜻이 범행이라면 범행은 곧 깨달음이며, 관
찰이며, 분별이며, 기억함이며, 생각함이며, 요술이며, 꿈이
라고 관찰해야 합니다.

여섯째, 만일 뜻의 업[意業]이 범행이라면 범행은 곧 추
위이며, 더위이며, 주림이며, 목마름이며, 괴로움이며, 즐거
움이며, 근심이며, 기쁨이라고 관찰해야 합니다.

일곱째, 만일 부처가 범행이라면 색온(色蘊)이 범행인가,
수온(受蘊)이 범행인가, 상온(想蘊)이 범행인가, 행온(行蘊)
이 범행인가, 식온(識蘊)이 범행인가, 많은 것이 범행인가,
팔십종호(八十種好)와 삼십이상(三十二相)[42]이 범행인가, 신

통이 범행인가, 과보가 범행인가라고 관찰해야 합니다.

여덟째, 만일 부처님의 법이 범행이라면 적멸이 범행인가, 열반이 범행인가, 생기지 않음이 범행인가, 일어나지 않음이 범행인가, 말할 수 없음이 범행인가, 분별 없음이 범행인가, 행할 바 없음이 범행인가, 순종치 않음이 범행인가, 얻을 바 없음이 범행인가라고 관찰해야 합니다.

아홉째, 만일 승(僧)이 범행이라면 다음과 같이 관찰해야 합니다. 예류과(預流果)[43], 일래과(一來果)[44], 아라한과(阿羅漢果)[45]의 수행이 범행인가, 또 세 가지 지혜[三明]와 여섯 가지 초인적인 능력[六神通][46]을 체득함이 범행인가라고 관찰해야 합니다.

열째, 만일 계율이 범행이라면 계단(戒壇)이 계율인가, 청정한 계율이 범행인가, 계사(戒師)가 주는 계가 범행인가, 머리 깎은 것이 범행인가, 가사 입는 것이 범행인가, 걸식함이 범행인가라고 관찰해야 합니다.

이상과 같이 보살은 열 가지를 관찰해야 합니다.

또한 과거는 이미 멸하였고, 미래는 아직 이르지 못하였으며, 현재는 고요하며 업을 짓는 주체도 없고 과보를 받는 주체도 없으며 이 세상은 이동하지 않고 저 세상은 바뀌지 아니할 것입니다.

이 가운데 어느 법이 범행인가. 범행은 어디로부터 왔으며 누가 행하는 것이고, 자체는 무엇이며 누구로 말미암아 지어졌는가. 이것이 있는 것인지 없는 것인지, 색인지 색이

아닌지, 감각(受)인지 감각이 아닌지, 상(想)인지 상이 아닌
지, 행(行)인지 행이 아닌지, 식(識)인지 식이 아닌지 어떻게
알 수 있는가.

이렇게 관찰하면 범행이란 것은 얻을 수 없는 까닭이며,
삼세의 법이 다 공적한 까닭이며, 뜻에 집착이 없는 까닭이
며, 마음에 장애가 없는 까닭이며, 행할 바가 둘이 아닌 까
닭이며, 방편이 자재한 까닭이며, 모양 없는 법을 받아들이
는 까닭이며, 모양 없는 법을 관찰하는 까닭이며, 부처님 법
이 평등함을 아는 까닭이며, 온갖 부처님 법을 갖춘 까닭에
이것을 보살의 청정한 범행이라고 이름합니다.

다시 열 가지 법을 닦아야 하나니 무엇이 열 가지 법입니
까.

이른바 옳은 것과 그른 것을 아는 지혜, 지난 세상, 지금 세
상, 오는 세상의 업과 과보를 아는 지혜, 모든 선정·해탈·
삼매를 아는 지혜, 모든 근기의 뛰어남과 저열함을 아는 지
혜, 가지가지 이해를 아는 지혜, 가지가지 경계를 아는 지
혜, 온갖 곳에 이르는 길을 아는 지혜, 천안통(天眼通)의 걸
림 없는 지혜, 숙명통(宿命通)의 걸림 없는 지혜, 악업으로
인해 남은 습관을 영원히 끊는 지혜이니 여래의 열 가지 힘
을 낱낱이 관찰하며 낱낱이 힘써 한량없는 뜻이 있는 것을
마땅히 물어야 합니다.

들은 뒤에는 크게 자비한 마음을 일으키니 중생을 관찰하
여 버리지 아니하며, 모든 법을 생각하여 쉬지 아니하며, 위

없는 업을 행하고도 과보를 구하지 아니하며, 경계가 환상과 같고, 꿈 같고, 그림자 같고, 메아리 같고, 변화와 같음을 분명히 알아야 할 것입니다.

만일 보살들이 이렇게 관행(觀行)함으로 더불어 응하면 모든 법에 두 가지 이해를 내지 아니하며, 온갖 부처님의 법이 눈앞에 나타날 것이며, 처음 발심할 때에 최고의 깨달음을 구하는 마음을 얻을 것이며, 온갖 법이 곧 마음의 성품임을 알 것이며, 지혜의 몸을 성취하되 남에게 의지하여 깨닫지 아니할 것입니다."

제13장 초발심공덕품
(初發心功德品)

그때 제석천이 법혜보살에게 물었다.

"불자여, 초발심의 보살은 얼마만한 공덕을 완성하고 있습니까."

법혜보살이 대답하였다.

"불자여, 그 도리는 심원하여 알기 어렵고 믿기 어렵고 또한 이해하기가 어려우며, 설하기도 어렵고 판별하기도 어렵습니다. 그러나 나는 부처님의 신통력을 받아서 그대에게 설하고자 합니다.

불자여, 예를 들면 어떤 사람이 동방의 무수한 세계의 중생을 오랫동안 공양하고 그 뒤에 오계(五戒)[47]를 행한다고 합시다. 또 동방의 세계에서와 같이 사방팔방, 시방의 세계의 중생에게도 그와 같이 한다고 합시다. 이렇게 한다면 이 사람의 공덕은 많다고 생각할 수 있습니까."

제석천이 말했다.

"불자여, 모든 여래 이외에는 이 사람의 공덕과 비교될
만한 사람은 없을 것입니다."

법혜보살이 제석천을 향하여 말했다.

"불자여, 이 사람의 공덕이 아무리 많아도 초발심을 한
보살의 공덕에는 비할 수 없습니다. 비유한다면, 그 백분의
일, 천분의 일, 백천분의 일, 억분, 백억분, 천억분 내지 헤아
릴 수 없으며, 따라서 그 공덕은 다함이 없고, 설할 수도 없
을 만큼 많습니다.

불자여, 또 어느 사람이 시방의 무수한 세계의 중생을 오
랫동안 공양하고 그 뒤에 십선(十善)[48]을 행한다고 합시다.
또 긴 세월 동안 공양한 뒤에는 사선(四禪)[49]을 행한다고 합
시다. 이와 같이 하여 모든 중생에게 혜택을 베풀고자 하는
자비심으로 물질을 초월한 경계에 안정하도록 하며, 한 번
다시 태어남으로써 깨달음을 얻는 경계[一來]에 이르도록
하고, 미혹의 세계에 다시는 태어나지 않는 경계[不還]와
아라한(阿羅漢)의 경계에 이르도록 하며, 최후에는 연각(緣
覺)의 깨달음을 얻게 한다고 한다면 어떠하겠습니까. 이 사
람의 공덕은 많다고 생각합니까."

제석천이 말했다.

"모든 부처님 이외에는 이 사람의 공덕을 낱낱이 알고 있
는 사람은 없을 것입니다."

법혜보살은 제석천을 향하여 말하였다.

"불자여, 이 사람의 공덕이 아무리 많다 하여도 초발심한

보살의 공덕에 비한다면 그 백분의 일, 천분의 일에도 지나지 않습니다. 초발심을 한 보살의 공덕은 헤아릴 수도 없으며 설할 수 없을 만큼 많습니다.

불자여, 왜냐하면 일체 모든 부처님은 시방세계의 무수한 중생을 오랫동안 공양하기 위하여 이 세상에 나온 것이 아니기 때문입니다.

또 무수한 세계의 중생으로 하여금 오계(五戒)와 십선(十善), 사선(四禪), 사무량심(四無量心), 사무색정(四無色定), 예류(預流), 일래(一來), 불환(不還), 아라한(阿羅漢), 연각(緣覺) 등의 길을 행하게 하기 위하여 이 세상에 나오신 것은 아니기 때문입니다.

일체의 모든 보살이 처음으로 깨달음을 구하는 마음〔菩提心〕을 일으켰던 것은 부처님의 가르침이 끊이지 않게 하기 위함이며, 모든 세계는 스스로 청정함을 알게 하기 위함이며, 모든 중생을 구하고 깨달음을 열고자 생각하였기 때문이며, 모든 중생의 번뇌와 그 오염 그리고 이별의 아쉬움, 마음의 움직임을 알기 때문이며, 모든 중생이 여기에서 죽고 저기에서 태어나는 것을 알기 때문이며, 또 일체 모든 부처님의 세계가 평등한 것을 알기 때문입니다.

불자여, 또 다음과 같은 예가 있습니다.

어느 사람이 한 순간에 무량한 세계를 통과할 수 있을 만한 신통력을 가지고 그에 필적할 만한 긴 시간 동안 동방을 향하여 나아간다 하여도 세계의 끝에 이를 수는 없습니다.

또 두 번째 사람이 앞 사람의 뒤를 이어서 다시 긴 시간 동안 동방을 향하여 나아간다 하여도 역시 세계의 끝에 이를 수는 없습니다.

이와 같이 하여 제 삼, 제 사, 내지 제 십의 사람이 동방을 향하여 나아간다 하여도 마찬가지로 그 끝에 이를 수는 없습니다.

또 이 동방의 경우와 같이 시방세계에 있어서도 모두 합쳐서 백 명의 사람이 저마다의 방향을 향하여 나아갈 때, 설사 시방의 세계의 끝에 이를 수가 있다고 가정한다 하여도 초발심을 한 보살의 공덕의 양을 알 수는 없을 것입니다.

왜냐하면, 초발심을 한 보살은 한정된 세계의 중생만을 위하여 보리심을 일으킨 것이 아니기 때문입니다. 시방의 무변한 세계의 실정을 알고, 그 세계의 일체의 중생을 구하고자 생각하기 때문에 최고의 깨달음을 구하는 마음을 일으킨 것입니다.

또 작은 세계는 곧 커다란 세계라고 알고, 커다란 세계는 곧 작은 세계임을 알며, 넓은 세계는 곧 좁은 세계임을 알고, 좁은 세계는 곧 넓은 세계임을 알며, 하나의 세계는 곧 무량한 세계임을 알고, 무량한 세계는 곧 하나의 세계임을 알며, 무량한 세계는 곧 하나의 세계에 드는 것임을 알고, 하나의 세계는 곧 무량한 세계에 드는 것임을 압니다.

또 더럽혀진 세계는 곧 깨끗한 세계임을 알고, 깨끗한 세계는 곧 더럽혀진 세계임을 알며, 하나의 털구멍 속에 일체

의 세계가 있음을 알고, 일체의 세계 속에서 일체의 털구멍
의 성질를 알며, 하나의 세계로부터 일체의 세계가 생하는
것을 알고, 일체의 세계는 흡사 허공과 같음을 압니다. 또
일념 사이에 일체의 세계를 낱낱이 알고자 하기 때문에 보
살은 위없는 궁극의 깨달음을 향하여 마음을 일으키는 것입
니다.

불자여, 또 다음과 같은 비유를 들 수 있습니다.

신통력을 가지고는 한 순간에 무량한 세계에 사는 모든
중생의 소망을 알 수 있지만, 사람이 아득한 시간에 걸쳐 제
아무리 능력을 다해도 동방의 일체 세계에 있는 중생의 소
망을 알 수는 없다는 것입니다.

이와 같이 제 이, 제 삼, 내지 제 십의 사람이 그 뒤를 이
어서 시간을 다해도 동방세계에 사는 중생의 소망을 낱낱이
알 수는 없습니다. 또 시방세계의 중생에 대해서도 마찬가
지입니다.

그러나 가령 시방의 무변한 세계에 사는 중생의 소망을
낱낱이 알 수가 있다고 하더라도 초발심을 한 보살의 공덕
을 알 수는 없을 것입니다.

왜냐하면, 초발심의 보살은 한정된 세계의 중생의 소망을
알기 위하여 최고의 깨달음을 구하는 마음을 일으킨 것이
아니기 때문입니다.

보살이 위없는 깨달음을 향한 마음을 일으킨 것은 일체
중생의 다함이 없는 소망의 대해(大海)를 알고자 하고, 중생

의 욕망은 하나의 욕망이며, 하나의 욕망은 일체의 욕망임을 알고자 하며, 또 착함[善]과 착하지 않음[不善]에 대한 욕망, 세간 혹은 출세간(出世間)에 대한 욕망, 커다란 지혜의 욕망, 청정한 욕망, 장애가 없는 지혜의 욕망, 장애를 받지 않는 지혜를 갖춘 욕망 등을 낱낱이 알고자 하기 때문입니다.

불자여, 혹은 또 중생의 감각기관, 희망, 방편, 마음, 움직임, 모든 업, 번뇌 등을 낱낱이 알고자 하는 것을 비유로 들 수 있습니다.

불자여! 혹은 또 다음과 같은 비유도 들 수 있습니다.

어느 사람이 한 찰나에 동방의 무변한 세계에서 활동하고 있는 모든 부처님과 그 일체의 중생을 공경하고 찬탄·예배하며 존경하고, 또 온갖 공양을 다하고 장엄할 수 있는 신통력을 가지고 아득한 오랜 시간을 다한다고 하면, 이같이 하여 동방세계와 마찬가지로 서방세계의 모든 부처님과 일체 중생을 공양할 수 있다고 하면, 불자여, 어떻겠습니까, 이 사람의 공덕은 많다고 생각합니까."

제석천은 이에 대답하였다.

"오직 부처님만이 이 사람의 공덕을 알고 있으며 다른 사람은 도저히 알 수가 없을 것입니다."

법혜보살은 말했다.

"불자여, 이 사람의 공덕을 초발심한 보살의 공덕에 비한다면, 그 백분의 일, 천분의 일에도 지나지 않을 것입니다.

초발심한 보살의 공덕은 헤아릴 수 없을 만큼 많습니다. 따라서 설할 수도 없습니다.

초발심을 발한 보살이 보리심을 내면, 무한한 과거로부터 활동해 온 모든 부처님의 지혜를 알 수가 있으며, 무한한 미래를 향하여 활동하고자 하는 모든 부처님의 공덕을 믿을 수가 있으며, 현재의 모든 부처님이 설하는 지혜를 알 수가 있습니다.

또 이 보살은 삼세의 모든 부처님의 공덕을 믿고 가르침을 받으며 행하고 체득하여 모든 부처님들의 공덕과 같게 됩니다.

왜냐하면, 초발심을 발한 보살이 최고의 깨달음을 향한 마음을 일으키는 것은 다음의 이유에 근거하기 때문입니다.

즉 이 보살은 일체의 모든 부처님의 본질을 끊이지 않게 하기 위하여 커다란 자비심을 가지고 모든 세계의 중생을 구하고자 생각하기 때문이며, 또 모든 중생의 오염이나 청정함이 생기는 실정을 알고자 하기 때문입니다.

또 모든 중생의 마음의 움직임이나 남은 업으로 인한 번뇌를 낱낱이 알기 때문이며, 또 삼세의 모든 부처님의 위없는 깨달음을 알고자 생각하기 때문이며, 또 삼세의 부처님께서 가지신 힘을 이어받아 그 한없는 평등의 지혜를 얻고자 하기 때문에 이 보살은 위없는 깨달음을 향한 마음을 일으킨 것입니다.

이 초발심을 발한 보살이야말로 실은 부처님인 것입니다.

이 보살은 삼세의 모든 부처님의 세계와 마찬가지로 여래의 한마음〔一心〕과 한량없는 마음〔無量心〕과 삼세의 모든 부처님과 평등한 지혜를 얻고 있습니다.

그는 모든 세계를 비추고 모든 악도의 고통을 잠재우며, 모든 세계에서 성불하는 것을 실현하고, 모든 중생으로 하여금 불법의 기쁨을 얻게 하고, 그 깊은 진리의 세계를 깨닫게 합니다. 또 모든 부처님의 본성을 지키며, 모든 부처님의 지혜와 광명을 얻고 있습니다.

초발심을 발한 보살은 항상 삼세의 모든 부처님과 그 가르침과 모든 보살 연각(緣覺)과 성문(聲聞) 내지 그 법(法), 세간(世間)·출세간(出世間)의 법, 중생의 법 등을 떠나지 않고 그대로 깨달음을 구하며 그 지혜는 장애를 받는 일이 없습니다.”

그때 부처님의 신통력과 초발심을 발한 보살의 공덕을 찬탄하는 힘에 의하여 시방의 끝없는 모든 부처님의 세계가 여섯 가지로 진동하였다. 그리고 하늘의 꽃과 하늘의 향기와 하늘의 꽃다발과 하늘의 보배가 비처럼 뿌려져 미묘한 음악이 울려 퍼졌다.

그때 끝없는 시방세계의 모든 부처님은 낱낱이 그 몸을 법혜보살의 앞에 나타내시었다. 그리고 법혜보살에게 말씀하셨다.

“착하고 착하도다. 불자여, 그대는 능히 초발심의 공덕을 설하였다. 시방의 한량없는 모든 부처님도 또한 낱낱이 초발심의 공덕을 설하고 있다. 그대가 초발심 보살의 공덕을 설하였을 때, 시방의 중생은 모두 초발심 공덕을 얻고 무상한 깨달음을 향한 마음을 일으킨다. 우리는 이제 중생들에게 약속하나니 그들은 미래세에 저마다 동시에 반드시 성불할 것이니라. 우리들은 미래의 모든 보살들을 위하여 이 초발심의 법을 지키고 전하여야 한다.”

법혜보살이 이와 같이 사바세계의 수미산 정상(頂上)에서 초발심의 법을 설하고 중생을 교화한 것과 같이, 시방의 헤아릴 수 없고 생각할 수도 없는 모든 세계 안에서도 초발심의 법을 설하고 중생을 교화하였다. 그리고 이 법을 설하는 자를 각각 법혜라고 이름하였다.

그것은 부처님의 신통력에 의하며, 부처님의 본원력(本願力)에 의하며, 지혜의 광명이 남김없이 비추는 것에 의하며, 제일의(第一義)를 깨닫는 것에 의하며, 모든 보살은 기쁨에 넘쳐 있음에 의하며, 모든 부처님의 공덕을 찬탄한 것에 의하며, 모든 부처님의 평등함을 아는 것에 의하며, 또 법계는 하나이며 둘이 아님을 깨닫는 것에 의하기 때문이다.”

그때 법혜보살은 시방세계를 남김없이 관찰하고서, 중생의 미혹과 오염을 제거하고, 넓은 해탈을 얻게 하고자, 또 스스로의 깊고 청정한 공덕을 나타내기 위하여 부처님의 신통력을 받아 다음과 같이 게송을 읊었다.

“초발심의 보살은 일체 중생 안에서 항상 분노를 떠나 대자비를 일으키며, 남을 이롭게 하는 마음을 기릅니다. 그 자비의 빛은 시방세계를 비추어 중생을 위한 의지처가 되도록 하며, 모든 부처님은 이 보살을 지키고자 염원합니다.

그 어느 것도 이 보살의 신심을 방해할 수는 없습니다. 그것은 흡사 금강과 같이 견고하며, 항상 모든 여래의 밑에서 은혜를 알고 은혜에 보답합니다.

보살은 부처님의 지혜를 완성하여 그 뜻에 막힘이 없습니다. 또 진실한 세계를 분명하게 깨달아 마음은 적멸하고 허망을 떠나 있습니다. 그리고 그 믿음의 힘은 고요하고 평안하며 지혜의 힘은 청정합니다.

보살은 미래의 끝까지 다하여도 중생에게 힘을 바쳐 드디어는 해탈을 얻게 하고자 생각하며 다함 없는 생사 안에서 어떠한 지옥의 괴로움을 받아도 중생을 위하여 힘을 다합니다. 하나의 털구멍 안에서 시방의 세계를 보니, 그 세계는 미묘하게 장엄한 모습을 띠고 있어 모든 부처님과 모든 보살이 여기에 모여 있습니다.

만약 시방세계 일체 삼세의 모든 부처님을 만나 받들고자 하며, 또 헤아릴 수 없는 깊은 공덕을 얻고자 원하며, 혹은 또 일체 중생의 끊임없는 생사의 괴로움을 없애고자 생각한다면 진정으로 서원을 세워서 곧 깨달음을 향한 마음을 일으켜야 합니다."

제14장 명법품
(明法品)

그때 정진혜(精進慧)보살이 법혜보살에게 물었다.

"불자여, 초발심을 발한 보살은 이와 같이 헤아릴 수 없는 공덕을 얻고, 그 모습은 위엄에 가득 차 있으며, 애욕의 밧줄에서 벗어나 모든 부처님이 머무는 곳에 있으며, 그 뜻하는 바는 위없는 깨달음의 세계에 대한 완성을 향하고 있습니다. 그렇다면 이 보살은 어떠한 법을 행하여야 그 공덕은 보다 뛰어나고 모든 여래는 낱낱이 기뻐하며 그리하여 이 보살의 청정한 대행(大行)과 대원(大願)이 완성되겠습니까. 바라옵나니 불자여, 우리들을 위하여 이 불법을 설하여 주십시오. 기쁘게 듣고자 합니다."

법혜보살은 정진혜보살을 향해 말했다.

"불자여, 그대는 이 문제를 잘 물었습니다. 이 불법은 중생을 안락케 하고 중생에게 커다란 이익을 주는 매우 깊은 보살의 대행입니다. 불자여, 그대는 진실한 지혜 안에 쉬고

있으며, 전심전력으로 대정진(大精進)을 행함으로써 드디어
는 한 번 얻은 공덕을 다시는 잃지 않는 경지에 도달하고,
속계(俗界)를 뛰어넘어 있습니다. 그대가 지금 묻고 있는 것
은 참으로 여래의 세계입니다.

불자여, 잘 듣고 잘 생각하기 바랍니다. 나는 부처님의 신
통력을 받아서 그대를 위하여 설하고자 합니다.

불자여, 이 보살은 이미 초발심의 공덕을 얻고 있으므로
참으로 무지(無知)의 어두움을 떠나고 온갖 게으른 마음을
떠나야 합니다.

보살에게는 열 가지 법이 있어서 게으른 마음을 제거할
수가 있습니다.

즉 마음을 맑게 하고 계율을 지니며 어리석음을 버리고
깨달음을 구하여 중생을 제도하고자 하는 마음을 밝게 하
고, 거짓 마음을 버리고, 중생을 연민하며 선행에 전진하여
얻은 공덕을 다시는 잃지 않는 경지를 얻고, 항상 적연(寂
然)하기를 원하여 재가나 출가의 모든 범부의 어리석음에서
떠나고, 세속의 즐거움을 마음에 두지 않고, 오직 한결같이
뛰어난 수행을 닦아 소승(小乘)의 가르침을 버리고, 보살의
길을 구하며, 항상 공덕을 잊지 않고 더럽히는 일이 없으며,
스스로 자기의 본분을 훌륭하게 깨닫습니다.

이것이 게으른 마음을 없애는 열 가지 방법입니다.

불자여, 보살은 더욱 나아가 다음의 열 가지 청정한 법을
행합니다.

즉 가르침을 받은 그대로 수행하고, 뜻하는 것이 지혜에 맞게 하며, 게으른 마음을 버리고서 깊은 불법 안에서 쉬며, 항상 불법의 완성을 원하고 구하여 게으르지 아니하며, 마음에 들은 그대로 진실의 세계를 보고 훌륭한 지혜를 낳으며, 부처님의 자유자재한 세계에 들고 마음은 항상 적연하여 산란하지 않으며, 설사 좋고 나쁜 일을 들어도 마치 대지와 같이 굳은 마음으로 동요하지 않고, 상·중·하의 중생을 보아도 모두가 부처님을 생각하는 마음을 일으키게 하며, 스승과 선지식, 출가자, 보살들을 공경하고 공양하며, 한 생각 한 생각에 모든 지혜를 얻게 됩니다.

이것이 보살의 열 가지 청정한 법입니다.

불자여, 보살은 이와 같이 노력하여 생각 생각마다 지혜를 갖추고 방편을 버리지 않으며, 마음에 의지하는 바를 구하지 않고 다툼이 없는 세계에 들며 한량없는 불법을 낱낱이 분별하고 그리하여 일체의 모든 부처님을 기쁘게 합니다.

불자여, 보살은 열 가지 법을 행하여 일체의 모든 부처님을 즐겁게 합니다.

즉 자기의 행하는 바에 힘써서 결코 물러남이 없고, 신명(身命)을 아끼지 않으며, 세속의 이익을 구하지 않고, 일체의 불법을 수행하여 닦지만 흡사 허공과 같이 집착하지 않고, 방편의 지혜에 의하여 모든 것을 관찰하고, 법계와 일체가 되며, 일체를 분별하면서 생각에 의지함을 구하지 않고, 대원(大願)을 일으키고, 청정한 지혜의 빛을 완성하여 중생의 모든 이해득실을 알아서 실천하는 불법은 낱낱이 청정합니다. 이것이 일체의 모든 부처님을 기쁘게 하는 열 가지 법입니다.

불자여, 다음으로 보살은 열 가지 법을 실행하여 재빠르게 보살의 모든 경지를 완성합니다.

즉 마음은 항상 모든 공덕을 행하고자 원하며, 피안에 이르는 모든 길을 닦고, 지혜는 밝아서 헤매이지 않으며, 항상 선지식을 가까이 하고, 항상 노력하여 물러남이 없으며, 부처님의 마음을 이어 받아서 모든 불법을 지니고, 모든 선을 행하여 마음의 근심이 없으며, 지혜의 빛은 일체의 사물을 남김없이 비추고, 모든 경지의 불법에 쉬며, 삼세의 모든 부처님의 정법(正法)에 동화합니다. 이것이 보살의 모든 경지를 완성하는 열 가지 법입니다.

불자여, 이 보살은 저마다의 경지에 안주하고 있으며, 여러 가지 방편을 사용하여 얻은 깊은 지혜에 따르고, 스스로의 숙업(宿業), 경계(境界), 지위(地位)에 따르고, 일체의 뛰어난 불법을 낱낱이 판별하면서도 그 모든 사물에는 집착함이 없습니다.

왜냐하면, 모든 사물은 마음에 근거하고 있기 때문입니다. 구도자가 이와 같이 명확하게 관찰하면 모든 보살의 경지를 나의 몸에 갖출 수가 있을 것입니다.

보살은 항상 마음을 '나는 어서 빨리 모든 보살의 경지를 완성하여야 되겠다. 내가 그 경지에 있어서 가르침 그대로를 알 때, 무량한 공덕을 얻을 것이다. 무량한 공덕을 얻은 다음에는 차츰 부처님의 경계에 나아가리라. 부처님의 경계에 이르러서는 부처님의 하고자 하는 임무를 다하리라'고 생각해야 합니다. 그런 까닭에 보살은 항상 노력하여 불법을 행하며 방편을 버리지 않고 마음에 근심이 없으며 보살의 경지에 안주하는 것입니다.

불자여, 또한 보살은 열 가지 법을 행하여 보살의 행을 맑게 합니다.

즉 일체를 버리고 중생이 바라는 바를 채워주며, 계율을 지니고 어기는 일이 없으며, 인내가 다하는 일이 없으며, 방편을 써서 물러서는 일이 없으며, 무지를 떠나서 모든 형상에 집착하지 않는 삼매에 들어 마음이 혼란하지 않고, 모든 사물을 분명하게 하며, 모든 행을 완성하고 공덕을 존경하는 마음은 흡사 산왕(山王)과 같고, 일체 중생을 위하여 스스로 청량한 연못이 되고, 일체 중생으로 하여금 모든 부처님이 법에 동화하도록 합니다.

이것이 보살의 행을 맑게 하는 열 가지 방법입니다.

불자여, 보살에게는 열 가지 맑은 서원이 있습니다.

즉 중생의 덕을 완성하여 마음에 괴로움이 없기를 원하며, 선행을 오래도록 행하여 부처님의 나라를 청정하게 하는 것을 원하며, 모든 여래를 공경·공양하기를 원하며, 몸과 목숨을 아끼지 않고 정법(正法)을 지키기를 원하며, 여러 가지 지혜나 방편에 의하여 중생이 남김없이 부처님의 나라에 태어나기를 원하며, 보살의 상대적인 차별을 초월한 절대평등한 경지[不二法門]와 부처님의 한없는 진리에 들어 모든 사물을 밝게 알고자 원하며, 부처님을 만나보고자 원하는 자로 하여금 남김없이 만날 수 있기를 바라며, 다함 없는 미래의 시간을 한 순간과 같이 느끼기를 원하며, 보현보살의 서원을 스스로 몸에 익히고자 원하며, 모든 종류의 지혜를 밝히고자 원합니다.

이것이 보살의 열 가지 청정한 서원입니다.

불자여, 보살은 보다 나아가서 열 가지 법을 수행하여 모든 서원을 다합니다.

그 열 가지 법이란 마음의 피곤이나 염리(厭離)를 느끼지 않는 것이며, 마음에 근심도 외로움도 없으며, 모든 보살은 시방의 부처님 나라에 낱낱이 왕생하고자 원하고, 미래로 나아가 일체 중생의 덕을 완성하고자 생각하며, 헤아릴 수 없이 오랜 시간 안에 안주하면서도 길다고 하는 느낌이 없으며, 어떠한 괴로움을 당하여도 괴로움을 기억하지 않고, 어떠한 즐거움을 당하여도 마음에 집착하지 않으며, 비교할 수 없는 큰 깨달음을 얻고자 합니다.

이것이 모든 서원을 실천하는 보살의 열 가지 방법입니다.

불자여, 보살은 어떻게 하면 그 구하고자 하는 중생을 교화할 수 있겠습니까.

이 보살은 중생에게 필요적절한 방편을 알고 있으며, 중생의 숙업의 인연을 알고 또 중생이 마음에 생각하고 있는 바를 알고 있습니다. 그리하여 그에 따라서 번뇌를 제거하는 방법을 가르치는 것입니다.

즉, 탐욕이 많은 자에게는 육신의 부정(不淨)을 생각하게 하고, 성을 잘 내는 사람에게는 자비를 생각하도록 가르치며, 어리석은 사람에게는 모든 것은 인연에 의하여 있음을 알게 하고, 모든 것에 집착하는 자에게는 일체는 공(空)임을 가르치며, 게으른 사람에게는 노력할 것을 궈하고 아마(我慢)이 강한 사람에게는 일체는 평등함을 알게 하고, 자기의 마음을 굽혀서 남에게 아첨하는 사람에게는 보살의 마음은 정연하여 아무것에도 집착하지 않음을 가르칩니다.

이와 같이 온갖 번뇌에 대해서 무량한 가르침으로 대응하는 것입니다. 보살은 분별의 지혜를 잘 활용하여 가르침의 의미를 훌륭하게 설하고 전하여 주며, 사물의 질서를 문란하게 함이 없으며, 모든 사물은 곧 사라지고 마는 것이면서도 진리의 세계에 있어서는 소멸함이 없음을 가르치며, 중생의 의혹을 없애고 모든 진리를 기쁘게 하며, 그 능력에 따라서 모든 공덕을 가르치며, 드디어는 여래의 커다란 바다에 들어가게 하는 것입니다.

보살은 이와 같이 모든 중생을 교화하여 그 마음이 정연하여 혼란함이 없고 다음과 같은 열 가지 수행의 완성〔十波羅蜜〕50)을 갖추고 있습니다.

첫째, 일체 중생을 위하여 정신적, 물질적인 모든 것을 베풀면서도 여기에 집착하지 아니하는 것, 이것이 보시의 완성〔布施波羅蜜〕입니다.

둘째, 모든 계율을 지니면서도 계율을 지녔다고 하는 의식이 없으므로 여기에 집착하지 아니합니다. 이것이 계율의 완성〔持戒波羅蜜〕입니다.

셋째, 어떠한 고통에도 인내하며 좋고 나쁜 일을 들어도 평등하고 동요하지 않는 모습이, 마치 모든 것을 번성하게 하는 대지와 같습니다. 이것이 인욕의 완성〔忍辱波羅蜜〕입니다.

넷째, 항상 노력·정진하여 게으르지 않고 흔들림이 없는 마음을 가지고 결코 물러남이 없습니다. 이것이 정진의 완성〔精進波羅蜜〕입니다.

다섯째, 어떠한 욕망에도 집착함이 없고 차례로 선정(禪定)에 들어 모든 번뇌를 끊고, 드디어 무량한 삼매에 나아가 커다란 신통을 갖추고, 더욱 초월하여 하나의 삼매 안에서 무량한 삼매에 들고, 모든 삼매의 경지를 알아서 모든 부처님의 지혜를 갖추기에 이릅니다. 이것이 선의 완성〔禪定波羅蜜〕입니다.

여섯째, 모든 부처님 밑에서 가르침을 듣고 잘 받들며, 모든 선지식에게 친근하고 공경하며, 마음에 게으름이 없으며, 모든 사물을 바르게 관찰하여 진실한 선정에 들며, 모든 편견을 떠나서 진리의 바다를 건너며, 아무런 바람도 없이 봉사[無功用]하는 여래의 길을 알아 모든 지혜를 갖추기에 이릅니다. 이것이 반야의 완성[般若波羅蜜]입니다.

일곱째, 세간의 여러 가지 모습을 가르쳐 중생을 교화하며, 그 마음가짐에 따라서 몸을 나타내고, 어떠한 작용에도 집착함이 없이, 혹은 범부의 몸이 되고 혹은 성인의 몸이 되며, 혹은 생사를 나타내고 혹은 열반을 나타내며, 모든 경지에 들어가 중생을 눈뜨게 합니다. 이것이 방편의 완성[方便波羅蜜]입니다.

여덟째, 모든 중생을 완성하게 하고, 모든 세계를 장엄하며, 모든 여래를 공양하고, 모든 사물의 진실을 깨달으며 수행하여 법계(法界)의 지혜를 갖추고, 다른 부처님 나라를 알리며 모든 부처님의 지혜를 체득합니다. 이것이 서원의 완성[願波羅蜜]입니다.

아홉째, 진리를 추구하는 마음에 의하여 모든 번뇌를 떠나고, 진리에 대한 믿음에 의하여 어떤 고난에도 물러서지 아니하며, 남의 괴로움을 제거해 주는 커다란 연민에 의하여 피로를 모르며, 남에게 즐거움을 주는 깊은 마음에 의하여 행하는 바가 모두 평등하고, 도리를 판별하는 능력에 의하여 모든 중생을 기쁘게 하며, 초인적인 힘으로 모든 중생을 지킵니다. 이것이 힘의 완성[力波羅蜜]입니다.

열째, 탐욕과 성냄과 어리석음이 강한 사람들을 알고, 한생각 동안에 중생의 마음이 움직이는 것을 알며, 모든 사물의 진실을 알고 모든 부처님의 깊은 지혜력에 도달하여 일

체의 도리를 남김없이 압니다. 이것이 지혜의 완성〔智波羅
蜜〕입니다.

불자여, 보살은 이와 같이 모든 수행을 맑게 완성하며 중
생의 취향에 따라서 가르침을 설합니다. 탐욕이 많은 사람
에게는 탐욕을 떠나라고 가르치고, 성내는 사람에게는 평등
한 관찰을 가르치며, 그릇된 견해를 가진 사람에게는 인연
의 관찰을 가르치고 소승(小乘)을 추구하는 사람에게는 적
정(寂靜)의 행을 가르치며, 대승(大乘)을 원하는 사람에게는
불도의 장엄(莊嚴)을 가르칩니다.

그 옛날 보살도를 닦으시던 여래께서 처음 깨달음으로 향
하는 마음을 일으켰을 때, 많은 중생이 악도에 떨어지는 것
을 보고 보살은 다음과 같이 말씀하셨습니다.

'나는 중생이 앓는 마음의 병을 알고 그 병에 따라서 중생
을 가르치며 드디어 마음의 눈을 뜨게 하리라.'

보살은 이와 같이 지혜를 갖추어 무량한 중생을 구하고
있습니다.

불자여, 또 보살은 삼보(三寶)를 훌륭하게 일으키고 끊임
이 없도록 하고자 합니다.

즉 보살은 중생을 교화하여 깨달음을 구하는 마음을 일으
키게 하며 이로 인하여 부처님〔佛寶〕은 끊어지지 않습니다.
또 보살은 항상 뛰어난 법(法)을 열어서 보여 줍니다. 이 때
문에 부처님의 가르침〔法寶〕은 끊이지 않습니다. 또 보살은
항상 규법과 법도를 지키며 가르침을 몸에 지니고 있습니

다. 이 때문에 부처님과 부처님의 가르침을 봉행하는 승단
〔僧寶〕은 끊이는 일이 없습니다.

또 보살은 모든 대원(大願)을 찬탄하고 있습니다. 그 때문
에 부처님의 가르침은 끊어지는 일이 없습니다. 보살은 인
연의 도리를 판별하고 이것을 설법하고 있습니다. 이 때문
에 부처님의 가르침은 끊이는 일이 없습니다. 보살은 여섯
가지의 방편으로 화합하는 길〔六和敬〕51)을 행하고 있습니
다. 이 때문에 부처님의 가르침을 봉행하는 승단은 끊어질
수가 없습니다.

또 보살은 부처님이 될 씨앗〔種子〕을 중생의 밭에 뿌리고
깨달음의 싹을 트게 합니다. 이 때문에 부처님의 가르침은
끊어지는 일이 없습니다. 보살은 몸과 목숨을 아끼지 않고
정법(正法)을 지킵니다. 이 때문에 부처님의 가르침은 끊이
는 일이 없습니다. 보살은 대중을 다스리고 싫어하지를 않
습니다. 이 때문에 부처님을 신봉하고 그 가르침을 봉행하
는 승단은 끊어지는 일이 없습니다.

불자여, 보살은 지혜의 등불에 의하여 무지(無知)의 어두
움을 없애고 자비의 힘에 의하여 모든 악마를 격퇴하며, 금
강정(金剛定)에 들어서 모든 마음의 때와 번뇌를 없애며, 청
정한 지혜를 완성하는 것에 의하여 모든 악도의 재난을 떠
나며, 진리를 가르쳐 무량무변한 중생을 눈뜨게 합니다.

불자여, 보살은 이와 같이 무량한 법을 수행하여 차례로
몸에 익히고 드디어는 여래의 경지에 도달하는 것입니다.

명법품

127

무량한 나라에서 정법을 지키고, 큰 스승이 되어 여래의 가르침을 받들며, 대중 안에서 깊은 가르침을 설법하여 전하며, 용모는 단정하고 그 음성은 뛰어나 한 마디 말을 할 때마다 많은 중생을 기쁘게 하며, 적절하게 교화하고 마음의 눈을 크게 하여 지혜의 세계에 들어가게 합니다.

보살은 이와 같이 많은 방편에 의하여 모든 중생을 위한 진리의 보물창고를 엽니다. 그리고 그러한 일에 아직 한 번도 권태를 느낀 일이 없고 대중 속에 있으면서 조금도 두려워하지 않으니 누구도 보살의 지혜를 깨뜨릴 수가 없습니다.

보살은 모든 사물의 실상을 차례로 식별하고, 중생의 괴로움을 없애주는 대자비심으로 모든 중생을 청정하게 하고 또 즐겁게 하며, 사자(獅子)의 자리에서는 뛰어난 설법으로 모든 중생을 위하여 깊은 진리를 설합니다.”

제15장 불승야마천궁자재품
(佛昇夜摩天宮自在品)

부처님께서는 신통력으로 제석천을 떠나서 야마천(夜摩天)의 보장엄전(寶莊嚴殿)으로 향하셨다.

그때 야마천왕은 멀리에서 부처님이 오시는 것을 보고 연화장(蓮華藏) 사자좌를 만들어 많은 보배로 장식하고 또 많은 보배옷을 그 위에 깔았다.

또 많은 천신들은 그 앞에 나란히 섰고 많은 범천(梵天)들은 연화장 사자좌를 둘러쌌으며 또 많은 보살들은 그 앞에 나와 찬탄하였다. 무수한 광명이 빛나고 무수한 음악은 자연히 정법을 찬탄하였다.

그때 야마천왕은 연화장 사자좌를 장엄하고서 합장 예배하며 부처님께 말씀드렸다.

"바라옵건대 세존이시여, 이 궁전에 머물러 주옵소서."

부처님은 그 간청을 받아들여 궁전으로 올라갔다.

그때 연주되고 있던 무량한 음악은 정연하여지고 고요해졌다.

야마천왕은 과거 여러 부처님 밑에서 수행했던 불법을 생각하면서 다음과 같이 말하였다.

"명칭여래(名稱如來)는 그 가르침이 시방에 울려퍼지기도 전에 이 궁전에 들어오셨습니다. 때문에 여기는 보다 더 축복되고 있습니다.

보왕여래(寶王如來)는 세간의 등불로서 전에 이 궁전에 들어오셨습니다. 그 때문에 여기는 보다 더 축복되고 있습니다.

희왕여래(喜王如來)는 지혜가 헤아릴 수 없으며 전에 이 궁전에 들어오셨습니다. 그 때문에 이곳은 보다 더 축복되고 있습니다.

무사여래(無師如來)는 세간으로부터 존경을 받고 있었으며, 전에 이 궁전에 들어오셨습니다. 그 때문에 이곳은 보다 더 축복되고 있습니다.

고행여래(苦行如來)는 세간에 이익을 주며 전에 이 궁전에 들어오셨습니다. 그 때문에 이곳은 보다 더 축복되고 있습니다."

그때 세존께서 연화장 사자좌 위에 올라 결가부좌하셨다. 이어서 궁전이 갑자기 넓어지고 또 야마천 가득히 넓혀졌다.

제 16 장 야마천궁보살설게품
(夜摩天宮菩薩說偈品)

그때 부처님의 신통력으로 시방의 여러 대보살들과 한 분한 분의 모든 보살은 저마다 부처님 세계의 티끌 수만큼 많은 보살들과 함께 십만 세계의 티끌 수만큼 많은 국토 밖으로부터 와서 모였다.

그들의 이름은 공덕림(功德林)보살, 혜림(慧林)보살, 승림(勝林)보살, 무외림(無畏林)보살, 참괴림(慚愧林)보살, 정진림(精進林)보살, 역림(力林)보살, 행림(行林)보살, 각림(覺林)보살, 지림(智林)보살 들이었다.

그 보살들이 떠나온 세계는 친혜(親慧)세계, 당혜(幢慧)세계, 보혜(寶慧)세계, 승혜(勝慧)세계, 등혜(燈慧)세계, 금강혜(金剛慧)세계, 안락혜(安樂慧)세계, 일혜(日慧)세계, 정해(淨慧)세계, 범혜(梵慧)세계 들이었다.

이 보살들은 저마다 세계의 부처님 앞에서 청정함을 닦고 있었다. 이 여러 보살들은 부처님 계신 곳에 이르러 부처님

발에 이마를 대고 떠나 온 방위(方位)를 따라 제각기 연꽃의
사자좌를 마련하여 그 위에 결가부좌하였다.

또 이 세계의 야마천상(夜摩天上)에서 보살들이 모인 것처
럼 일체의 세계에서도 그러하였으며 그 보살들의 세계와 여
래의 이름도 모두 같았다.

그때 세존께서 두 발등으로 백천억의 묘한 광명을 놓아
모든 세계를 비추니 야마천궁의 부처님과 대중이 모두 나타
났다.

그때 공덕림보살이 부처님의 신통력을 받아 시방을 두루
관찰하고 게송으로 말하였다.

부처님께서 큰 광명을 놓아 시방을 두루 비추시니
높은 어른 뵙기에 걸림이 없습니다.
부처님께서 야마천궁에 앉아서 시방세계에 두루하시니
이런 일은 매우 희귀하여 세간에 드문 일입니다.

모든 부처님의 세계에 모인 모든 보살들은
위없는 설법을 들으면서
청정한 수행에 정진하고 있습니다.

시방세계 모든 곳마다 부처님이 계시고
혹은 인간에 계시고 혹은 천궁(天宮)에 계시며
여래는 모든 국토에 두루 평안히 계시지만

우리는 부처님이 지금 이 천궁에 계신 것을 봅니다.

오랜 옛날에 세웠던 깨달음을 이루려는 서원은
시방세계에 두루 하였으며
부처님의 신통력은 헤아릴 수 없습니다.

세상의 탐욕을 멀리 떠나고 그지없는 공덕 구족하시니
신통한 힘 얻으신 일 못 보는 중생들이 없습니다.

시방세계는 허공처럼 장애가 없으니
한 몸인지, 무량한 몸인지, 그 모양 찾을 길 없고
그지없는 부처님의 공덕 어떻게 헤아릴 수가 있겠습니까.
머물지도 않고 가지도 않지만 온 법계에 두루 드십니다.

그때 혜림보살이 부처님의 위신력을 받들어 시방을 두루
관찰하고 게송으로 말하였다.

세간에서 가장 크신 안내자이시며
때 없고 위없는 세존은
불가사의한 겁(劫)을 지나도 만나 뵈올 수 없으나
부처님께서 큰 광명 놓으시니 세간에 못 보는 이 없으며,
대중에게 널리 연설하시어 모든 중생을 이익케 하십니다.

여래께서 세상에 나심은
세상 사람이 어두운 곳에서 뛰어나오도록 하기 위함이니
이러한 세상의 등불 희유하여 보기 어렵습니다.

보시·지계·인욕·정진
그리고 선정·반야의 수행을
이미 마치고 이것으로 세상을 비춥니다.

여래는 동등한 이가 없어, 아무도 견줄 수가 없으니
진실한 법을 알지 못하고는 아무도 보지 못하며
부처님의 몸과 신통 자재하심은 헤아릴 수 없어
가는 일도 없고 오는 일도 없지만
진리를 설하여 중생을 건집니다.

청정한 천상·인간의 안내자를 누구라도 뵙기만 하면
나쁜 길에서 영원히 나와
모든 고통을 여의게 됩니다.

한량없이 수없는 겁 동안
깨달음을 구하는 행을 닦으셨으니
이 이치를 알지 못하고는 부처를 이룰 수 없으며,
헤아릴 수 없는 겁 동안 한량없는 부처님을 공양했으니

이런 뜻 안다면 공덕이 저보다 뛰어날 것이며,
한량없는 세계에 가득한 보배로 부처님께 공양했으니
이런 이치를 알지 못하면
끝까지 깨달음을 이룰 수 없습니다.

승림보살이 부처님의 신통력을 받들어 시방을 두루 관찰
하고 게송으로 말하였다.

비유컨대 첫여름 어느 날
구름 없는 깨끗한 허공,
붉은 빛 광명이 퍼져 시방에 가득 차거늘
그 빛이 한량이 없어 헤아려 알 수 없으니
눈뜬 사람도 그렇거든 하물며 소경이겠습니까.

부처님들도 그와 같아서 끝이 없는 크나큰 공덕,
불가사의한 겁을 지나면서도 분별하여 알 수 없으니
모든 법이 온 곳도 없고 지은 이도 없으며,
어디로부터 난 곳도 없으니
어떻다고 분별할 수가 없습니다.

온갖 사물이 온 곳이 없으니 생(生)한 것이 아니며,
이미 생한 것이 아니니 멸한다고 할 수도 없습니다.
온갖 사물이 생(生)한 일도 없고 또 멸(滅)함도 없으니 이렇게 이해한다면 이 사람은 여래를 보게 될 것입니다.

모든 사물이 난 일이 없으니
제 성품도 있는 것이 아니고,
이렇게 분별하여 안다면
이 사람은 깊은 이치를 알 것이며,

사물이 제 성품이 없으므로
능히 알 리도 없는 것이니
이렇게 사물을 이해하면
필경은 이해해야 할 것이 없습니다.

생하는 것이 있다고 말하는 이는
국토가 지금 있지 않느냐고 하겠지만
국토의 성품을 능히 알면
그 마음은 미혹하지 않을 것이며,

세간과 국토의 성품을 관찰하면
실상과 같으며
만일 이를 알면
일체의 모든 이치를 잘 설할 것입니다.

무외림보살이 부처님의 신통력을 받들어 시방을 두루 관

찰하고 게송으로 말하였다.

여래의 넓고 크신 몸 끝없는 법계에 가득하며
이 자리를 떠나지 않고 온갖 곳에 두루하며
만일 이러한 가르침을 듣고 공경하여 믿고 좋아하니
이는 세 가지 나쁜 길과 모든 고난을 길이 여읩니다.

무량하고 무수한 모든 세계를 두루 다니더라도
여래의 자재한 힘을 정성으로 든도록 히십시오.
이러한 부처님의 가르침은 참으로 위없는 진리이니
설사 잠깐만 듣고자 하여도 능히 들을 수 없습니다.

과거세에 부처님의 가르침을 믿은 사람은
이미 양족존(兩足尊)[52]을 이루어 세간의 등불이 되었으며
만일 내세에라도 여래의 자재한 힘을 듣고
신심을 내는 이 있으면 마땅히 부처를 이룰 것이며

만일 현세에서 부처님의 가르침을 믿으면
마땅히 정각(正覺)을 이루고
진리를 설하기가 두렵지 않을 것입니다.

한량없고 수없는 겁(劫)을 지나도
이 가르침은 만나기 어려운 것이니

만일 들은 이 있다면
본래의 원력(願力)인 줄 알아야 합니다.

이러한 부처님의 가르침을 누구나 능히 받아 지니고
또 다른 이에게 널리 설하면
이 사람은 마땅히 부처를 이룰 것이니
하물며 부지런히 정진하여
견고한 마음을 버리지 않는 사람은
반드시 깨달음을 성취할 것입니다.

그때 참괴림보살이 부처님의 신통력을 받아 시방을 두루
관찰하고 게송으로 말하였다.

만일 어떤 사람이 이 희유하고 자재한 가르침을 듣고
능히 기쁜 마음을 내면
모든 의심을 빨리 없애고
일체를 알고 보는 사람은
여래를 모르는 것이 없다고 스스로 말할 것입니다.

또 지혜가 없는 곳에서는 지혜가 날 수 없으며
세간은 항상 어두워서 지혜가 나올 수 없습니다.
빛과 빛 아닌 것이 하나가 될 수 없으니
지혜와 무지도 마찬가지입니다.

화엄경

138

그 자체가 저마다 다르고
모양 있는 것과 모양 없는 것,
나고 죽는 것과 열반도 차별하여 각각 다르니
지혜와 무지도 그러합니다.

세계가 처음 생길 때 무너지는 모양은 없습니다.
지혜와 무지도 그와 같습니다.
두 모양이 일시에 이루어지는 것은 아니며,
보살의 처음 마음은 나중 마음과 함께 하지 않습니다.
지혜와 무지도 그러합니다.

두 마음이 동시에 일어나지 아니하고
모든 식(識)은 각각 화합하지 않습니다.
지혜와 무지도 그러합니다.

끝까지 섞임이 없고
마치 독으로 독을 풀듯이
지혜도 그와 같아서 무지를 능히 없앱니다.

여래는 위가 없고 같은 이도 없으며,
온갖 것과 견줄 수 없으니
그래서 만나기 어렵습니다.

야마천궁보살설게품

그때 정진림보살이 부처님의 신통력을 받아 시방을 두루
관찰하고 게송으로 말하였다.

모든 사물에 차별이 없고,
능히 알 사람도 없으나
부처님만이 아시니
지혜가 궁극에 이르른 까닭입니다.

마치 금과 금빛이 그 성품에 차별이 없듯이
법과 법 아닌 것도 그러하여
성품이 다르지 않습니다.
중생과 중생 아닌 것
둘 다 진실하지 않습니다.

이와 같이 모든 법의 성품에
진실한 뜻이 있지 않고,
마치 미래세에는 과거세의 모양이 없듯이
모든 법도 그와 같아서 온갖 모양이 없습니다.

마치 생하고 멸하는 모양의 여러 가지가
진실하지 못하듯
모든 법도 그와 같아서 제 성품은 없는 것입니다.
이와 같이 마땅히 법을 알아야 합니다.

저 셈하는 법이 하나씩 더하여 한량이 없으니
산수의 법이 제 성품 없거늘
지혜로 차별을 냅니다.

말하자면 모든 세간은
겁(劫)의 불이 탈 때 끝나버리지만
허공은 무너지지 않는 것과 같이
부처님의 지혜도 그러합니다.

마치 시방의 중생들이 제각기 허공의 모양을 말하듯이
모든 부처님도 그와 같아서
세상에서 허망하게 분별하는 것입니다.

역림보살이 부처님의 신통력을 받아 시방을 두루 관찰하
고 게송으로 말하였다.

모든 중생의 세계는 모두가 삼세 안에 있고
삼세의 중생들은 모두 오온(五蘊) 중에 있으니

모든 온(蘊)은 업(業)이 근본이요,
모든 업은 마음이 근본이니
마음이란 꼭두각시와 같으며
세간도 그러합니다.

세간은 스스로 이루어진 것도 아니며,
다른 이가 이룬 것도 아니지만
이루어짐이 있으니
역시 파괴도 있는 것이고,

세간이 이루어지기도 하고
세간이 파괴도 하거니와
세간을 분명히 통달한 이는
이 둘을 말하지 않습니다.

어떤 것을 세간이라고 하고
어떤 것을 세간이 아니라고 하지만
세간과 세간 아닌 것은 이름만 다를 뿐이며
삼세와 오온(五蘊)53)을 말하여 세간이라 하고
그가 멸한 것을 세간이 아니라고 합니다.

무엇을 여러 가지 온(蘊)이라 하며
온은 무슨 성품을 지녔는가.
온의 성품은 멸할 수 없으니
그래서 생(生)이 없다고 하며,

이 온을 분별하여 보면
그 성품은 본래부터 공적(空寂)하므로

멸할 수 없으니, 이것이 생이 없다는 이치입니다.

중생이 이미 이러하면
부처님도 역시 이러할 것이며
부처님과 부처님의 법에
그 성품이 있는 것은 아닙니다.

이런 모든 법이 진실하여
뒤바뀌지 않은 줄을 알면
일체지(一切智)를 얻으신 부처님은
항상 눈앞에 나타납니다.

각림보살이 부처님의 신통력을 받아 시방을 두루 관찰하
고 게송으로 말하였다.

마치 그림 잘 그리는 화가가
여러 가지 채색을 써서
환상처럼 그림을 그리지만
그 성품은 차별이 없는 것과 같습니다.

본성품 가운데 빛깔이 없고
빛깔 가운데 본성품이 없지만
그러나 본성품을 떠나서는

빛깔을 찾을 수도 없습니다.

마음 속에 그림이 없고
그림 속에 마음이 없지만
그러나 마음을 떠나서는
그림을 찾을 수도 없습니다.

마음은 항상 머물지 않고
한량없고 헤아릴 수도 없으며
온갖 것을 그리지만 마음과 사물은
서로 알지 못합니다.

그림 그리는 화가가 자기의 마음은 알지 못하지만
마음으로 그림을 그리는 것과 같이
모든 법의 성품도 그러합니다.

마음이 화가와 같아서 모든 세간을 그려 내나니
오온이 마음 따라 생기어서
무슨 법이나 짓지 못하는 일이 없으며,
마음과 같이 부처도 그러하고
부처와 같이 중생도 또한 그러합니다.

마음과 부처와 중생과는 서로 차별이 없으며

서로 다하는 일이 없습니다.
마음이 모든 세간을 짓는 줄을 아는 이가 있다면
이 사람은 부처를 보아 부처의 참성품을 알게 되며,

마음이 몸에 있지 않고 몸도 마음에 있지 않지만
모든 불사(佛事)를 능히 지어
자재함이 미증유(未曾有)합니다.

만일 어떤 사람이 과거·현재·미래의
일체 부처님을 알려면 마땅히 법계의 성품,
이 모든 것이 마음으로 된 줄을 보아야 합니다.

만약 이같이 깨달을 수 있으면
이 사람은 참다운 부처를 볼 수가 있을 것입니다.

제17장 십행품
(十行品)

그때 공덕림(功德林)보살은 부처님의 신통력을 받고 선복삼매(善伏三昧)에 들어 헤아릴 수 없는 여러 부처님을 만나뵈었다.

여러 부처님은 공덕림보살에게 말씀하셨다.

"참으로 거룩한 일이다. 불자여, 그대는 능히 이 선복삼매에 들었다. 시방세계의 수없는 여러 부처님이 신통력을 주었기 때문에 그대는 이 선복삼매에 들 수가 있었던 것이다. 그리고 비로자나불의 본원력과 위신력(威神力)이, 그리고 여러 보살의 선근의 힘이 그대로 하여금 이 삼매에 들게 하고 마침내 깊고 깊은 법을 설하게 할 것이다.

즉 보살이 십행(十行)을 일으키는 것은 일체의 지혜를 증장하려 함이요, 모든 장애를 떠나서 무엇에도 집착하지 않는 세계에 들어가기 위한 것이며, 진실에 사는 한량없는 방편을 얻기 위한 것이고, 모든 진리를 받아들이고 몸으로 행하기 위해서이다.

불자여! 그대는 부처님의 신통력을 받아 이 미묘한 법을 설해야 할 것이다.

이와 같이 여러 부처님은 공덕림보살에게 걸림 없는 지혜·안정된 지혜·스승을 필요로 하지 않는 지혜·한량없는 지혜·물러섬이 없는 지혜를 주시었다. 왜냐하면 이 삼매력은 법에 의해서 성취된 것이기 때문이다."

그때 여러 부처님은 제각기 오른손을 내밀어 공덕림보살의 머리를 어루만져 주었다. 공덕림보살은 삼매에서 일어나 많은 보살들을 향해 십행의 설법을 시작하였다.

"여러 불자들이여, 보살의 행은 헤아릴 수가 없습니다. 그 광대함은 마치 법계와 같으며 무량무변하기가 마치 허공과 같습니다. 왜냐하면 보살은 삼세의 여러 부처님이 행하는 것을 배우고 있기 때문입니다.

불자여, 보살에게는 삼세의 여러 부처님이 설하신 십행(十行)이 있습니다. 십행이란 무엇입니까.

환희행(歡喜行), 요익행(饒益行), 무에한행(無恚限行), 무진행(無盡行), 이치란행(離癡亂行), 선현행(先現行), 무착행(無着行), 존중행(尊重行), 선법행(善法行), 진실행(眞實行)입니다.

불자여, 첫째 보살의 환희행(歡喜行)이란 무엇입니까.

보살은 평등한 마음을 갖고 자기의 모든 것을 일체 중생에게 보시합니다. 보시하고 나서도 아까운 생각이 없으며 과보를 바라지 않고 명예를 바라지 않으며 좋은 세계에 태어나려고 생각하지도 않습니다.

오직 바라는 것은 일체 중생을 구하고 거두며, 여러 부처님의 행을 생각하고 배우고 몸에 지니고 실현하고, 모든 사람들에게 그것을 설법하는 것입니다. 이것이 보살의 환희행입니다.

보살이 환희행을 닦을 때 일체 중생은 환희하고 공경합니다. 가난한 사람이 있으면 그곳으로 가서 재보(財寶)를 줍니다.

수없는 중생이 보살에게로 와서 '우리는 가난하고 아무런 희망도 없습니다. 아무쪼록 자비로써 목숨을 구해 주십시오'하고 말하면, 보살은 그 요구에 응하여 모두 다 만족시키고 기쁘게 해주지 않는 일이 없습니다.

중생이 구하는 바가 있어서 오면 보살은 위없는 대자비심을 일으켜 더욱 환희하여 이렇게 생각합니다.

'나는 바라던 일을 얻었다. 이들 중생은 나의 복전(福田)이며 나의 선지식이다. 내가 구하지 않았는데도 이 중생들은 와서 나를 가르치고 나를 발심시키고 불도를 수행시킨다. 나는 이와 같이 수행하여 널리 중생을 기쁘게 해주자.

내가 닦은 공덕으로 어서 속히 청정의 법신을 완성하고 중생의 요구에 응하여 모두 다 환희를 얻을 수 있기를.

또 이 공덕으로 여러 중생이 모두 위없는 궁극의 깨달음을 성취할 수 있기를.

나는 먼저 일체 중생의 소원을 만족시키자. 그 후에 나의 위없는 궁극의 깨달음을 완성하리라.'

보살이 이렇게 생각할 때 보살은 주는 것을 보지 않고, 그 받는 것을 보지 않고, 재물을 보지 않고, 복전을 보지 않고, 업보를 보지 않고 결과를 보지 않는 것입니다.

보살은 삼세의 중생을 관찰하고 이렇게 생각합니다.

'참으로 불쌍한 일이다. 중생은 어리석음에 덮이고 번뇌에 싸이고 항상 생사 속에서 흔들리고 고해(苦海)를 헤매며 조금도 견고한 진실을 얻지 못하고 있다.

나는 여러 부처님들이 배우신 것을 모두 배우고 중생을 위하여 힘을 다하고 중생으로 하여금 위없는 궁극의 깨달음을 얻게 하자.'

이것이 보살의 환희행입니다.

불자여, 두 번째로 보살의 요익행(饒益行)이란 무엇입니까.

보살은 계율을 청정하게 지켜서 어떠한 감각의 대상에 있어서도 집착하는 마음이 없으며 중생을 위해서도 무집착의 법을 설하여 스스로의 이익을 구하지 않습니다. 오직 굳게 계율을 견고하게 가지고 다음과 같이 생각합니다.

'나는 모든 번뇌와 두려움, 슬픔, 고통을 떠나 중생의 소원을 어기지 않고 아침에는 위없는 최고의 깨달음을 얻도록 하자.'

보살이 이와 같이 계율을 수호할 때 여러 마왕이 아름다운 천녀를 수없이 데리고 와서 보살을 유혹하려고 하여도 그는 다음과 같이 생각합니다.

'이 오욕(五欲)은 불도의 장애가 된다. 이에 집착해서는 위없는 최고의 깨달음을 얻을 수 없다.'

그래서 보살은 직접 부처님을 만나뵈온 이래 한 생각의 욕심도 일으키지 않고 마음이 청정하기가 마치 부처님과 같아졌습니다.

그때 보살은 다음과 같이 생각합니다.

'중생은 광야와 같은 생사 가운데서 오욕을 생각하고 오욕을 즐기며 오욕에 집착하고 오욕에 헤매며 오욕에 침몰하며 오욕에서 빠져 나올 수가 없다.

나는 지금 여러 마왕·천녀 및 일체 중생으로 하여금 무상의 계율을 세우게 하자. 또 가르쳐서 불퇴전(不退轉)의 경지를 얻게 하고 위없는 최고의 깨달음을 얻게 하자.

왜냐하면 이것이 내가 할 일이며 여러 부처님도 모두 이와 같이 행하였기 때문이다.

온갖 법은 허망하고 진실하지 못하며 잠시도 머물러 있지 않고 견고하지도 못하다. 그것은 마치 환상처럼 중생을 현혹케 한다.

모든 존재는 꿈과 같고 번개와 같이 무상한 것이라고 깨닫는 사람은 능히 생사를 헤아려 열반에 통달할 수가 있다. 또한 번뇌를 극복하지 못한 중생으로 하여금 번뇌를 극복케 하고, 고요하지 못한 중생들로 하여금 고요하게 하며, 청정하지 못한 중생들로 하여금 청정케 하고, 열반에 통달하지 못한 중생들로 하여금 열반에 통달케 할 수가 있다.'

이것이 보살의 요익행입니다.

불자여, 세 번째로 보살의 무에한행(無恚限行)이란 무엇입니까.

보살은 항상 인내의 법을 행하고 스스로 겸손하고 남을 공경하며 온유한 얼굴로 상냥한 말을 쓰고 스스로를 해치지 않고 남을 해하지도 않으며 항상 다음과 같이 생각합니다.

'나는 항상 중생을 위하여 법을 설하고 모든 악을 떠나게 하자. 즉 탐욕·노여움·어리석은 마음·교만심·어지러운 마음과 질투심을 떠나게 하여 큰 지혜 속에서 안온케 하자.'

보살이 이와 같이 인내의 법을 완성하면, 예컨대 수없는 중생이 나쁜 소리를 내어 보살을 욕하고 헐뜯고 또한 여러 무기로써 박해를 가하더라도 보살은 언제나 다음과 같이 생각합니다.

'만약 내가 이 고통으로 해서 노여운 생각을 일으킨다면 나 스스로 번뇌를 극복하지 못하고, 고요하지 못하고, 진실하지 않으며, 자기 몸을 애착하는 것이 될 것이다. 하물며 어떻게 남으로 하여금 환희의 마음을 일으켜 망집에서 빠져 나오게 할 수 있겠는가.'

또한 보살은 다음과 같이 생각합니다.

'나는 아득한 옛적부터 여러 가지 고뇌를 받았다. 그러므로 스스로 마음을 가다듬어 스스로 번뇌를 극복하자. 왜냐하면 나는 위없는 법에서 안주해야 하기 때문이다.'

다시 보살은 중생으로 하여금 이 법을 얻게 하기를 원하여 다음과 같이 생각합니다.

'이 몸은 공적(空寂)하고 나도 없으며, 나에게 속한 것도 없으며 진실의 본성도 없다. 모든 고락도 그 실체가 없다. 모든 것은 공한 것이라는 것을 나는 능히 깨닫고 사람들을 위해 널리 설하리리.

가령 내가 지금 고뇌나 박해를 겪더라도 능히 그것을 참고 견디어야 한다. 즉 중생을 가엾이 여기고 중생을 안락케 하여 중생을 거두어 붙들고 중생으로 하여금 불퇴전의 경지를 얻게 하여 마침내는 위없는 최고의 깨달음을 완성시키고자 생각하여, 부처님이 행하던 법을 나도 또한 행해야 할 것이다.'

이것이 보살의 무에한행입니다.

불자여, 네 번째로 보살의 무진행(無盡行)이란 무엇입니까.

보살은 항상 많은 노력을 하고 정진을 행합니다.

보살은 오욕 때문에 마음이 산란해지거나 노여움, 어리석음, 교만, 질투, 원망 때문에 번뇌하는 일이 없습니다. 또 보살은 다음과 같이 생각합니다.

'어떠한 중생도 괴롭히려고 생각하지 않기 때문에 정진을 행한다. 또 모든 번뇌를 떠나려고 생각하여 모든 중생의 생사, 번뇌, 희망, 마음의 움직임을 알려고 생각하며, 여러 부처님의 진실한 법을 알려고 생각하고, 청정한 평등의 법을 알려고 생각하고, 여러 부처님은 무량무변하여 불가사의하다는 것을 알려고 생각하기 때문에 정진을 행한다.'

보살이 이와 같은 정진을 완성할 때 어떤 사람은 다음과 같이 물을 것입니다.

'수없는 세계의 하나하나의 중생을 위해 당신은 천만억 년 동안 지옥의 고통을 받고 그 중생들로 하여금 열반에 들어가게 하려고 생각합니까.

또 수없는 여러 부처님이 세상에 출현하시어 수없는 중생들에게 가지가지 낙을 받게 하여도 당신은 낱낱이 지옥의 고통을 겪은 후 비로소 위없는 최고의 깨달음을 얻으려고 생각합니까.'

이에 보살은 다음과 같이 대답합니다.

'나는 수없는 세계의 하나하나의 중생을 위하여 지옥의 고통을 받으리라. 또한 여러 부처님이 세상에 출현하시어 중생에게 기쁨을 주어도 나는 지옥의 고통을 두루 떠맡은 후에야 비로소 위없는 최고의 깨달음을 얻으리라.'

또 어떤 사람은 이렇게 물을 것입니다.

'예컨대 당신이 한 개의 털끝으로 큰 바다의 물을 찍어내어 그 바다를 마르게 하고, 또한 수없는 세계를 부수어 티끌

로 만든 후, 그 티끌을 낱낱이 셀 정도의 수많은 겁을 지내
도 당신은 진리를 구하는 마음을 버리지 않겠습니까?'

보살은 이와 같은 말을 들어도 결코 퇴전하지 않고 후회
하지 않으며 큰 기쁨과 노력으로 정진을 행하고 그리고 다
음과 같이 생각합니다.

'나는 내가 바라는 바를 얻을 수가 있다. 무량무변의 세계
에서 고통받는 중생들은 나에 의해서 영원히 고통을 벗어날
것이다.'

다시 보살은 다음과 같이 생각합니다.

'나는 일체 중생을 대신하여 일체의 고통을 받을 것이다 .
그리고 일체 중생으로 하여금 마침내 모두 열반을 얻게 할
것이다.'

이것이 보살의 무진행입니다.

불자여, 다섯 번째로 보살의 이치란행(離癡亂行)이란 무엇
입니까.

보살은 어떠한 경우에도 마음을 산란케 하는 일이 없습니
다. 보살은 헤아릴 수 없는 겁 동안 정법을 들어왔습니다.

보살은 정법을 들으면서 아직 일찍이 정법에서 물러선 일
이 없습니다. 왜냐하면 보살이 불도를 행할 때 아직 일찍이
중생의 삼매를 산란시킨 일이 없고 또한 정법이나 지혜를
끊은 일이 없기 때문입니다.

보살은 남의 험담을 들어도, 또한 칭찬하는 말을 들어도

마음이 산란하지 않습니다. 선정(禪定)도 산란치 않고, 보살행도 산란치 않고, 보리심을 성숙시키는 데도 산란치 않고, 염불삼매도 산란치 않으며, 중생을 가르쳐 인도하는 지혜도 산란치 않습니다.

보살은 선정 가운데서 모든 음성의 모습을 관찰하고 그 본성을 알고 있습니다. 가령 다른 사람으로부터 좋고 나쁜 소리를 들어도 애증(愛憎)의 마음을 일으키는 일이 없습니다. 왜냐하면 보살은 모든 소리는 실체가 없고 무차별이라는 것을 알고 있기 때문입니다.

보살은 동작, 말, 마음이 적정하므로 법에서 퇴전하는 일이 없습니다. 그리고 선정에 안주하여 지혜는 깊어지고, 모든 음성을 떠난 삼매를 얻어 자비의 마음을 키우고, 일념일념 속에서 한량없는 삼매를 얻고, 마침내는 일체의 지혜를 완성하게 할 것입니다.

보살은 다른 사람의 나쁜 소리를 듣고 나서도 다음과 같이 생각합니다.

'나는 모든 중생으로 하여금 청정한 마음으로 안락케 하고 모든 지혜를 얻게 하여 마침내는 큰 열반의 세계를 완성시킬 것이다.'

이것이 보살의 이치란행입니다.

불자여, 여섯 번째로 보살의 선현행(先現行)이란 무엇입니까.

보살은 동작, 말, 마음이 청정하며 모든 것이 실체가 없다는 지혜에 도달하고 있습니다.

보살의 동작, 말, 마음에는 속박도 없고 해탈도 없습니다. 그러므로 보살의 행동은 의지하는 곳이 없고 머무르는 곳이 없습니다. 다만 마음에 따라 나타나고 마음에 따라 움직입니다.

보살은 다음과 같이 생각합니다.

'일체 중생은 자성(自性)이 없는 것을 자성으로 삼고, 일체의 것은 적멸을 성품으로 삼고, 일체 국토는 형체가 없음으로 형체를 삼았다. 또 과거·현재·미래의 삼세가 오직 말뿐이고, 모든 말이 여러 법 가운데 의지한 곳이 없고 모든 법이 말 가운데 의지한 곳이 없다.'

보살은 이와 같이 깊은 진리를 깨닫고, 모든 세계를 두루 다니며 고요한 것을 알고, 일체 여러 부처님의 심심한 묘법을 깨닫고, 불법과 세간법과는 동일하여 구별이 없다고 깨닫고 있습니다.

세간의 법은 부처님의 법과 일치하며 부처님의 법은 세간의 법과 일치합니다. 그러므로 보살은 부처님의 법과 세간의 법이 다르지 않다는 것을 깨닫고 있습니다.

보살은 삼세의 평등한 진리에 안주하여 자비심을 버리지 않고, 중생을 교화하고 인도하는 마음을 버리지 않고, 대자대비의 마음을 성숙시켜서 일체 중생을 구하기를 원합니다. 보살은 다음과 같이 생각합니다.

'내가 중생의 덕을 완성시키지 않으면 누가 완성시킬 수 있겠는가. 내가 중생의 번뇌를 극복하지 않으면 누가 극복시킬 수 있겠는가. 내가 중생의 고뇌를 가라앉히지 않으면 누가 가라앉힐 수 있겠는가. 내가 중생의 마음을 청정케 하지 않으면 누가 청정케 할 수 있겠는가.'

또 보살은 다음과 같이 생각합니다.

'중생의 덕이 아직 완성되지 않았는데 나 홀로 위없는 궁극의 깨달음을 얻는다는 것은 잘못이다. 나는 우선 중생을 교화하고 인도하며 한없는 겁 동안 보살행을 수행하여 중생의 덕을 완성시키자.'

보살이 이와 같은 행에 안주할 때 여러 천인, 출가자와 재가자들이 이 보살을 보고 마음으로부터 환희하고 공경할 것입니다.

만약 중생이 이 보살을 공경하고 예배하며 그 법에 따르면 마침내 위없는 궁극의 깨달음을 얻을 것입니다.

이것이 보살의 선현행입니다.

불자여, 일곱 번째로 보살의 무착행(無着行)이란 무엇입니까.

보살은 집착이 없는 마음으로 생각하며, 수없는 불국토를 관찰하고, 수없는 여래가 계신 곳으로 나아가 예배하고 공양합니다.

보살은 부처님의 광명을 받아도 마음에 집착하지 않습니

다. 또 부처님의 설법을 들어도 혹은 시방세계와 부처님과 보살과 일체 대중 속에 있어도 집착이 없습니다. 보살은 청정하지 않은 나라를 보아도 마음에 미움을 느끼지 않습니다.

왜냐하면 보살은 그 마음이 적멸(寂滅)하고 모든 것은 평등하다는 것을 알고 있기 때문입니다. 즉 모든 것은 청정하지도 않고 부정하지도 않고, 암흑도 아니며, 광명도 아니고, 분별도 없으며, 무분별도 없고, 희망도 아니고, 진실도 아니며, 안락도 아니고, 위험도 아니며, 정도도 아니고, 사노(邪道)도 아니라고.

이와 같이 보살은 모든 것의 진실한 모습을 관찰하고, 중생의 본성에 들어가 교화하고 인도하여 덕을 완성하였므로 집착하는 마음이 없습니다.

또 보살은 보살의 마음을 버리지 않기에 부처님의 세계에 머물면서도 집착하지 않고, 여러 가지 말에도 집착하지 않고, 중생의 속에 들어가도 그 속에 집착하지 않고, 여러 선정을 분별하고 그 안에 들어가도 마음에 집착함이 없으며, 수없는 여러 부처님의 국토에 들어가 그 불국토를 보아도 집착하지 않고, 혹은 그 불국토를 떠날 때에도 미련을 갖지 않습니다.

그때 보살은 일체 중생이 여러 고통을 받고 있는 것을 보고 대비심을 일으켜 다음과 같이 생각합니다.

'나는 시방세계의 하나하나의 중생을 위해 한량없는 겁을 지나면서 항상 중생과 더불어 지내고 그 덕을 성취시키며 어떠한 경우에도 중생을 버리려는 생각은 티끌만큼도 하지 않을 것이다.'

이와 같이 보살은 생각생각마다 대비심을 일으켜서 끊어지는 일이 없고 또 중생에게 집착하지 않습니다.

또 보살은 모든 보살행을 학습하고 몸에 갖추었으나 신체에 집착하지 않고, 진리에 집착하지 않고, 마음에 집착하지 않고, 소망에 집착하지 않고, 선정에 집착하지 않고, 적정(寂靜)에 집착하지 않고, 깊은 진리의 세계에 들어가는 일에 집착하지 않고, 중생을 교화·인도하여 그 덕을 성취시키는 일에 집착하지 않습니다. 왜냐하면 보살은 다음과 같이 생각하고 있기 때문입니다.

'일체의 세계는 환상과 같고 여러 부처님의 설법은 번개와 같고 보살의 행동은 꿈과 같고 듣는 불법은 메아리와 같다.'

보살은 일념 속에서 널리 시방세계에 충만하여 보살의 행을 거둡니다. 그 행의 광대함은 마치 법계와 같으며 무량무변하기가 마치 허공과 같은 것입니다.

보살은 이와 같이 온갖 것이 무아(無我)라는 것을 관찰하였기에, 대비심을 일으켜 모든 사람들을 구하고, 아직 덕을 성취하지 못한 사람은 성취케 하고, 아직 번뇌를 극복하지 못한 사람은 번뇌를 극복하게 하고, 세간을 초월해 있으면서 더구나 세간에 따르게 합니다.

이것이 보살의 무착행입니다.

불자여, 여덟 번째로 보살의 존중행(尊重行)이란 무엇입니까.

보살은 항상 여러 부처님의 훌륭한 진리를 즐기고 오로지 위없는 최고의 깨달음을 구하여 잠시 동안도 보살의 대원(大願)을 버리지 않고 한량없는 겁 동안 보살의 도를 지니고 있습니다.

보살은 생각생각마다 끝없는 생사의 고통을 벗으려는 대원을 키우고 있습니다. 만약 중생이 이 보살을 공경하고 예배하고 또한 그 소원을 들을 수가 있다면 중생은 불퇴전의 자리에 머물러 반드시 위없는 최고의 깨달음을 완성할 수가 있을 것입니다.

보살은 한 중생도 소홀히 여기지 않으며 많은 중생에게 집착하지도 않으며, 반대로 많은 중생을 소홀히 여기지도 않으며, 한 중생에게 집착하지도 않습니다. 왜냐하면 중생의 세계와 진리의 세계는 둘이 아니라는 것을 깨닫고 있기 때문입니다.

이와 같이 보살은 깊은 진리의 세계를 깨닫고 형체 없는 형체로 머물면서 온갖 불국토에 몸을 나타내어도 그 불국토에 집착하지 않습니다.

또한 보살은 모든 일에 대하여 욕망을 떠나 있어도 보살의 도를 그만두지 아니하고 보살의 행을 버리지 않습니다.

　보살이 지니고 있는 공덕의 보물창고는 다할 수가 없으며 중생을 교화하고 인도하는 것도 또한 다할 수가 없습니다. 즉, 보살은 궁극의 깨달음에 도달해 있는 것도 아니며 도달해 있지 않은 것도 아닙니다. 집착을 떠나 있는 것도 아니며 떠나 있지 않은 것도 아닙니다. 세간의 일도 아니며 부처님의 진리도 아니고 범부도 아닙니다.

　보살은 이와 같이 중생을 소중하게 생각하는 지혜의 마음을 성취하여 항상 보살의 행을 닦고, 일체 중생으로 하여금 영원히 나쁜 길에서 떠나게 하고, 중생을 교화하고 인도하여 삼세의 여러 부처님의 진리 속에 편안히 머물게 합니다.

　그리고 다음과 같이 생각합니다.

　'모든 중생은 은혜와 옳은 것[恩義]을 모르고 서로 해치며, 사심이 불타오르고 정도(正道)를 어겨서 번뇌가 많으며, 무지의 어둠에 덮여 있다. 나는 오로지 일체 중생의 번뇌를 극복하고 일체 중생을 청정케 하고 또한 구하려고 생각할 뿐이다.'

　이것이 보살의 존중행입니다.

　불자여, 아홉 번째로 보살의 선법행(善法行)이란 무엇입니까.

　보살은 일체 중생을 위하여 청정한 진리의 연못이 되며 정법을 수호하여 부처가 될 씨앗[佛種]이 끊어지지 않게 합니다.

보살은 중생의 바람과 능력에 따라 설하고 하나하나의 말에 한량없는 의미를 담고 사람들을 기쁘게 합니다.

가령 중생이 수없는 말을 알고 한량없는 숙업이나 인과응보를 알고 있고, 그와 같은 중생이 한량없이 세계에 충만해 있어도, 보살은 그 안에 있으면서 진리의 말로써 이들 사람들의 마음을 눈뜨게 합니다.

그때 보살은 다음과 같이 생각합니다.

'한 오라기 털끝만한 곳에도 잠깐 사이에 수없는 중생이 와서 모인다. 이와 같이 해서 일념일념 사이에 과거 · 현재 · 미래에 걸쳐 모이더라도 중생은 다하지 않을 것이다.

더구나 중생들의 말은 같지 아니하고 그 물음은 제각기 다르더라도, 나는 그 중생의 문제를 마음에 조금의 두려움도 없이 모두 들어서 단 한 마디로써 의문의 그물을 부수고 중생들로 하여금 모두 기쁘게 할 것이다.'

보살이 설법하는 말은 진실이며, 한 마디 한 마디 가운데 한량없는 지혜가 담겨져 있으며, 그 지혜의 광명은 일체의 세계를 비추고 중생의 공덕을 완성합니다.

보살은 선법행에 머물며 스스로 청정한 가운데 이와 같이 일체 중생을 교화하고 인도합니다.

불자여, 이 보살에게는 열 가지 몸이 있습니다.

첫째, 무량무변의 법계에 들어가는 몸입니다. 그것은 일체 세간을 초월하고 있습니다.

둘째, 미래신(未來身)입니다. 그것은 어떠한 국토에서도 태어날 수가 있습니다.

셋째, 불생신(不生身)입니다. 그것은 일찍이 난 일이 없다는 진리를 얻고 있습니다.

넷째, 불멸신(不滅身)입니다. 그것은 일찍이 멸한 일이 없다는 진리를 얻고 있습니다.

다섯째, 진실신(眞實身)입니다. 그것은 진실의 도리를 얻고 있습니다.

여섯째, 무지를 떠나 있는 몸입니다. 그것은 중생의 바람에 응하여 교화하고 인도합니다.

일곱째, 과거도 미래도 없는 몸입니다. 그것은 여기서 죽고 저기서 난다는 일이 전혀 없습니다.

여덟째, 불괴(不壞)의 몸입니다. 그것은 법계의 본성은 파괴할 수가 없다는 진리를 얻고 있습니다.

아홉째, 일상(一相)의 몸입니다. 그것은 과거·현재·미래를 나타낼 도리가 없습니다.

열째, 무상(無相)의 몸입니다. 그것은 법이 형체를 잘 관찰하고 있습니다.

보살은 이와 같은 열 가지 몸을 완성하여 일체 중생을 위하여 스스로 집이 됩니다. 왜냐하면 보살은 선(善)의 능력을 기르고 있기 때문입니다.

보살은 일체 중생을 구호합니다. 왜냐하면 중생에게 두려움이 없는 마음을 주기 때문입니다.

보살은 일체 중생의 귀의처가 됩니다. 왜냐하면 중생으로 하여금 평안한 세계에 안주하도록 하기 때문입니다.

보살은 일체 중생의 지도자가 됩니다. 왜냐하면 중생에게 무상도(無上道)에 이르는 문을 열어 보이기 때문입니다.

보살은 일체 중생의 스승이 됩니다. 왜냐하면 중생으로 하여금 진실의 법에 들게 하기 때문입니다.

보살은 일체 중생의 등불이 됩니다. 왜냐하면 중생에게 인과응보를 환히 보게 하기 때문입니다.

보살은 일체 중생의 밝은 지혜가 됩니다. 왜냐하면 중생으로 하여금 미묘한 불법을 얻게 하기 때문입니디.

보살은 일체 중생의 횃불이 됩니다. 왜냐하면 중생에게 여래의 자재력(自在力)을 나타내기 때문입니다.

이 보살은 선법행에 머물러 일체 중생을 위하여 청정한 진리의 연못이 됩니다. 왜냐하면 보살은 심심미묘한 불법의 근원을 얻고 있기 때문입니다.

이것이 보살의 선법행입니다.

불자여, 열 번째로 보살의 진실행(眞實行)이란 무엇입니까.

이 보살은 진리의 말을 성취하고 그 말대로 행하고 또 행하는 대로 설법합니다.

보살은 삼세 부처님들의 진실의 말을 배우며 삼세 부처님들의 본성에 들어가 삼세 부처님들의 공덕과 함께 합니다.

보살은 또 다음과 같이 생각합니다.

‘일체 중생이 한량없는 고통을 받고 있는 것을 보고 나는 이것을 구하려고 생각한다. 만약 아직 중생을 구하기 전에 스스로 위없는 최고의 깨달음을 이룬다면 이것은 옳지 않다.

나는 먼저 보살의 대원을 만족한 후, 일체 중생으로 하여금 위없는 보리와 무여열반(無餘涅槃)을 얻게 하며 성불케 할 것이다.

왜냐하면 중생은 나에게 의뢰하여 보리심을 일으키는 것이 아니다. 나 자신이 보리심을 일으켜 일체 중생으로 하여금 온갖 종류의 지혜를 얻게 하려고 생각하기 때문이다.

나는 일체 중생 가운데 가장 으뜸이다. 왜냐하면 중생에게 집착하지 않기 때문이다.

나는 일체의 암흑을 떠나 있다. 왜냐하면 중생의 끝이 없음을 알고 있기 때문이다.

나는 얻을 것을 얻고 있다. 왜냐하면 본래의 소원을 성취하고 있기 때문이다.

나는 선을 모두 닦아가고 있다. 왜냐하면 삼세의 모든 부처님에게 보호받고 있기 때문이다.’

보살은 본래의 서원을 버리지 않기 때문에 최고의 지혜에 들어갈 수가 있습니다.

보살은 일체 중생의 바람에 응하여 교화하고 인도하며 그 본래의 소원에 따라 중생의 소원을 만족시키고 모두 청정케 합니다.

보살은 생각생각마다 널리 시방의 세계에 유행(遊行)하며, 생각생각마다 한량없는 부처님 나라에 두루 나아가며 생각생각마다 한량없는 부처님들을 만나뵙니다.

보살은 여래의 자재한 신통력을 나타내며, 그 마음은 법계와 허공계와 동등합니다. 그 몸은 한량없어 중생의 바람에 응하여 나타나고, 몸과 마음 모두가 방해를 받는 일이 없으며 의지함이 없습니다.

보살은 자신 가운데 일체 중생, 일체 법과 삼세의 여러 부처님들이 모두 나타나 있습니다.

보살은 중생의 갖가지 생각과 갖가지 욕망과 갖가지의 업보를 알며, 중생의 요구에 응하여 그 몸을 나타내고 중생의 번뇌를 가라앉힙니다.

보살은 대비심에 머물러 부처님의 큰 가르침을 실천하며 적정(寂靜)의 세계를 관찰하고 있습니다. 보살은 또 부처님의 위신력을 얻어 자유자재로 보배로 엮은 그물과 같은〔因陀羅綱〕[54) 법계에 들어 여래의 해탈을 성취하고, 지혜의 큰 바다를 관찰하여 항상 일체 중생을 위해 활동하고 있습니다.

이것이 보살의 진실행입니다.”

그때 부처님의 신통력으로 시방의 모든 세계가 여섯 가지로 진동하였으며, 하늘에서 꽃비, 향비, 영락의 비, 보배의 비가 내렸다. 또한 하늘의 광명은 두루 일체를 비추고 하늘의 음악은 스스로 미묘한 울림으로 퍼져나왔다.

그때 수없는 불국토에서 수없는 보살들이 와서 저마다 공덕림보살에게 말하였다.

"얼마나 기쁜 일입니까. 불자여, 그대는 능히 여러 가지 보살의 행을 설법해 주셨습니다. 우리들은 당신과 같은 이름인 공덕림이며 우리들의 국토는 공덕당(功德幢), 우리들의 부처님은 보공덕(普功德)입니다.

불자여, 우리들은 부처님의 신통력을 받고 이 국토에 와서 당신의 설법을 증명합니다."

제18장 십무진장품
(十無盡藏品)

그때 공덕림보살은 여러 보살들에게 말하였다.

"불자여, 보살에게는 열 가지의 보장(寶藏)이 있는데 과거·현재·미래의 부처님들이 이미 말씀하신 바입니다.

열 가지의 보장이란 무엇입니까. 그것은 신장(信藏), 계장(戒藏), 참장(慚藏), 괴장(愧藏), 문장(聞藏), 시장(施藏), 혜장(慧藏), 정념장(正念藏), 지장(持藏), 변장(辯藏)입니다.

첫째로, 보살이 얻는 믿음의 보물창고〔信藏〕란 무엇입니까.

보살은 일체 법이 공(空)함을 믿고, 일체 법이 형태가 없음을 믿고, 일체 법에는 이것을 만드는 주체가 없음을 믿고, 일체 법은 불생(不生)이라고 믿고 있습니다.

만약 보살이 이와 같은 신심(信心)을 완성하면 가령 부처님·중생·법계·열반계 등의 불가사의한 것에 관하여 들어도 놀랍고 두려운 마음을 갖지 않습니다.

또 가령 과거세·미래세·현재세의 불가사의한 것에 관하여 놀랍고 두려운 마음을 갖지 않습니다. 왜냐하면 보살은 여러 부처님 밑에서 닦은 신심이 견고하여 무너지는 일이 없기 때문입니다.

부처님은 무량무변의 지혜를 갖추고 계십니다. 더욱이 시방세계에 무수한 부처님들이 계시어 이미 위없는 최고의 깨달음을 얻었고, 이미 열반에 들었습니다. 부처님들의 지혜는 더하는 일도 없고 덜하는 일도 없고, 생기는 일도 없고 멸하는 일도 없습니다.

보살은 이와 같이 무변무진한 믿음의 보물창고를 완성하여 여래의 큰 힘을 타고 나아가며, 모든 불법을 지키고 보살의 일체의 덕을 닦고, 모든 여래의 덕에 따르고 모든 부처님들의 방편에 나아가고 있습니다.

이 믿음의 보물창고는 결코 퇴전하지 않는 믿음, 산란하지 않는 믿음, 깨뜨리지 않는 믿음, 집착하는 일이 없는 믿음, 여래 본성의 믿음입니다. 이것이 보살의 다함 없는 믿음의 보물창고입니다.

불자여, 둘째로, 보살이 얻는 계율의 보물창고[戒藏]란 무엇입니까.

보살은 여러 가지 계를 성취합니다.

첫째는 요익계(饒益戒)입니다. 보살은 중생의 이익을 위하여 일하고 중생을 안락케 합니다.

둘째는 불수계(不受戒)입니다. 보살은 외도(外道)의 여러 가지 계를 받지 않고 과거·현재·미래의 부처님들이 설하신 평등의 계를 지킵니다.

셋째는 무착계(無着戒)입니다. 보살은 어떠한 세계의 계에도 집착하지 않습니다.

넷째는 안주계(安住戒)입니다. 보살은 어떤 계도 깨뜨리지 않고 청정하여 의심도 후회도 없는 계를 성취합니다.

다섯째는 부쟁계(不諍戒)입니다. 보살은 항상 열반으로 향하는 계에 따르고 이 계를 위하여 중생을 괴롭히는 일이 없습니다. 보살이 계를 지니는 것은 다만 중생의 이익을 생각하고 중생을 환희케 하기 위해서입니다.

여섯째는 불뇌해계(不惱害戒)입니다. 보살은 계를 지님으로써 중생을 괴롭히거나 주술(呪術)을 배우는 일은 없습니다. 왜냐하면 보살은 중생을 구하기 위해 계를 지니기 때문입니다.

일곱째는 불잡계(不雜戒)입니다. 보살은 한 쪽의 견해를 떠나야만 인연을 관찰하고 청정의 계를 갖습니다.

여덟째는 이사명계(離邪命戒)입니다. 보살은 다만 청정한 계를 지니고 오로지 불법을 구하며 일체의 지혜를 성취하려고 생각할 뿐입니다.

아홉째는 불악계(不惡戒)입니다. 보살은 스스로 교만하여 '나는 계율을 잘 지키고 있다'라고 말하지 않습니다. 또 계를 범하는 사람을 보고도 경멸하거나 괴롭히지 않습니다. 다만 일심으로 계를 지닐 뿐입니다.

열째는 청정계(淸淨戒)입니다. 보살은 살생, 도둑질, 바르지 못한 성관계(性關係), 거짓말, 나쁜 말, 이간하는 말, 성내는 일, 어리석음, 바르지 못한 소견 등에서 떠나 오로지 계를 지킵니다.

보살은 다음과 같이 생각합니다.

'만약 중생이 계를 범한다면 그것은 중생의 그릇된 생각에 의한 것이다. 모든 부처님들은 중생이 그릇된 생각에 의하여 계를 범한다는 것을 알고 계십니다. 그래서 나는 오로지 불도를 구하고 위없는 최고의 깨달음을 완성하여 널리 중생을 위해 진실의 법을 설하고, 중생들로 하여금 그릇된 생각을 떠나 청정의 계를 지니게 하고 모두 위없는 최고의 깨달음을 성취케 하자.'

이것이 보살의 다함 없는 계장입니다.

불자여, 셋째로, 보살이 얻는 참회의 보물창고〔慚藏〕란 무엇입니까.

보살은 스스로 자기의 과거세를 생각합니다.

'나는 한량없는 옛적부터 부모형제들에게 죄를 범해 왔다. 혹은 상대를 업신여기고 스스로 교만하였으며, 혹은 믿음이 산란하여 바른 믿음을 잃고 화를 내어 친근함이 없어졌으며, 이와 같이 혼미하여 여러 가지 악을 지어 왔다. 일체 중생도 또한 그와 마찬가지로 여러 가지 죄를 범하고 있다. 이럴진대 어찌하여 좋은 일이 있겠는가.

그러니 나는 스스로 죄를 부끄럽게 생각하여 위없는 최고의 깨달음을 완성하고 또한 중생을 위하여 진실의 법을 설하고 중생으로 하여금 죄를 부끄럽게 생각하여 위없는 최고의 깨달음을 완성하도록 하자.'

이것이 보살의 다함 없는 참회의 보물창고입니다.

불자여, 넷째로, 보살의 부끄러움을 아는 보물창고[愧藏]란 무엇입니까.

보살은 스스로 자신의 부끄러움에 대해서 생각합니다.

'나는 옛날부터 감각의 대상이나 처자형제나 재산이나 보물 등에 관한 탐욕이 끝이 없었다. 이러한 일은 그만두지 않으면 안된다.'

또 다음과 같이 생각합니다.

'중생은 나쁘고 거친 마음을 품고 서로 해치고 있다. 그러나 중생들은 그것을 조금도 수치로 생각하지 않는다. 이 때문에 혼미 속에 빠져 끝없는 고뇌를 받고 있다. 삼세의 부처님들은 모두 이것을 아시고 있다.

나는 자기의 행위를 스스로 부끄럽게 생각하여 위없는 최고의 깨달음을 완성하고 널리 중생을 위하여 이 진리를 설하고 불도를 완성시키자.'

이것이 보살의 끝없이 부끄러움을 아는 보물창고입니다.

십무진장품

불자여, 다섯째로, 보살이 법문을 듣는 보물창고[聞藏]란 무엇입니까.

보살은 많은 진리를 듣습니다.

이를테면 보살은 어떤 일이 있음으로 해서 다른 일이 있고, 어떤 일이 없음으로 해서 다른 일이 없다. 어떤 일이 일어나니까 다른 일도 일어나고 어떤 일이 멸하니까 다른 일도 멸한다는 상대관계를 알고 있습니다.

혹은 또 보살은 이 세계에 있어서의 진리, 이 세계를 초월하고 있는 진리, 모양이 있는 세계의 진리 등을 알고 있습니다.

보살은 다음과 같이 생각합니다.

'중생은 혼미의 세계에서 수많은 윤회를 거듭하면서 불도를 닦을 줄을 모른다.

그러니 나는 노력·정진하여 불도를 배우고 일체 부처님들의 법을 지녀서 위없는 최고의 깨달음을 완성하고 또한 널리 중생을 위하여 진실의 법을 설하고 위없는 궁극의 불도를 완성시키자.'

이것이 보살의 끝없이 법문을 듣는 보물창고입니다.

불자여, 여섯째로, 보살이 행하는 보시의 보물창고[施藏]란 무엇입니까.

보살은 열 가지 종류의 보시를 합니다. 즉 수습시법(修習施法), 최후난시법(最後難施法), 내시법(內施法), 외시법(外施

法), 내외시법(內外施法), 일체시법(一切施法), 과거시법(過去施法), 미래시법(未來施法), 현재시법(現在施法), 구경시법(究竟施法)입니다.

첫째로, 보살의 수습시법(修習施法)이란 무엇입니까.

보살은 어떠한 귀중한 물건과 맛있는 음식에도 스스로 집착하지 않고 모두 사람들에게 보시합니다.

보시한 후에 만약 남은 것이 있으면 자기가 그것을 먹고 다음과 같이 생각합니다.

'내가 식사를 하는 것은 내 몸 속의 약 팔만 마리 가량의 작은 벌레들을 위해서이다. 나의 몸이 안락하면 그들도 또한 안락하고 나의 몸이 굶주림에 고통받으면 그들도 또한 굶주림에 고통스러울 것이다.'

이와 같이 보살이 식사를 하는 것은 몸 속의 벌레를 위한 것이며 그 맛을 보는 것이 아닙니다.

또 보살은 다음과 같이 생각합니다.

'나는 오랫동안 자기 몸을 위해 마실 것, 먹을 것을 탐해 왔다. 나는 조속히 이 몸을 떠나는 일에 노력정진하자.'

이것이 보살이 행하는 보시의 방편입니다.

둘째로, 보살이 행하는 가장 어려운 보시법〔最後難施法〕이란 무엇입니까.

만약 보살이 갖가지 맛있는 음식이나 의복, 그 밖의 생활 도구를 자기를 위해 사용하면, 목숨을 연장하여 쾌적한 인생을 보낼 수가 있습니다. 반대로 만약 이것을 모든 사람들에게 보시한다면 보살은 곤궁해지며 목숨이 단축될 것입니다. 그러한 경우 어떤 거지가 나타나 보살에게 모든 것을 소망해 왔습니다.

그때 보살은 다음과 같이 생각합니다.

'나는 여태까지 목숨을 버린 일은 수없이 많았으나 남을 구하기 위해 자기 목숨을 버린 일은 아직 한 번도 없었다. 다행히 맛있는 음식과 의복을 얻은 것은 더없는 기쁨이다. 이제 나는 목숨을 버리고 일체를 바쳐서 중생을 위해 아끼지 않고 큰 보리를 완성하자.'

이것이 보살이 최후에 행하는 가장 어려운 보시입니다.

셋째로, 보살이 신명을 버려 행하는 보시〔內施法〕란 무엇입니까.

보살은 젊었을 때 단정하고 아름다운 모습에다 맑은 얼굴을 가졌으며 청정한 의복에 장식을 달고 국왕의 자리에 앉아 천하를 다스리고 있었습니다.

그때 어떤 거지가 나타나서 왕에게 말했습니다.

'나는 지금 늙고 병들고 쇠약하고 고독하고 아무도 돌보아 주는 사람이 없습니다. 이대로 있으면 반드시 죽어버릴 것입니다. 대왕이시여, 아무쪼록 나를 살려 주십시오. 만약 내가 당신처럼 왕의 몸을 얻을 수가 있다면 나는 당신의 수족, 혈육, 뇌수(腦髓) 등을 쓸 수 있을 것입니다. 아무쪼록 자비하신 마음으로 나에게 보시해 주십시오.'

보살은 그때 다음과 같이 생각합니다.

'나의 몸도 마침내는 거지와 같은 운명이 될 것이다. 만약 죽어버리면 무엇 하나 보시할 수도 없게 된다. 그렇다면 조속히 이 몸을 버리고 목숨을 구하자.'

보살은 기꺼이 자기 몸을 거지에게 보시하였습니다.

이것이 보살이 신명을 버려 행하는 보시법입니다.

넷째로, 보살이 자신의 지위를 버려 보시하는 법[外施法]이란 무엇입니까.

보살은 젊었을 때 단정하고 엄숙한 모습에 그 얼굴은 더욱 맑았으며 깨끗한 옷을 입고 장식을 몸에 날고 국왕의 자리에 앉아 천하를 다스리고 있었습니다.

그때 한 거지가 나타나서 왕에게 말했습니다.

'나는 나이 많고 병들고 쇠약해서 마침내 빈곤 속에서 목숨이 끊어질 것입니다. 저와는 달리 대왕께서는 모든 즐거움을 몸에 지니고 계십니다. 대왕이시여, 아무쪼록 왕위를 저에게 보시해 주십시오. 나는 천하를 다스려 왕의 행복을 만끽할 것입니다.'

보살은 그때 다음과 같이 생각합니다.

'부귀는 덧없는 것이다. 그것은 마침내 빈천(貧賤)으로 변할 것이다. 만약 빈천해지면 남에게 보시할 수도 없고 그 소원을 이루어 줄 수도 없다.

그렇다면 조속히 왕위를 버리고 거지의 마음을 만족시켜 주자.'

이때 보살은 기꺼이 왕위를 보시하였습니다.

십무진장품

177

이것이 보살이 자신의 지위를 버려 보시하는 법입니다.

다섯째로, 보살이 안과 밖의 모든 것을 버려 행하는 보시의 법〔內外施法〕이란 무엇입니까.

보살은 젊었을 때 단정하고 엄숙한 모습에다 그 얼굴은 더욱 맑았으며 청정한 의복을 입고 장식을 몸에 달고 국왕의 자리에 앉아 천하를 다스리고 있었습니다.

그때 한 거지가 나타나 왕에게 말했습니다.

'나는 나이 많고 병으로 쇠약하여 은근히 대왕의 생활을 바라고 있습니다.

대왕이시여, 아무쪼록 당신의 자리와 천하를 저에게 보시해 주십시오.'

보살은 그때 다음과 같이 생각합니다.

'나의 몸과 재보(財寶)는 모두 덧없는 것이며 마침내 사라져 갈 것이다. 나는 지금 나이도 젊고 힘도 왕성하여 천하의 부(富)를 갖고 있는데 더구나 구걸하는 사람이 눈앞에 나타나 있다. 나는 이제 이 덧없는 것 가운데서 영원한 진실을 구하자.'

보살은 이와 같이 마음 속으로 생각하고 기꺼이 모든 것을 버려서 거지에게 보시하였습니다.

이것이 보살이 안과 밖의 모든 것을 버려 행하는 보시의 법입니다.

여섯째로, 보살이 일체 모든 것을 버려 행하는 보시의 법〔一切施法〕이란 무엇입니까.

보살은 젊었을 때 단정하고 엄숙한 모습에 그 얼굴은 더욱 맑았으며 향기 높은 탕에서 목욕을 하고 청정한 의복을 입고 장식을 몸에 달고 국왕의 자리에 앉아 천하를 다스리고 있었습니다.

그때 한 거지가 나타나 왕에게 말하였습니다.

'대왕의 이름은 널리 세계에 알려져 있습니다. 나는 멀리서 왕의 이름을 듣고 찾아왔습니다.

대왕이시여, 바라옵건대 대왕의 모든 지위와 재보를 나의 수망에 맡겨서 이 마음을 만족시켜 주십시오.'

그리고 그 거지는 왕의 나라와 성, 처자, 권속, 수족, 혈육, 두뇌 등 모두를 요구해 왔습니다.

그때 보살은 다음과 같이 생각합니다.

'아무리 친한 사람이라도 만나면 마침내 헤어지기 마련이다. 지금 남에게 보시를 안하면 그 소원을 이루어 줄 수 없을 것이다.

나는 조속히 탐애의 마음을 떠나서 모든 것을 버리고 남을 위해 힘을 다하자.'

보살은 이와 같이 마음으로 생각하여 기꺼이 거지에게 모든 것을 보시하였습니다.

이것이 모든 것을 버려 행하는 보시의 법입니다.

일곱째로, 보살이 과거의 여러 부처님들과 보살들의 보시법을 본받아 행하는 보시법[過去施法]이란 무엇입니까.

보살은 과거의 부처님의 행이나 보살의 행이나 공덕을 들어도 그에 집착하지 않고, 망상도 일으키지 않습니다.

다만 사람들을 교화하고 인도하기 위하여 몸을 나타내고 널리 법을 설하고, 중생으로 하여금 불법을 완성시키려고 생각할 뿐입니다.

또 보살은 가령 시방세계를 두루 다니며 과거의 여러 법을 관찰하더라도 그 실체를 얻을 수가 없습니다.

그때 그는 다음과 같이 생각합니다.

'과거의 여러 가지 보시의 법을 모두 본받아 행하자.'

이것이 보살이 과거의 여러 부처님과 보살들의 보시법을 본받아 보시를 실행하는 일입니다.

여덟째로, 보살이 행하는 미래의 보시법〔未來施法〕이란 무엇입니까.

보살은 미래의 여러 부처님과 보살의 행이나 공덕에 대해 들어도 그 모습을 그리지 않고, 집착하지 않으며, 그 부처님 나라에 탄생하려고 생각하지도 않고, 욕심을 내지도 않으며, 싫어하지도 않고, 마음을 닦아 산란하는 일이 없습니다.

다만 중생을 교화하고 인도하며 중생으로 하여금 불법을 성숙시키게 하려고 진실을 관찰할 뿐입니다.

이 진실의 법은 그 소재가 있는 것도 아니고, 없는 것도 아니고, 안에 있는 것도 아니고, 밖에 있는 것도 아니며, 멀리 있는 것도 아니고, 가까이에 있는 것도 아닙니다.

이것이 보살이 미래의 보시법을 실행하는 일입니다.

아홉째로, 보살이 행하는 현재의 보시법〔現在施法〕이란

무엇입니까.

보살은 사천왕, 삼십삼천, 야마천, 도솔천 등 온갖 천상의 세계, 혹은 성문, 연각의 공덕을 자신의 몸에 지니고 있다는 것을 알아도 그 마음은 미혹하지 않고, 두려움을 품지 않고, 항상 고요하여 집착하지 않습니다.

보살은 다만 다음과 같이 생각합니다.

'모든 현상은 꿈과 같고 모든 행은 모두 진실이 아니다. 중생은 그것을 모르기 때문에 미혹의 세계에 유전하는 것이다.'

보살은 중생을 위하여 널리 설법하고 중생으로 하여금 모든 악을 떠나 불도를 완성시키고 이와 같이 스스로 보살의 도를 닦아 마음에 미혹이 없습니다.

이것이 보살이 현재의 보시법을 실행하는 일입니다.

열째로, 보살이 행하는 궁극의 보시법〔究竟施法〕이란 무엇입니까.

많은 중생 가운데는 눈, 귀, 코, 수족 들이 없는 사람이 있습니다. 이들은 보살에게 '우리들은 불구자이며 불행한 몸입니다. 바라옵건대 보시로써 우리들을 완전하게 해주십시오'라고 말했습니다.

그때 보살은 기꺼이 자기의 것을 보시하였습니다.

그 때문에 보살은 가령 자기가 한량없는 겁 동안 불구자가 되어도 일념의 후회도 일으키지 않습니다.

다만 보살은 스스로 자기 몸을 관찰해 보건대 '이미 수태

(受胎) 때부터 부정(不淨)하고 악취를 뿜으며 한 조각의 실체도 없고, 골절이 서로 연결된 그 위에 피와 살이 덮이고 여러 구멍에서는 항상 부정한 물이 흐르고, 이리하여 마침내는 시체가 된다.'고 보았기에 일념의 애착도 일으키지 않습니다.

또 보살은 다음과 같이 생각합니다.

'이 몸은 연약하고 위태롭다. 어찌하여 이 몸을 애착하겠는가. 기꺼이 사람들에게 보시하여 그 소원을 만족시켜 주자. 그리고 마침내는 중생의 마음을 열고 교화하며 인도하고 모두 청정한 법신(法身)을 얻게 하며 심신의 몸에서 떠나게 하자.'

이것이 보살이 행하는 궁극의 보시법입니다.

이상이 보살이 행하는 보시의 보물창고입니다.

불자여, 일곱째로 보살이 얻는 지혜의 보물창고〔慧藏〕란 무엇입니까.

보살은 형상의 세계와 마음 세계의 고뇌, 그 고뇌의 원인, 그 고뇌가 소멸한 열반, 고뇌를 소멸하는 실천을 분명히 알고 있습니다.

또 근본무지의 고뇌, 그 원인, 그 멸한 열반, 소멸의 방법도 분명히 알고 있습니다. 또 성문, 연각, 보살의 제각기의 법, 그 열반도 분명히 알고 있습니다. 그렇다면 보살은 이 가르침을 어떻게 알고 있는 것입니까.

보살은 온갖 것은 모두 숙업의 과보이며 인연에 따라 생하고 있다고 알고 있습니다. 그러므로 모든 것에는 자아의 실체가 없고 견고하지 않으며 진실이 아니고 모두가 공(空)하다는 것을 알고 있으며 널리 중생을 위해 진실의 법을 설하고 있습니다.

즉 '온갖 것은 마침내 파괴되는 것이 아니다'라고.

형상의 세계, 마음의 세계는 파괴되는 것이 아니고 근본 무지도 파괴되는 것이 아니며 또한 성문, 연각, 보살의 제각기의 법도 파괴되는 것이 아닙니다.

왜냐하면 온갖 것은 스스로 생한 것도 아니고 남에 의해서 만들어진 것도 아닙니다. 그것은 불생(不生)이고 불멸(不滅)이며, 보시하는 것도 아니고 받는 것도 아니며, 말로써 나타낼 수가 없기 때문입니다.

보살은 이와 같은 무진의 혜장을 완성하고 스스로 구극의 도에 도달하고 있습니다.

이것이 보살이 얻는 다함 없는 지혜의 보물창고입니다.

불자여! 여덟째로 보살이 얻는 기억의 보물창고〔正念藏〕란 무엇입니까.

보살은 무지의 암흑에서 떠나 과거의 한 생, 열 생, 백 생 내지는 한량없이 많은 생애와 세계와 생성소멸의 되풀이를 마음에 생각합니다.

또 보살은 한 부처님 혹은 한량없이 많은 부처님들의 이름을 기억하고, 한 부처님의 출현이나 혹은 많은 부처님들의 출현을 기억하고, 한 부처님의 한 설법이나 많은 부처님들의 많은 설법을 기억하고, 하나의 번뇌나 많은 번뇌를 기억하고, 하나의 삼매나 많은 삼매를 기억합니다.

이와 같은 보살의 기억에는 열 가지가 있습니다.

즉 고요한 기억, 청정한 기억, 탁하지 않은 기억, 분명한 기억, 티끌을 여읜 기억, 가지가지의 티끌을 여읜 기억, 때를 여읜 기억, 광명이 빛나는 기억, 사랑스러운 기억, 장애가 없는 기억입니다.

보살이 이 기억을 할 때 어떠한 세간도 보살의 마음을 교란시킬 수는 없고 어떠한 악마도 그 마음을 움직일 수는 없습니다.

보살은 부처님들의 진리를 마음에 견지하고 분명히 그 까닭을 깨달아 아직 그릇된 일이 없습니다.

이것이 보살의 다함 없는 기억의 보배창고입니다.

불자여, 아홉째로 보살이 얻는 가르침의 보물창고[持藏]란 무엇입니까.

보살은 여러 부처님에게서 하나의 경전 내지 한량없이 많은 경전을 배우고, 한 자나 한 구절도 잊은 일이 없습니다. 일생 동안이나 잊지 않고 또한 많은 생애 동안도 잊은 일이 없습니다.

보살은 한 부처님 내지 많은 부처님들의 이름을 들어 기억하고 있습니다. 또 하나의 세계 내지 많은 세계의 이름을 기억하고 있습니다. 또 하나의 법회 내지는 많은 법회를 맡아보고 있습니다. 또 한때의 설법 내지 많은 때의 설법을 시험하고 있습니다. 또 하나의 번뇌 내지는 많은 번뇌를 분별하고 있습니다. 또 하나의 삼매 내지 많은 번뇌에 드나들고 있습니다.

이것이 보살이 얻는 가르침의 보물창고입니다.

불자여, 열째로 보살이 얻는 말씀의 보물창고[辯藏]란 무엇입니까.

이 보살은 깊은 지혜를 완성하여 일체 중생을 위하여 여러 가지 진리의 말씀을 전하고 있습니다.

보살은 한 경전의 진리 내지는 한량없이 많은 경전의 진리를 설하고 또 한 부처님의 이름 내지 수없는 부처님들의 이름을 설하고, 또 하나의 세계·하나의 법회·하나의 설법·하나의 번뇌·하나의 삼매 내지 제각기 수없이 많은 세계·집회·설법·번뇌·삼매를 설하고 있습니다.

하루에 한 구절 내지 하나의 법을 설하여도 끝이 없으며 한량없이 오랜 시간에 한 구절 내지 하나의 법을 설하여도 끝이 없습니다.

다시 말하면 시간의 흐름을 다하는 일은 있어도 한 구절이나 혹은 하나의 설법을 다하지는 못할 것입니다.

왜냐하면 이 보살은 열 가지 다함 없는 보물창고를 완성하고 있기 때문입니다. 또한 일체의 불법을 닦고 있으며 다라니(陀羅尼)[55]도 얻고 있기 때문입니다.

보살은 이 다라니에 의해서 일체 중생을 위해서 불법을 전하니 그 미묘한 음성은 시방의 세계에 충만하여 중생의 번뇌를 제거하고 중생으로 하여금 모두들 환희케 합니다.

보살은 중생의 모든 음성, 언어, 문자를 분별하고 일체 중생으로 하여금 여래의 종자를 끊기지 않도록 하며 불법을 전하는 데 조금도 권태를 느끼지 않습니다.

왜냐하면 보살은 커다란 허공에 충만하는 청정의 법신을 완성하고 있기 때문입니다.

이것이 보살의 다함 없는 말씀의 보물창고입니다.

불자여, 이상이 보살이 얻는 열 가지 보물창고이며 이에 의해서 일체중생은 위없는 궁극의 깨달음을 완성할 수가 있는 것입니다."

제 19 장 여래승도솔천궁품
(如來昇兜率天宮品)

부처님께서는 자재한 신통력으로 지금까지 여러 가지 모임이 있던 장소에 머물면서 도솔천궁에 있는 일체보장엄전(一切寶莊嚴殿)으로 향하셨다.

그때 도솔천왕(兜率天王)은 저 멀리서 여래의 모습을 보고 일체보장엄전 안에 여래의 사자좌를 마련하고 온갖 보배로 사자좌를 장식하였다.

도솔천왕은 여래의 자리를 장식한 다음, 무수한 도솔천의 천자(天子)와 함께 여래를 맞이하여 온갖 미묘한 꽃을 비처럼 뿌려 여래를 공양하였다. 또 미묘한 전단향(栴檀香)과 온갖 화환, 아름다운 하늘옷을 뿌려서 여래를 공양하였다. 또 온갖 향을 피웠는데 그 향내는 모든 시방의 세계에 충만하였다. 그러한 속에서 무수한 천자와 천녀들은 삼매에 들어 한결같이 여래의 경지에 뜻을 모았다.

모든 천자와 천녀는 부처님의 신통력으로 부처님을 보며

다음과 같이 생각하였다.

'여래의 출현(出現)을 만나기란 매우 어려운 일이다. 그러나 우리는 장애가 없는 지혜를 갖춘 여래를 지금 만나 볼 수가 있게 되었다.'

그때 다른 국토에서 모여든 무수한 천자와 천녀들, 그리고 무수한 불국토에서 온 보살들도 여래의 위없는 깨달음을 접할 수 있었다.

여래의 몸은 무량하여 헤아릴 수 없으며, 불가사의한 기적을 나타내어 중생을 기쁘게 하고, 끝없는 대허공에 충만하여 중생으로 하여금 착한 성품에 머물도록 하였다.

여래는 위없는 공덕을 나타내고 그 지혜는 다함이 없으며 그 법신은 모든 중생에게 두루 충만되어 부족함이 없었다.

여래는 중생의 능력에 따라 모습을 나타내고, 그 경계는 모든 중생을 받아들이고 모든 중생의 활동을 알며, 중생으로 하여금 미혹의 세계를 초월하게 하여 한결같이 위없는 [無上] 깨달음에 나아가도록 한다.

그때 천자와 천녀 등 모든 신들이 여래를 우러러보자 그 몸의 털구멍 하나하나에서 무수한 광명이 뿜어 나오고 그 빛 하나하나는 온갖 빛깔로 빛나고 있었다.

또 여래의 몸을 우러러보자 그 몸으로부터는 불가사의한 광명의 바퀴가 나타났다. 그 광명의 바퀴에는 불가사의한 빛깔이 있어서 시방의 끝없는 세계를 비추고 무수한 기적을 나타내었다.

그때 모든 중생은 여래의 미묘한 향내를 맡고 자기도 모르게 불가사의한 게송(偈頌)을 읊어 뛰어난 여래의 광명을 찬탄하였다. 그러나 여래의 광명을 충분히 찬탄할 수는 없었다. 왜냐하면 모든 중생은 여래의 다함이 없는 자재력(自在力) 안에서 생겼기 때문이었다.

그때 여래는 대자비로써 끝없는 모든 세계를 덮고, 중생으로 하여금 아직 믿지 않는 자는 믿게 하고, 이미 믿는 자는 그 착한 성품을 지속하게 하고, 착한 성품을 지속하고 있는 자는 청정한 경지에 이르게 하며, 청정한 자는 보다 더 성숙하게 하며, 이미 성숙한 경지에 이른 자는 마침내 해탈하게 하리라 생각했다.

도솔천왕은 여래를 위하여 사자좌의 준비를 끝내고 무수한 도솔천의 천자들과 함께 부처님께 나아가 합장예배하고 여쭈었다.

"세존이시여, 잘 오셨습니다. 바라옵건대 자비로써 이 궁전에 머물러 주시기 바랍니다."

그때 일체보장엄전은 표현할 수 없는 빛으로 빛나며, 온갖 보배로써 장식되고, 주옥(珠玉)의 그물이 그 위를 덮었다. 하늘옷의 비, 전단의 비, 묘향의 비, 불가사의한 꽃비가 뿌려지는 가운데 오묘한 음악이 흘렀다.

이윽고 부처님의 신통력에 의하여 모든 음악은 그쳐 고요해지고, 도솔천왕은 삼매에 들어 그 착한 성품을 길러 위없는 궁극의 깨달음을 구하는 마음을 일으켰다.

여래승도솔천궁품

189

　도솔천왕은 부처님의 신통력을 받아 과거의 부처님들 밑
에서 닦은 착한 공덕을 스스로 기억하면서 다음과 같이 찬
탄하였다.
　"그 옛날 무애(無碍)라고 하는 여래가 계셨습니다. 여래는
흡사 보름달과 같아서 온갖 축복 중에 가장 뛰어난 부처님
이었습니다. 그 부처님이 오셔서 이 장엄전(莊嚴殿)에 드셨
기 때문에 이 궁전은 더욱 축복을 받고 있습니다.
　또 그 옛날 무변(無邊)이라고 하는 여래가 계셨습니다. 그
의 지혜는 매우 깊어서 모든 축복 가운데 제일이었습니다.
그 부처님은 금색전(金色殿)에 드셨습니다. 때문에 이 궁전
은 더욱 축복을 받고 있습니다.
　또 그 옛날 무량(無量)이라고 하는 여래가 계셨습니다.
그 빛은 끝이 없어 모든 축복 가운데 제일이었습니다. 그 부
처님이 이 연화전(蓮華殿)에 드셨기 때문에 이 궁전은 보다
더 축복을 받고 있습니다."
　그때 세존은 일체보장엄전의 사자좌에 올라 결가부좌하
셨다.

제 20 장 도솔천궁보살찬불품
(兜率天宮菩薩讚佛品)

그때 무수한 나라의 무수한 보살들이 저마다 자신의 동족을 이끌고 부처님을 찾아왔다. 그들은 부처님께 삼가 공경하여 예배한 다음 결가부좌하였는데 그들의 수는 시방에 차고 또 넘쳤다. 그들은 저마다 부처님의 밑에서 불도를 수행하고 있었으며, 헤아릴 수 없는 부처님의 진리를 완성하고 있었다.

그때 부처님께서는 두 무릎에서 무수한 광명을 발하여 끝없는 시방의 모든 세계를 비추셨다. 그 때문에 모든 보살들은 여래의 신통력이 자재함을 볼 수가 있었다.

이들 보살들은 비로자나 부처님이 그 옛날 보살의 도를 행하여 헤아릴 수 없이 많은 가르침을 닦을 때의 선지식들이었다.

보살들은 항상 여러 부처님의 깨달음과 신통력을 찬탄하며 스스로 부서지지 않는 법신을 이루었고, 장애가 없는 삼매에 들어, 불가사의한 부처님을 만날 수 있어도 마음에 집착함이 없었다.

보살들은 항상 여러 부처님의 가호를 받으며 부처님의 신통력에 의하여 깨달음의 세계에 도달하였다. 그리고 위없는 깨달음을 완성하여 부처님 마음의 근본자리에 들고, 그 청정한 법신은 부처님이 사는 곳에 함께 살고 있었다.

그때 금강당(金剛幢)보살은 부처님의 신통력을 받아 끝없는 시방세계를 관찰하고 다음과 같이 찬탄하였다.

"여래께서는 커다란 원력으로 자유자재한 불법을 나타내십니다. 이 법은 불가사의하며, 오직 피안에 도달한 사람만이 여러 부처의 경지를 볼 수가 있습니다.

모양으로 나타난 신체는 여래가 아닙니다. 음성도 또한 여래가 아닙니다. 그러나 부처님의 자재력은 모양과 소리를 떠나지 않고서 작용합니다.

부처님은 이곳에 오는 일도 없고, 저곳으로 가는 일도 없으면서 오직 청정한 법신만이 자재력을 나타냅니다.

만약 보살이 일체의 지혜를 구하여 스스로 위없는 깨달음을 완성하고자 생각한다면 먼저 참으로 그 마음을 맑게 하고 꾸준히 보살행을 닦아야 합니다."

그때 견고당(堅固幢)보살은 부처님의 신통력을 받아 끝없는 시방세계를 관찰하고 다음과 같이 찬탄하였다.

"부처님의 세계는 매우 깊어서 말로 표현할 수가 없습니다. 언어로 표현할 수 없는 그 청정함은 흡사 허공과도 같습니다. 또 부처님의 설하시는 법은 매우 깊거니와 인연을 따라 청정한 몸을 나타내십니다.

이와 같은 대승의 지혜가 곧 모든 부처님의 경계입니다. 만약 이 지혜를 구하고자 하면 항상 부처님을 친근히 모시고 배워야 합니다. 만약 청정한 마음으로 모든 부처님을 받들고 공양하기를 쉬지 않으면 드디어 불도를 이룰 것입니다."

그때 야광당(夜光幢)보살은 부처님의 신통력으로 시방의 모든 세계를 남김없이 관찰하고 다음과 같이 찬탄하였다.

"시방의 모든 세계, 모든 중생은 남김없이 부처님의 청정한 법신을 만날 수 있습니다. 비유컨대 한 생각의 힘이 여러 가지 생각을 낳는 것과 같이 부처님의 한 법신도 여러 가지 부처의 몸을 낳습니다. 법신은 둘이 아니며 또 자성(自性)도 없으며, 청정하게 장엄되어 있어서 시방의 세계에 나타나지 않는 곳이 없습니다.

법신은 흡사 허공과 같고, 그 공덕은 다함이 없습니다. 그것은 오직 모든 부처님만의 경계입니다. 삼세의 모든 부처님은 그 법신이 낱낱이 청정하여 중생의 능력에 따라 그 모습을 여러 가지로 나타냅니다. 그러나 부처님은 지금까지 내가 어떠한 모습을 나타내리라고 생각하신 적은 없습니다. 다만 자연스럽게 중생의 근기에 따를 뿐입니다."

도솔천궁보살찬불품

그때 이구도(離垢道)보살은 부처님의 신통력을 받아서 시방세계를 남김없이 관찰하고 다음과 같이 찬탄하였다.

"모든 부처님의 지혜광명은 원만하여 세간을 청정하게 합니다. 만약 사람이 중생의 수와 같은 모든 부처님을 만나고자 한다면, 여래는 그 모든 소망에 따릅니다. 그러나 결코 이곳으로 오는 것도, 저곳으로 가는 것도 아닙니다. 부처님의 경계를 염(念)하여 무량한 마음을 내면, 보이는 모든 여래의 수는 무량한 그 마음과 같습니다.

여래는 중생을 위하여 중생의 능력에 따라서 진리를 설하고 남김없이 부처의 몸을 나타냅니다. 일체의 모든 부처님은 무량한 자재력을 지니고 있어서 중생의 소망에 따라서 부처의 몸을 나타내고 여러 가지 모습에 의하여 세계를 청정하게 합니다."

제 21 장 십회향품
(十廻向品)

금강당보살은 부처님의 신통력을 받아 명지삼매(明智三昧)에 들었다. 삼매에 완전히 들어가자 시방세계의 무수한 불국토에 계시는 무수한 부처님들을 뵈올 수 있었다. 이 무수한 부처님들의 이름은 모두 '금강당'이라는 이름이었다.

그때 여러 부처님들은 금강당보살에게 다음과 같이 말씀하셨다.

"얼마나 훌륭한 일인가. 불자여, 그대는 능히 명지삼매에 들어갈 수가 있었다. 그대가 삼매에 들 수 있는 것은 시방세계의 무수한 부처님들이 그대에게 신통력을 주셨기 때문이다.

또 비로자나 부처님의 본원력에 힘입었기 때문이다. 또 그대로 하여금 청정하고 지장 없는 지혜의 경지에 들어가게 하려고 생각하셨기 때문이다.

또 그대로 하여금 무량한 불법, 열 가지 회향의 실천을 설하게 하려고 생각하셨기 때문이다.

또 그대로 하여금 큰 원을 개발케 하여 모든 보살을 기쁘게 하고 모든 부처님과 똑같은 공덕을 체득하게 하려고 생각하셨기 때문이다.

불자여, 그대는 부처님의 신통력을 받아 마땅히 이 법을 설해야 할 것이다. 그것으로 말미암아 그대는 부처님의 집에 머물며 세간을 초월하는 온갖 공덕을 길러 두루 법계를 비추며, 지장 없는 불법의 광명 속에 안주할 수가 있을 것이다."

그때 여러 부처님께서는 금강당보살에게 무량한 지혜를 주시고, 지장 없는 불법의 광명을 주시고, 일체의 여래와 똑같은 몸을 주시고, 온갖 보살의 불가사의한 삼매의 방법을 주시고, 모든 처소에서 끊어짐이 없는 설법의 능력을 주셨다. 그것은 저 명지삼매의 공덕의 힘에 의지했기 때문이다.

그때 여러 부처님들은 각기 오른손을 내밀어 금강당보살의 머리를 쓰다듬으셨다. 그러자 금강당보살이 삼매로부터 일어나 여러 보살들에게 이렇게 말했다.

"불자여, 이 보살의 불가사의한 대원은 두루 일체 중생을 구하고 지켜주려 함입니다. 보살은 이 원을 세우고 삼세제불의 회향을 배우고 있습니다.

불자여, 보살의 회향이란 무엇입니까.

보살의 회향에는 열 가지가 있습니다. 과거 · 현재 · 미래의 여러 부처님들은 모두 이 회향에 대해 설하셨습니다.

그 열 가지란 무엇입니까.

첫째는 일체 중생을 구호하면서 중생이라는 관념을 떠난 회향, 둘째는 깨뜨려짐이 없는 회향, 셋째는 모든 부처님과 평등한 회향, 넷째는 모든 처소에 이르는 회향, 다섯째는 다함이 없는 공덕장(功德藏) 회향, 여섯째는 평등에 따르는 공덕의 회향, 일곱째는 평등하게 일체 중생에 따르는 회향, 여덟째는 진여(眞如)의 실상으로 향한 회향, 아홉째는 속박도 집착도 없는 해탈의 회향, 열째는 한량없는 법계의 회향입니다.

불자여! 이 보살의 열 가지 회향을 삼세의 부처님들이 설하시는 것입니다.

불자여! 첫째로 '일체 중생을 구호하면서 중생이라는 관념을 떠난 회향'이란 무엇입니까.

이 보살은 보시·지계·인욕·정진·선정·지혜의 육바라밀을 수행하여 다음과 같이 생각합니다.

'내가 행하는 바의 선(善)은 일체 중생에게 도움이 되고 중생으로 하여금 마침내는 청정하게 할 것이다.

내가 행하는 바의 선으로써 일체 중생을 지옥·아귀·축생 따위의 고통으로부터 구하자.'

또 다음과 같이 생각합니다.

'나는 이 선을 회향해서 스스로 일체중생을 위한 집이 되

자. 그것은 중생의 고통을 멸하게 하기 위함이다.

스스로 일체 중생을 위해 구호자가 되자. 그것은 중생으로 하여금 번뇌를 벗어나게 하기 위함이다.

스스로 일체 중생을 위해 귀의처(歸依處)가 되자. 그것은 중생으로 하여금 공포를 떠나게 하기 위함이다.

스스로 일체 중생을 위해 안락처가 되자. 그것은 중생으로 하여금 궁극적인 안락처를 얻게 하기 위함이다.

스스로 일체 중생을 위해 큰 광명이 되자. 그것은 중생으로 하여금 무지를 없애고 지혜의 빛을 얻게 하기 위함이다.

스스로 일체 중생을 위해 등불이 되자. 그것은 중생으로 하여금 궁극적인 광명 속에 안주케 하기 위함이다.'

불자여, 보살은 이와 같은 무량한 선을 회향하여 일체의 지혜를 완성시킬 것입니다.

불자여, 보살은 친한 자를 위해서나 원한이 있는 자를 위해서 온갖 선을 회향하여 결코 차별하지 않습니다.

왜냐하면 보살은 일체를 평등히 보아 멀고 가까움을 초월해 있기에 항상 자애의 눈으로 온갖 중생을 보는 까닭입니다.

만약 중생이 나쁜 마음을 품고 보살을 해치려 든다면 보살은 그 중생을 위해 좋은 안내자가 되어 온갖 훌륭한 진리를 설명해 줄 것입니다. 이를테면 어떤 독도 바다를 해칠 수 없듯 중생의 어떤 죄악도 보살의 좋은 마음을 어지럽히지는 못할 것입니다.

보살이 보리심을 일으켜 온갖 선을 회양하는 것은 한 중생을 위하는 까닭도 아니며, 한 불국토를 위하는 까닭도 아니며, 한 부처님을 믿고자 하는 까닭도 아니며, 한 부처님의 법을 듣고자 하는 까닭도 아닙니다.

보살은 일체 중생을 구하기 위해 온갖 선을 회향합니다. 일체의 불국토를 정화하고, 일체의 부처님을 믿고, 일체의 부처님을 공경, 공양하고, 일체의 부처님이 설하시는 바른 법을 듣기 위해 온갖 선을 최고의 깨달음을 향해 회향하는 것입니다.

보살은 다음과 같이 생각합니다.

'보리심의 보배를 발굴하는 것은 여래의 힘이다. 보리심은 여러 부처님과 같고 광대하고 평등하다. 아무리 오랫동안 수행하고 배운다고 해도 얻기는 어렵다.'

보살은 또 이렇게 생각합니다.

'이 회향의 공덕으로 일체 중생이 항상 여러 부처님들을 뵈옵고, 부처님들 밑에서 깨뜨려지지 않는 신심을 얻고, 바른 법을 듣고 가르침대로 수행하여 지혜와 해탈을 완성하며, 일체 중생에 대해 자애의 눈길을 돌려 마침내는 부처님 계신 곳에 안주하게 되었으면 좋겠다.'

보살은 또 이렇게 생각합니다.

'일체 중생은 헤아릴 수 없는 악업을 거듭 짓고 있다. 또 숙업(宿業)을 거듭 받고 있다. 이 숙업으로 하여 헤아릴 수 없는 고통을 받고 여래도 뵈올 수가 없으며 정법(正法)을 든

지도 못한다.

나는 지옥·아귀·축생의 삼악도 속에서 중생의 고통을 대신 받아 중생으로 하여금 해탈을 얻게 하겠다.'

보살은 또 이렇게 생각합니다.

'나는 일체 중생으로 하여금 부처님의 평화로운 나라에 안주케 하겠다. 그것은 결코 자기가 깨달음에 이르기 위함이 아니다. 오직 중생으로 하여금 미혹의 세계를 떠나 지혜를 얻게 하고자 원하기 때문이다.'

보살은 이와 같이 회향하여 집착하는 데가 없습니다. 중생이나 세계의 모양에도 집착하지 않고, 말에도 집착하지 않는 것입니다.

보살은 오직 중생으로 하여금 진실한 법을 깨닫게 하기 위해 회향하고, 일체 중생은 평등하다고 알아 회향하고, 자신의 욕망을 떠나 온갖 선을 관찰하여 회향합니다.

보살은 이러한 선의 회향에 의해 영원히 일체의 악을 떠남으로써 부처님께서 찬탄하는 자가 됩니다.

불자여, 이것이 '일체 중생을 구호하면서, 중생이라는 관념을 떠난 회향'입니다.

불자여, 둘째로 '깨뜨려짐이 없는 회향'이란 무엇입니까.

이 보살은 과거·현재·미래의 여러 부처님의 처소에서 깨뜨려짐이 없는 믿음을 얻었기에 모든 부처님들께서 기뻐하고 계십니다.

보살은 이와 같이 깨뜨려짐이 없는 청정한 믿음을 얻고 있습니다. 왜냐하면 온갖 선을 실천하고 있는 까닭입니다.

보살은 모든 회향에 있어서 깨뜨려짐이 없는 믿음을 얻고 있습니다. 왜냐하면 오로지 해탈을 얻어 만족하고 있는 까닭입니다.

보살은 여래의 자재한 신통력에 있어서 깨뜨려짐이 없는 믿음을 얻고 있습니다. 왜냐하면 명백히 여러 부처님의 불가사의함을 믿고 있는 까닭입니다.

불자여, 보살은 이같이 깨뜨려짐이 없는 믿음에 안주함으로써 부처님이나 보살이나 일체 중생의 무수한 세계에서 온갖 선을 실천하고, 보리심을 기르고 자비심을 길러 여러 부처님들을 따라 모든 청정한 선을 섭취해서 과거·현재·미래의 삼세를 평등히 관찰합니다.

보살은 이와 같이 온갖 선을 지혜에 회향하여 항상 여러 부처님들을 뵙고, 좋은 스승을 가까이 하며 무수한 보살들과 회합하여 일체 중생을 가르치고 인도합니다.

보살은 온갖 선의 회향을 끝내고 이런 선의 회향이 가져오는 힘에 의해 보살행을 닦을 때 생각생각마다 모든 부처님들을 뵙고, 그 부처님들을 모두 기쁘게 하여 드리고, 무수한 보배·꽃·향·화만·의복·당기(幢旗)[56]·자리·궁전·수목 따위로 헤아릴 수 없이 긴 시일 동안 마음을 가다듬어 모든 부처님을 공양합니다.

보살의 마음은 물러섬이 없고 휴식이 없고 잠시도 태만함이 없습니다.

보살은 근심이나 고민도 품지 않고 모든 집착을 떠나 부처님 계시는 곳에 안주하고 있습니다.

보살은 빛깔도 없고 형체도 없는 진리 자체의 세계를 관찰하며 그 보리심은 진리 자체가 되어 있으며 어떤 존재에도 집착하지 않고 회향하며 처음으로 보리심을 일으킨 이래 뛰어난 선을 실천하여 남김없이 회향합니다. 보살이 실천한 선은 비록 생사 중에 있어서도 깨뜨려지는 일이 없습니다.

보살은 진실한 지혜를 구하여 물러나지 않으며 어떤 환경에서도 마음이 어지러워지지 않으며 일체의 중생을 깨닫게 하고자 노력하며 집착하는 바가 없습니다.

보살은 이같이 무명을 떠나 보리심을 성취하며 청정한 마음으로 일체가 평등함을 관찰하여 존재의 진실을 깊이 깨닫는 것입니다.

업은 마치 꿈과 그림자 같고, 업보는 번개 같고, 인연에서 생긴 존재들은 메아리 같고, 보살행은 그림자 같다고 알며, 또 집착을 떠난 지혜의 눈이 열리는 곳, 보살의 활동은 언제나 늘 작용하면서도 조금도 작용함이 없어서 모든 존재에 있어서 둘이 아님을 깨달아서 보살은 있는 그대로의 진실에 도달합니다.

보살은 이렇게 온갖 선을 회향하여 두루 일체 법계를 비추고 일체의 지혜를 성취하고 있습니다.

불자여, 이것이 '깨뜨려짐이 없는 회향'입니다.

보살이 이 회향에 안주하면 무수한 부처님을 뵐 수 있으며 온갖 청정한 진리를 얻게 되며 일체 중생에 있어서 평등한 마음을 지니며 무명을 떠나 일체의 존재를 깨달으며 온갖 여래의 자재한 신통력을 얻어서 모든 악마를 꺾으며 장애 없는 지혜를 얻어 스스로 마음의 눈을 뜹니다. 보살은 스스로 '깨뜨려짐이 없는 회향'의 힘을 가지고 온갖 선을 닦고 있는 것입니다.

불자여, 셋째로 '모든 부처님과 평등한 회향'이란 무엇입니까.

보살은 삼세제불의 회향을 배웁니다. 보살이 보살행을 닦을 때, 그 마음은 청정하여 사랑도 미움도 없으며 모든 근심과 고민을 떠나 정직한 마음을 얻어서 몸과 마음이 부드럽고 깨끗해집니다.

이런 기쁨을 얻을 때에 보살은 여러 부처님께 회향하여 이와 같이 생각합니다.

'모든 부처님께서는 이 이상 없는 맑은 즐거움을 누리고 계시거니와 다시 다음과 같이 되기를 축원하자.

즉 부처님들께서는 불가사의한 부처님의 즐거움을 갖추시고, 헤아릴 수 없는 부처님의 삼매의 즐거움을 닦으시고, 헤아릴 수 없는 대자비의 즐거움을 성취하시고, 다시 부처님들의 헤아릴 수 없는 힘의 즐거움, 영원히 일체의 번뇌를 떠나는 즐거움, 적멸의 극치에 이르러 결코 변함이 없는 즐

거움, 어지러워지지도 않고 깨뜨려지지도 않는 행(行)의 즐거움을 갖추시게 되시라.'

보살은 이렇게 온갖 선을 부처님들께 회향한 다음 다시 또 일체의 보살들에게 회향하여 다음과 같이 생각합니다.

'원컨대 아직 만족하고 있지 않는 자는 모두 만족시켜 주고, 아직 마음이 청정해지지 않은 자는 모두 청정하게 해 주어서, 금강(金剛)같이 견고한 보리심에 안주하여 일체의 지혜에 있어서 물러섬이 없도록 하여 주고, 태만한 마음을 떠나 보리심을 일으키게 하여 각자의 소원을 만족케 하자.'

이와 같이 보살은 온갖 선을 일체 중생에게 회향합니다.

보살은 일체 중생으로 하여금 부처님을 뵙고 법을 듣고 승가에 접근하도록 하기 위해 회향합니다.

즉 오로지 부처님을 생각하게 하고자 회향하며, 청정하고 뛰어난 법을 염원하게 하고자 회향하며, 스님을 공경하고 존중하게 하고자 회향합니다.

또 보살은 일체중생으로 하여금 부처님을 뵙고 멀어져감이 없게 하고자 회향하며, 온갖 청정한 마음을 완성케 하고자 회향하며 모든 의혹을 제거하게 하고자 회향합니다.

보살은 일체중생으로 하여금 모두 위없는 궁극의 깨달음을 얻고자 하는 마음을 일으키게 하여 그 마음을 길러서 오로지 일체의 지혜를 구하게 합니다.

보살은 집에서 처자와 함께 있어도 잠시라도 깨달음을 구하는 마음을 떠나지 않고, 모든 지혜의 경계를 마음에 떠올려 스스로 깨달음을 지향하며, 다른 사람들도 깨달음으로 인도합니다.

보살은 솔직하고 평등한 마음을 가지고 여러 모습으로 처자·친척 앞에 나타나 방편의 지혜로써 모두 궁극의 해탈을 완성케 하며 함께 살면서도 마음에 집착하는 바가 없습니다.

또 보살은 대비심(大悲心)에 의하여 집에서 행동하고, 대자심(大慈心)에 의하여 처자와 함께 있어도 보살의 청정한 실천에 있어서는 아무런 장애를 받지 않습니다.

이와 같이 보살이 집에 있을 때에는 일체의 지혜의 마음을 가지고 온갖 선을 회향합니다.

이를테면 보살은 옷을 입고 음식을 먹고 걸을 때나 설 때나 앉을 때나 잘 때나 항상 언행에 조심하여 결코 흐트러지는 일이 없습니다. 보살은 이런 생활방식으로 온갖 선을, 최고의 깨달음을 중생에게 회향합니다.

보살은 이렇게 생각합니다.

'과거의 보살은 모두 부처님들을 공경·공양하고, 중생을 해탈케 하고 온갖 선을 행하여 깨달음에 회향했으며, 그리고도 집착함이 없었다. 모든 존재는 불생불멸이므로 어디에도 집착할 데가 없고 파괴될 수도 없으며 진실의 세계에 안주하고 있다고 체득하고 있었다.

이런 과거의 보살 같이 나도 또한 진리를 구하고 진리를 체득하여 모든 것은 환상 같고 번개 같고 물에 비친 달과 같고 거울 속의 그림자 같아서 실체가 없고 공(空)한 줄을 알자. 오직 여래만이 내가 도달해야 할 궁극의 세계다.'

보살은 이렇게 온갖 선을 회향하여 행동과 말과 마음이 청정해지며, 안주해야 할 곳에 안주하여 일체의 존재는 공이며 실체가 없다는 것을 깨닫습니다. 이러하기에 세간을 초월하는 진리를 배워서 마음에 조금도 집착하는 바가 없습니다.

이것이 보살의 '모든 부처님과 평등한 회향'입니다.

불자여, 넷째로 '모든 처소에 이르는 회향'이란 무엇입니까. 보살은 온갖 선을 배울 때, 그 선을 다음과 같이 회향합니다.

'나는 이 선의 힘을 모든 처소에 이르게 하겠다. 이를테면 사물의 실상은 세간에나 중생에나 과거·현재·미래의 삼세에나 이르지 않는 곳이 없듯이 내 선의 힘도 모든 처소에 이르러 두루 모든 부처님의 처소까지 도달하여 그것으로 부처님들을 공양하겠다.'

보살은 부처님들 밑에서 온갖 선을 행하여 일체의 힘을 부처님께 회향합니다. 오직 한마음으로 어지러움이 없고 흔들림이 없으며 집착을 떠난 고요한 마음을 가지고 여러 부처님께 회향합니다.

보살은 막힘이 없는 진리의 등불을 얻어 중생을 가르치고 인도하여 모든 선을 중생에게 회향하면서 생사의 세계를 초월하게 합니다.

보살은 일체중생으로 하여금 모두 무량한 부처님들을 뵙게 하며 온갖 것 중에 안주케 하며 모든 사물에 집착함이 없게 하며 헤아릴 수 없는 모든 세계에 들어가게 하고 또 선의 힘을 회향하여 모든 여래의 신통력 속에 들어가게 하고 그리하여 최고의 깨달음을 완성시킵니다.

보살은 이와 같이 선을 회향해서 일체중생으로 하여금 모든 나라를 정화시키며 부처님의 자유자재한 힘을 얻어 중생들을 가르쳐 인도하고 스스로 모든 세간의 처산의 복전(福田)이 되어 중생을 위해 불법의 보배를 발굴하는 인도자가 됩니다.

보살은 일체 세간을 위해 밝은 등불을 켭니다. 보살이 닦은 하나하나의 선은 법계에 차고 넘쳐서 중생을 지켜주며 일체중생으로 하여금 모두 청정한 공덕을 완성케 합니다.

불자여, 이것이 '모든 처소에 이르는 회향'입니다.

불자여, 다섯째로 '다함이 없는 공덕장(功德藏)의 회향'이란 무엇입니까.

이 보살은 온갖 선을 배움으로써 모든 숙업(宿業)의 장애를 뛰어넘습니다.

보살은 삼세제불과 모든 선(善)의 기쁨을 나누며 과거·현재·미래에 있는 일체중생과도 선의 기쁨을 나눕니다.

온갖 여래를 존중·공경하고, 예배·공양하여 생기는 선

(善), 여러 부처님들의 설법을 듣고 기억하여 그대로 수행함으로써 불가사의한 경계로 들어가는 선, 과거·현재·미래의 모든 부처님들께서 닦으신 다함 없는 선, 모든 보살이 수행하는 선, 모든 부처님이 깨달음을 완성할 때의 최고선, 보살은 이와 같은 일체의 선에 의한 기쁨을 함께 나눕니다.

보살은 삼세 모든 부처님께서 처음으로 깨달음을 지향하는 뜻을 일으키신 후, 여러 보살행을 실천하여 마침내 부처가 되어 열반을 실현하는 사이에 얻는 선을 일체중생에게 회향하여 그 모두와 함께 기쁨을 나눕니다.

보살은 이러한 모든 선을 남김없이 회향합니다.

보살은 온갖 청정한 공덕을 갖추고 지혜를 완성하여 모든 중생의 세계를 인식하고 어리석음을 떠나 해탈의 세계에 들어갑니다. 그리고 부처님을 믿고 불가사의한 법을 기억하고 청정한 승가를 찬탄합니다.

보살은 이와 같이 원만하게 법을 성취하니 그 지혜의 광명은 시방세계를 두루 비춥니다.

그 마음은 깨끗하기 허공과 같으며 일체의 법계를 완전히 인식하고 있습니다.

보살은 또 온갖 불가사의한 삼매에 자유자재로 출입하며 일체의 지혜로 나아가고, 부처님들의 나라에 안주하여 능히 부처님들의 신통력을 분별하며 조금도 두려워하는 바가 없습니다.

보살은 일체 제불, 일체 보살, 일체 정각, 일체 대원, 일체 중생, 일체 세계에 회향하여 항상 여래를 뵙고 법계와 평등해지려고 생각합니다.

이와 같이 보살은 온갖 선을 회향함으로써 모든 세계를 정화하며, 모든 중생의 바다를 정화하며, 모든 부처님으로 하여금 법계에 충만케 하며, 또 여래의 청정한 법신으로 하여금 모든 불국토에 충만케 합니다.

보살은 이와 같이 비길 데 없는 회향으로써 일체의 지혜를 향해 나아가 그 마음의 깨끗하기가 허공과 같으며, 흔들리지 않기가 대지와 같아 온갖 불가사의한 회향으로 늘어갑니다.

보살은 이렇게 온갖 선의 회향을 마친 다음, 다함이 없는 선의 힘을 얻습니다.

보살은 과거·현재·미래의 모든 부처님을 항상 찬탄하여 다함이 없는 선의 힘을 얻고, 모든 부처님의 나라를 정화하여 다함이 없는 선의 힘을 얻고, 중생의 세계를 정화하여 다함이 없는 선의 힘을 얻고, 깊고 넓은 법계에 들어가 다함이 없는 힘을 얻고, 헤아려 알 수 없는 마음을 배우고 정화하여 다함이 없는 선의 힘을 얻고, 일체 모든 부처님의 경계를 이해하여 다함이 없는 선의 힘을 얻습니다.

보살이 이와 같이 회향할 때 그 회향의 위력에 의해 보살의 행위는 뛰어나서 비길 데 없고, 모든 세간도 이를 파괴하지 못하며, 온갖 악마를 항복받아 물러섬이 없는 공덕의 힘을 완전히 성취하여 헤아릴 수 없는 큰 소원은 완전히 채워

집니다.

보살의 마음은 더욱 크고 넓어져서 순간에 무량한 모든 불국토에 갈 수 있으며, 무량한 지혜의 힘을 얻어 빠뜨림 없이 부처님의 경계를 이해하고, 항상 일체의 불법을 보호하여 헤아릴 수 없는 대지에 안주하고 있습니다. 이것이 ‘다함이 없는 공덕장의 회향’입니다.

불자여, 여섯째로 ‘평등에 따르는 공덕의 회향’이란 무엇입니까.

보살이 국왕이 될 때는 백성은 편안하고 부유하며 모든 나라들은 귀순하여 그 명령을 어기는 자가 없습니다.

국왕은 바른 덕으로써 나라를 다스리며 그 덕은 시방에 번져서 군대를 가지고 있지 않아도 천하는 태평해집니다.

보살은 숙업의 장애를 떠나 청정한 몸이 되고, 모든 보시를 행합니다. 이를테면 마실 것, 먹을 것, 의복, 가옥, 약, 기타 갖가지 보배를 보시하는 것입니다.

죄수가 고통받는 것을 보면 보살은 대비심을 일으켜 스스로 감옥을 찾아가 그를 구하고, 또 죄수가 사형장으로 호송되는 것을 보면 스스로 몸을 버려서 그의 목숨을 건집니다.

만약 중생이 희망해오는 것에 대하여서는 부귀빈천을 가리지 않고 모든 것을 보시하여 조금도 아까워하지 않습니다.

보살은 이와 같이 온갖 선을 회향한 다음 이렇게 생각합니다.

'내가 행하는 보시는 집착과 번뇌가 없고, 그 마음은 곧아서 아까워하는 바가 없다. 나는 이런 보시의 공덕의 힘으로 모든 중생으로 하여금 큰 지혜를 얻게 하고 마음에 장애가 없도록 하겠다.'

보살이 마실 것을 보시할 때에는 다음과 같이 회향합니다.

'이 선행에 의해 일체중생으로 하여금 불법의 감로를 마시게 하고 보살도를 완성하고 애욕을 제거하여 항상 대승을 희구하도록 하겠다. 삼매에 의해 마음을 가다듬고 지혜의 바다에 들어가 대법(大法)의 구름을 일으켜 대법의 감로를 비오듯 내리게 하리라.'

보살이 보시하는 음식, 이른바 매운 것·신 것·짠 것·단 것·담백한 것·쓴 것 등의 무한한 음식은 먹어도 싫증이 안 나며 몸을 부드럽게 하고 편안하게 합니다.

그 힘은 온몸에 넘쳐 기력이 강해지고 유쾌한 기분이 되며 눈과 귀 같은 각 기관은 밝고 깨끗해지며 살결은 윤이 나고 어떤 독도 침범하지 못하며 모든 병은 소멸하여 청정한 불법을 즐기게 하여 줍니다.

보살은 이렇게 무량한 음식을 보시할 때 다음과 같이 회향합니다.

'이 선행에 의해 모든 중생으로 하여금 법미(法味)의 깊은 지혜에 안주케 하며, 온갖 맛의 작용을 알게 하며, 법의 구름에서 두루 비오게 하여 법계에 충만케 하며 모든 중생의 몸을 부드럽게 해 주겠다. 다시 모든 중생으로 하여금 무애(無碍)의 맛을 얻게 하며, 지혜의 수레를 타고 불퇴전(不退轉)의 자리에 나아가게 하여 청정한 불법에 안주하게 하겠다.'

보살이 집을 보시할 때는 다음과 같이 회향합니다.

'이 선행에 의해 모든 중생으로 하여금 모두 불국토를 얻게 하며 공덕을 닦아 그 불국토를 장엄케 하며 깊은 삼매의 경지에 안주케 하고 그리고 그 경지에 집착함이 없게 하겠다.'

보살이 약을 보시할 때에는 다음과 같이 회향합니다.

'이 선행에 의해 모든 중생으로 하여금 온갖 장애에서 떠나게 하며, 병든 몸을 버리고 모두 여래의 청정한 법신을 얻게 하며 약의 성능을 좋게 하여 모두 악업의 병을 고치게 하며, 여래의 약을 완성하여 번뇌의 가시를 뽑게 하며, 세상의 모든 치료법을 터득하여 일체의 병을 고치도록 하겠다.'

보살이 온갖 보배의 창고를 열어 보시할 때는 다음과 같이 회향합니다.

'이 선행에 의해 모든 중생으로 하여금 항상 부처님을 뵙고 어리석음을 떠나 정념(正念)에 머물도록 하겠다. 또 모든 중생으로 하여금 부처님의 가르침을 얻어 세계를 밝게 비치게 하며 일체 제불의 보배를 지키도록 하겠다. 또 모든 중생으로 하여금 승가에 의지하여 인색한 마음을 떠나 보시를 행하도록 하겠다. 또 모든 중생으로 하여금 일체를 깨닫는 마음의 보배를 얻어 청정한 보리심에서 물러섬이 없도록 하겠다.'

보살이 감옥의 죄수가 고통받고 있는 모양을 보건대 혹은 결박당하고 얻어맞으며 혹은 어두운 방에 갇혔으며 혹은 손발에 쇠사슬을 차고 피를 흘리며 혹은 굶주리고 목마름을 못 견뎌 바짝 말랐으며 혹은 머리칼이 길어져 몸을 덮었는데 이처럼 한없는 고통을 받건만 아무도 구해주는 사람이 없습니다.

보살은 이와 같이 괴로워하고 있는 사람들을 보면, 재물이나 가족을 버리고 다시 자기 몸까지도 버려서 감옥에 갇힌 사람들을 구합니다. 보살이 감옥에 갇힌 사람들을 구할 때 다음과 같이 회향합니다.

'이 선행에 의해 모든 중생을 애욕의 구속으로부터 해방하며, 또 모든 중생으로 하여금 생사의 흐름을 끊고 지혜의 피안에 이르게 하며, 또 모든 중생으로 하여금 무명(無明)을 제거하고 맑고 청정한 지혜를 얻게 하며, 또 모든 중생으로 하여금 영구히 번뇌를 없애고 장애 없는 지혜를 얻게 하며, 또 모든 중생으로 하여금 청정한 깊은 마음을 얻어 항상 부처님들에 의해 수호되게 하며, 또 모든 중생으로 하여금 집착과 구속이 없는 마음을 얻어 광대하기가 법계와 같고 궁극에 도달하기 허공 같이 되게 하겠다.'

죄수가 호송되어 사형장으로 가는 것을 보면 친하던 사람과 헤어지고 옥졸의 감시를 받는, 그 마음의 고뇌가 몸에 스며옵니다. 어떤 이는 처형대 위에 실리든가 혹은 칼을 받고 혹은 불에 태워지는 등 끝없는 고통을 받습니다.

보살은 이런 모습을 보고 스스로 목숨을 내던져 죄수의 고난을 구합니다. 그리고 이와 같이 생각합니다.

'내 몸을 버려 그 목숨을 대신해 주자. 비록 내 고통이 헤아릴 수 없더라도 고통을 대신 받아 그를 해탈케 해 주자.'

보살은 다시 이렇게 생각합니다.

'이런 고통을 보고도 대신해 주지 않는다면 큰 이익을 잃게 된다. 왜냐하면 나는 오로지 중생을 구하기 위해 보리심을 일으켰기 때문이다. 그러므로 몸을 희생하여 그의 고통을 받아 주자.'

보살은 이와 같이 괴로워하는 사람을 구할 때 다음과 같이 회향합니다.

'이 보살행에 의해 모든 중생으로 하여금 영원히 근심과 슬픔과 고뇌를 떠나게 하며, 또 모든 중생을 온갖 공포에서 구하여 악도를 떠나게 하며, 또 모든 중생으로 하여금 영원한 생명을 얻어 죽음을 초월한 지혜에 이르게 하며, 또 모든 중생으로 하여금 칼과 몽둥이를 버리고 청정한 행위를 닦게 하며, 또 모든 중생으로 하여금 석존과 같이 보리수 밑에 앉아 번뇌의 마군(魔軍)을 항복받게 하며, 또 모든 중생으로 하여금 공포 없는 경지에 이르러 모든 고뇌를 겪고 있는 중생을 지키도록 하겠다.'

진리의 말씀을 보시하는 사람이 있어서, '당신이 만약 몸을 불에 던진다면, 당신에게 법을 들려주리라'고 한다면 보살은 이를 듣고 기쁨에 차서 다음과 같이 말합니다.

'나는 진리의 말씀을 위해서라면 지옥에라도 떨어져 무량한 고뇌를 받겠다. 하물며 인간 세계의 작은 불에 들어가는 것만으로 법을 들을 수 있음에라. 얼마나 다행한 일인가. 정법은 이렇게 얻기 쉽지 않은가. 나는 다행히도 지옥의 무량한 고통을 면하고 작은 불 속에 들어가는 것만으로 정법을 들을 수 있게 되었다. 부디 법을 설해 달라. 나는 불 속에 뛰어들겠다.'

보살은 기꺼이 불에 들어가 다음과 같이 회향합니다.

'모든 중생으로 하여금 온갖 악도의 불을 제거하여 즐거움을 받게 하며, 또 모든 중생으로 하여금 항상 법을 희구하여 보살의 마음을 얻어서 법을 체득하게 하며, 또 모든 중생으로 하여금 보살의 마음을 얻어 탐욕과 성냄과 어리석음의 불을 끄게 하며, 또 모든 중생으로 하여금 보살의 삼매를 얻어 널리 여러 부처님을 뵙고 크게 기쁜 마음을 얻도록 하겠다.'

보살이 정원이나 동산을 보시할 땐, 이렇게 생각합니다.

'나는 모든 중생들을 위해 스스로 진리의 숲이 되겠다. 나는 모든 중생들을 위해 즐거운 처소를 보여 주겠다. 나는 모든 중생들을 위해 청정한 진리의 문을 열어 미혹의 세계에서 벗어나게 하겠다.'

보살은 이와 같이 정원이나 동산을 보시하고 모든 중생에게 다음과 같이 회향합니다.

'모든 중생으로 하여금 뛰어난 공덕을 얻어 마침내는 더 없는 깨달음의 마음을 완성케 하며, 모든 중생으로 하여금 항상 진리의 숲을 원하고 부처님 나라의 동산을 얻게 하며, 모든 중생으로 하여금 여래의 자유자재한 활동을 동경하여 두루 시방에 놀도록 하겠다.'

보살은 이와 같이 회향할 때 안에도 집착하지 않고 밖에도 집착하지 않고 환경에도 집착하지 않고 마음의 작용에도 집착하지 않고 인연에도 집착하지 않습니다. 따라서 보살은 어떤 것에도 구속받지 않습니다.

왜냐하면 모든 존재는 생기는 일도 없고 멸하는 일도 없고 스스로의 실체도 없으며 선도 없고 악도 없고 고요함도 없고 어지러움도 없으며 하나라든가 둘이라고 하는 것도 없는 까닭입니다.

보살이 이런 진리를 깨닫고 보면 사실 그런 진리도 역시 존재하지 않습니다. 왜냐하면 모든 것은 언어로 나타낼 수 없으며 꿈과 같고, 음향과 같고, 거울 속의 그림자와 같고, 그러면서도 인연과 숙업을 어기지 않는 까닭입니다.

깊은 숙업 속에 들어가 인생의 진실을 깨달으면 털끝만큼의 수행도, 활동도 없으면서 숙업과 수행의 길이 틀림 없음을 알게 됩니다.

회향이란 무엇입니까. 고뇌로 가득찬 생사의 피안에 건너가기 때문에 회향이라 하며, 오온(五蘊)의 피안에 건너가기 때문에 회향이라 하고, 언어의 세계의 피안에 건너가기 때문에 회향이라 하며, 중생의 모습의 피안에 건너가기 때문에 회향이라 합니다.

보살은 이와 같이 회향하고 나서 모든 중생으로 하여금 부처님의 진리를 얻게 하고 또 부처님을 뵙게 하며 진리에 있어서 어김이 없고 잃음이 없으며 그리고도 부처님의 힘을 얻어 활동을 쉬지 않습니다. 이것이 '평등에 따르는 공덕의 회향'입니다.

불자여, 일곱째로 '평등하게 일체 중생을 따르는 회향'이란 무엇입니까.

보살은 헤아릴 수 없는 온갖 선을 실천하여 중생을 성숙시키고 마침내는 중생의 깨달음을 완성케 하여 영원히 부정한 마음을 떠나 일체제불의 가르침을 받아들이는 그릇이 됩니다.

보살은 두루 일체 중생을 위해 복덕의 밭이 되며 온갖 선을 낳아 그를 성숙시키며 자유자재한 힘을 얻어 일체 제불을 공양합니다.

보살은 모든 여래의 힘을 궁극까지 추구하며 하늘에 태어나기를 바라지 않으며 온갖 수행에 집착하지 않으며 생사 속에서 중생을 구해내되 중생에도 집착하지 않고 세상에도 의지하지 않으며 일체의 지혜의 문을 엽니다.

보살은 다음과 같이 생각합니다.

'나는 미래제가 다하도록 보살행을 닦겠다. 그리고 온갖 선을 남김없이 일체 중생에게 회향하겠다.'

또 보살은 다음과 같이 생각합니다.

'나는 헤아릴 수 없는 보시를 행할 때, 집착 없는 마음, 속박 없는 마음, 큰 마음, 깊은 마음, 애증(愛憎)을 떠난 마음, 지혜의 광명으로 충만한 마음으로써 하겠다.'

보살은 또 생각생각마다 다음과 같이 회향합니다.

'모든 중생으로 하여금 다함이 없는 공덕의 보물창고를 갖추게 하며, 일체 제불을 뵙게 하며, 모두 청정하고 평등한 마음을 얻게 하며, 부드러운 보시의 마음을 얻게 하며, 미래제가 다하도록 보시를 하게 하며, 깨뜨려짐이 없는 정직한 마음을 갖게 하며, 평등한 지혜를 얻어 온갖 것을 관찰케 하며, 모두 보살의 불퇴전의 힘을 얻어 평등히 만족케 하겠다.'

이와 같이 보살은 대비심을 가지고 중생을 불쌍히 여겨 평등한 마음의 회향을 완성합니다. 일체 중생으로 하여금 항상 편안케 하며 궁극의 해탈을 얻게 하고 장애 없는 마음의 눈과 자유자재한 신통력을 얻어 중생을 가르치고 인도합니다.

보살은 이렇게 온갖 선을 회향할 때, 숙업에 집착하지 않고 회향하며 중생에 집착하지 않고 회향하며 또 중생을 떠나지 않고 회향합니다.

보살은 이렇게 회향할 때 다음과 같이 생각합니다.

'모든 중생으로 하여금 부처님의 지혜를 만족하게 얻고, 청정한 몸을 얻어 고요한 마음으로 삼세 제불의 집에 태어날 수 있게 하겠다.'

보살은 이같이 회향을 행해서 평등한 숙업을 얻으며, 평등한 과보를 얻으며, 평등한 도(道), 평등한 원, 평등한 일체지(一切智), 평등한 일체행(一切行)을 얻어 이것으로 일체 중생을 완성시킬 수가 있습니다. 이것이 '평등하게 일체 중생에게 따르는 회향'입니다.

불자여, 여덟째로 '진여(眞如)의 실상에 회향한다는 것'은 무엇입니까.

불자여, 보살은 지혜를 완성하여 부동의 세계에 안주합니다. 모든 경계에 있어서 불퇴전이요, 두려움이 없는 대승의 용맹심을 얻습니다.

보살은 다함이 없는 온갖 선을 닦고 일체 제불의 청정한 법을 염하면서 갖가지 방편으로 중생에게 회향합니다.

보살은 이같은 온갖 선을 닦아 오로지 일체의 지혜가 둘이 아닌 경계를 관찰합니다.

보살은 이와 같은 온갖 선을 중생에게 회향하여 장애가 없는 몸을 성취하고 장애가 없는 마음의 작용을 갖추어 중생으로 하여금 대승의 세계에 안주케 하려고 합니다.

보살은 자유자재한 마음을 얻어 모든 존재를 비치며 깨뜨려짐이 없는 마음을 얻어 일체의 지혜를 갖추며 삼세의 일체 제불을 염하여 완전히 염불삼매를 체득할 수 있습니다.

보살은 두루 모든 세계에 놀되 조금도 집착하지 않으며, 모든 세계에 안주하되 조금도 싫증을 내지 않으며, 일체중생을 가르쳐 인도하되 일찍이 휴식한 일이 없습니다.

보살은 한 순간에 모든 부처님의 나라를 정화하며, 모든 지혜에 있어서 자유로울 수 있으며, 한 나라에 있어서 모든 나라를 보며, 깨뜨려짐이 없는 지혜를 완성하여 모든 나라를 지탱합니다.

보살은 다음과 같이 회향합니다.

'온갖 선과 온갖 원을 닦아 마치 큰 구름이 비를 내리듯이 모든 중생으로 하여금 청정케 하며, 온갖 장애를 떠나 청정한 법계에 안주케 하며, 노여움을 떠나 드디어는 일체의 지혜를 성취하게 하겠다.'

보살은 온갖 선을 육성하여 항상 선지식으로 불리워지고, 여래의 지혜에 의해 그 마음이 밝게 비춰져서 무명을 제거하며, 온갖 선의 대해(大海) 속까지 들어가 지혜를 성취합니다.

보살은 이와 같이 온갖 선을 회향하되 중생에 집착하지 않고, 국토에 집착하지 않고, 마음에 집착하지 않고, 고요히 가라앉아 있어서 조금도 어지러워짐이 없고, 여래의 도리에 수순하여 널리 세계를 비추고 있습니다.

보살은 두려움이 없는 마음으로 온갖 선을 모든 부처님께 회향하며, 헤아릴 수 없는 마음으로 온갖 선을 모든 부처님께 회향하며, 무아(無我)의 마음으로 온갖 선을 시방세계에 회향하되 조금도 집착함이 없습니다.

보살은 모든 중생으로 하여금 모든 존재를 이해하게 하고자 회향하며, 모든 존재는 자성(自性)이 없다고 회향하며, 부처님들의 법에서 물러섬이 없고자 회향하며, 모든 중생을 안주케 하고자 회향합니다.

보살은 미래세가 다하도록 불법을 따르겠다고 회향하며, 모든 세상의 거주지를 떠나 궁극의 거주지에 안주하려고 회향하며, 모든 번뇌를 타파하려고 회향하며, 모든 보살도를 행해서 싫증이 없게 하기 위해 회향합니다.

보살은 모든 중생으로 하여금 정직한 마음을 잃지 않게 하고자 회향하며, 모든 중생으로 하여금 큰 지혜의 광명으로 두루 일체를 비추게 하고자 회향합니다.

보살은 미래세가 다하도록 청정한 보살행을 배우고 닦아 무량한 대원을 성취케 하고자 회향하며, 모든 중생으로 하여금 순간에 일체 제불을 뵈오며, 그러면서도 일찍이 순간도 떨어짐이 없게 하고자 회향합니다.

보살은 새롭게, 거듭 새롭게 보리심을 일으켜서 원컨대 미혹에서 오는 생사를 제거하여 중생을 청정하게 하려고 회향하며, 완전히 번뇌를 제거하여 일체의 지혜를 만족케 하고자 회향합니다.

보살이 이렇게 회향할 때 보살은 모든 부처님의 나라와

평등하게 회향합니다. 왜냐하면 보살은 모든 세계를 정화하는 까닭입니다. 또 모든 세간과도 평등합니다. 왜냐하면 세간을 향해 깨뜨려짐이 없는 청정한 불법을 설하는 까닭입니다. 또 신통력의 자재함도 부처님들과 평등합니다. 왜냐하면 세간에 수순(隨順)하여 부처님의 활동을 나타내는 까닭입니다. 이것이 '진여의 실상에 회향'하는 것입니다.

불자여, 아홉째로 '속박도 집착도 없는 해탈의 회향'이란 무엇입니까.

이 보살은 모든 선에 있어서 경박한 마음을 내지 않습니다. 이를테면 생사의 해탈을 가벼이 여기지 않는 마음, 오로지 온갖 선을 구하기를 가벼이 여기지 않는 마음, 부처님을 예배하기를 가벼이 여기지 않는 마음 등입니다.

보살은 항상 온갖 선을 닦아 그 선에 안주하며, 그 선에 마음을 쓰며, 그 선을 육성하고 그러면서도 그 선에 집착하지 않습니다.

보살은 속박도 집착도 없는 해탈심을 가지고 온갖 선을 회향하고, 보현보살과 같은 행위와 변재(辯才)와 마음의 작용을 갖추고 있습니다.

또 보현보살과 같이 모든 부처님들을 뵈올 수 있으며, 무량한 진리를 전하며 자유자재한 신통력을 나타냅니다.

보살은 속박도 집착도 없는 해탈심을 가지고 보현보살과 같이 순간순간 속에서도 무량한 부처님을 뵙고, 그 설법을 들어 결코 잊는 일이 없습니다.

보살은 속박도 집착도 없는 해탈심을 가지고 보현보살과 같이 미래 영겁에 걸쳐 온갖 세계에서 진리를 전파하고 있습니다.

보살은 속박도 집착도 없는 해탈심을 가지고 궁극의 깨달음을 완성하여 현실 세계에 나타나 한 광명으로 모든 세계를 비추며 헤아릴 수 없는 지혜로써 항상 보현보살의 행을 수행하고 있습니다.

보살은 속박도 집착도 없는 해탈심을 가지고 모든 부처님의 장애 없는 법신을 얻어 부처님의 경지에 안주하며, 자유자재한 대승의 활동을 일으켜 온갖 중생을 위없는 궁극의 깨달음으로 향하게 하여 보현보살의 행과 원에 회향합니다.

보살은 속박도 집착도 없는 해탈심을 가지고 여래의 집에 태어나 보살행을 수행함으로써 무량하고 불가사의한 진리를 체득하고, 무량한 대원은 빠짐없이 완성하여 보현보살의 행을 따라 지혜의 세계를 다함 없이 탐구합니다.

보살은 속박도 집착도 없는 해탈심을 가지고 무한한 시간을 한 순간으로 만들며 일체 중생의 무수한 생각을 한 순간에 이해하며 무량한 여러 몸을 한 몸 속에 섭취하여 보현보살의 깊은 마음의 세계에 들어갑니다.

보살은 속박도 집착도 없는 마음을 가지고 한 처소에서 무량한 여러 처소를 인식하며 한 업(業)에서 무량한 여러 업과 연기(緣起)⁵⁷'를 분별하며 한 법에서 모든 법을 알며 한 마디 말에서 무량의 음성이 마치 음향 같은 줄 알며 한 진리 속에서 무수한 진리를 전파합니다.

이와 같이 보살은 순간순간 속에서 뛰어난 법신을 육성하고, 미래 영겁에 걸쳐 모든 세계의 모든 부처님 밑에서 허공 같은 보살행을 수련하여 보현보살의 경지에 안주합니다.

보살이 이렇게 회향할 때, 그것은 삼세제불과 여러 보살의 회향과 평등하여 그 회향을 완성해서 거기에 안주할 수 있습니다.

보살이 이 회향에 안주하여 일체의 선을 회향하면 보살은 일체 중생 중 가장 훌륭한 자가 되어 어떤 악마라도 보살의 마음을 방해할 수 없게 됩니다.

그뿐 아니라 도리어 악마의 활동을 항복받고 없애며 두루 모든 세계에 나타나 중생을 위해서 부처님들의 법을 설하고 일상의 모든 행동에 있어서 항상 보살의 의무를 다하여 잠시도 쉬는 일이 없습니다.

이것이 '속박도 집착도 없는 해탈의 회향'입니다.

불자여, 열째로 '한량없는 법계의 회향'이란 무엇입니까.

보살은 대자비를 완성하여 중생의 마음을 깨달음으로 향하게 하고 중생을 위해 활동함에 잠시도 쉬는 일이 없습니다.

보살은 보리심을 가지고 온갖 선을 닦아 모든 중생을 위해 지도자가 되어 지혜의 길을 보여주며, 모든 중생을 위해 진리의 태양이 되어 두루 일체의 국토를 비추고, 모든 중생으로 하여금 선을 행하게 하여 잠시도 쉬는 일이 없습니다.

보살은 부처님께서 설하시는 진리를 듣고 분별하여 다시 그것을 중생에게 설법함으로써 다음과 같이 회향합니다.

'나는 마음을 오로지하여 무량무변한 세계의 삼세제불을 바로 염원하여 보살의 의무를 행하겠다.

나는 한 세계에서 한 중생을 위해 미래 영겁에 걸쳐 보살의 의무를 행하겠다.

나는 모든 세계에서 모든 중생을 위해 미래 영겁에 걸쳐 보살의 의무를 행하겠다. 그리고 부처님과 보살이 떨어지지 않도록 하겠다.'

이를 위해 보살은 항상 현재의 모든 부처님을 뵙고 일찍이 한 부처님으로부터도 떠난 적이 없습니다.

보살은 스스로 정직한 마음을 가지며 또 다른 사람으로 하여금 정직한 마음을 가지게 합니다.

보살은 스스로 무엇에나 인내하고, 온갖 선에 의해 그 마음을 가다듬으며 또 다른 사람으로 하여금 무엇에나 인내하고, 온갖 선에 의해 그 마음을 가다듬게 합니다.

보살은 스스로 온갖 의혹을 떠나며 또 다른 사람으로 하여금 온갖 의혹에서 벗어나게 합니다.

보살은 스스로 기쁜 신심(信心)을 얻으며, 또 다른 사람으로 하여금 기쁜 신심을 얻게 합니다.

보살은 이같이 온갖 선을 회향합니다.

'무량무변한 모든 부처님을 뵙고, 무량무변한 모든 중생을 가르쳐 인도하고, 무량무변한 모든 불국토를 정화하고, 무량무변한 보살의 온갖 지혜를 얻고, 무량무변한 온갖 선을 체득하겠다.'

또 보살은 온갖 선을 다음과 같이 회향합니다.

'진리의 세계가 무량하듯 지혜 또한 무량하다.

진리의 세계가 무량하듯 뵈옵는 부처님들도 또한 무량하다.

진리의 세계가 무량하듯 불국토에 들어가는 것도 또한 무량하다.

진리의 세계가 무량하듯 보살의 행(行)도 또한 무량하다.

진리의 세계는 끊을 수가 없듯 일체의 지혜도 또한 끊을 수가 없다.

진리의 세계가 한결같듯이 일체의 지혜도 또한 한결같다.

진리의 세계가 스스로 청정하듯 일체 중생도 또한 스스로 청정하게 한다.'

보살은 이와 같이 회향함으로써 진리의 세계는 주체가 없음을 깨닫고, 진리의 세계는 그 자신의 본성이 없으며 의지할 근거가 없음을 깨닫고, 진리의 세계는 적정하여 모든 형상을 떠났음을 깨닫는 것입니다.

또 보살은 온갖 선을 다음과 같이 회향합니다.

'모든 불국토를 청정케 하고, 한 불국토에 모든 불국토가 나타나게 하고, 모든 불국토에도 그와 같이 되게 하겠다.'

이와 같이 보살이 온갖 선을 회향하는 것은 그 선을 육성하기 위함이며, 불국토를 정화하기 위함입니다. 또 모든 중생으로 하여금 청정하고 평등하게 하며, 성내는 마음을 떠나게 하며, 깊고 깊은 불법을 체득케 하며, 다함이 없는 지혜를 얻어 부처님들의 지혜에 이르게 하기 위함입니다.

보살은 또 다음과 같이 생각합니다.

'이 온갖 선에 의해 모든 중생으로 하여금 보살행을 닦아 무량한 진리의 바다에 들어가게 하고, 진리의 바다와 평등하고 청정한 지혜를 가지고 두루 모는 세계를 비추게 하겠다.'

보살은 진리의 세계에 안주하는 온갖 선을 회향하고 무량한 몸의 행위, 무량한 입의 변설, 무량한 마음의 작용을 각기 진리의 세계에 회향합니다.

보살이 이렇게 회향할 때 진리의 세계와 같은 무량 청정한 몸의 행위에 안주하고, 입의 변설에 안주하고 마음의 작용에 안주합니다.

보살은 이와 같이 모든 선을 다 회향하고 나서 보현보살의 무량무변한 모든 행과 원을 성취하고, 무량무변한 모든 불국토를 정화하며, 또 모든 중생으로 하여금 보살과 같아지게 합니다.

보살은 무량무변한 지혜를 완성하여 모든 사물 속에 깊이 들어가 생각생각마다 무량무변한 온갖 세계의 부처님들을 나타내어 무량무변한 부처님들의 자유자재를 얻습니다.

보살은 생각생각마다 삼세 제불의 청정한 지혜를 완성하여 모든 중생으로 하여금 다 청정케 하고, 평등의 관찰을 체득하여 결정적인 지혜를 가지고 마침내 열반의 세계에 이릅니다."

그때 부처님의 신통력으로 말미암아 일체 시방세계는 여섯 가지 모양으로 진동했다.

하늘로부터는 꽃과 화만과 옷과 보배와 불가사의한 음악의 꽃이 쏟아졌다.

수많은 여러 신들이 공경·예배하고 환희하여 부처님을 염원하면서 미묘한 음악을 연주하여 부처님을 공양하고 광대무변한 광명을 발해 모든 불국토를 비춰서 무량한 부처님의 화신(化身)을 나타냈다.

그때 시방세계의 불국토에 무량무변한 보살이 있어서 부처님의 신통력을 힘입고 모두 구름처럼 모여 와 다음과 같이 말했다.

"얼마나 훌륭한 일인가. 불자여, 그대는 이 온갖 대회향에 대해 잘 설해 주셨습니다.

우리들은 모두 같은 이름으로서 금강당이라 하며, 금강광세계(金剛光世界)의 금강당 부처님 처소로부터 이 국토에 왔습니다.

저 온갖 세계에서도 부처님의 신통력으로 말미암아 같은 진리가 설해지고 있습니다.

우리들은 부처님의 신통력을 받아 저 국토로부터 왔거니
와 그대를 위해 증명하겠습니다.”

그때 금강당보살은 부처님의 신통력을 받아 시방세계의
온갖 사물을 관찰하고 무량 광대한 마음을 수련하여 위없는
대비(大悲)로써 모든 중생을 뒤덮었으며, 그 마음은 삼세 일
체의 부처님의 세계에 안주하여 일체 중생의 바라는 바를
모두 알고 법신에 따라 보살신을 나타냈다.

제22장 십지품
(十地品)

　그때 부처님께서는 타화자재천왕궁(他化自在天王宮)의 마니보전(摩尼寶殿)에서 큰 보살들과 함께 계셨다.

　그 보살들은 모두 최고의 바른 깨달음에서 물러나지 않는 이들로서 다른 세계로부터 모여 왔다.

　그들은 모든 보살의 지혜로 다니는 곳마다 자재를 얻었고, 모든 부처님의 지혜로 들어가는 곳마다 일체 세간을 잘 교화하며, 찰나찰나 사이에 모든 일을 두루 나타내 보이고, 모든 보살의 소원을 갖춰 세간의 모든 겁, 모든 국토에서 항상 보살행을 닦았다.

　그리하여 보살의 복덕과 지혜를 완전히 갖추어 다함이 없고 일체 중생을 이롭게 하며, 일체 보살의 지혜와 방편으로 저 언덕에 이르렀고, 중생들로 하여금 탐욕의 길을 등지고 열반의 문으로 향하게 하며, 모든 보살의 행을 끊지 않고 모든 보살의 선정과 해탈과 삼매를 잘 얻어서 신통과 밝은 지혜로 모든 일을 잘 나타내 보이며, 시방의 모든 부처님의 모임에 가서 부처님께 설법을 청하여 그 법륜을 받들어 지녔다.

언제나 큰 마음으로 모든 부처님께 공양하고 항상 모든 큰 보살들의 행하는 바를 닦아 익히며 그 몸은 한량없는 세계에 두루 나타나고 그 음성은 두루 들려 이르지 않는 곳이 없으며, 그 마음은 탁 트이어 삼세를 환히 보고 모든 보살의 온갖 공덕을 다 닦아 익혔다.

그러므로 모든 보살 마하살의 공덕은 무량무변하여 무수한 겁이 흘러도 다 말할 수 없었다.

그들의 이름은 금강장보살·보장보살·연화장보살·덕장보살·일장보살·월장보살·묘덕장보살·여래장보살·불덕장보살·해탈월보살 등 헤아릴 수 없는 많은 보살들이 있었다. 그 중에서도 금강장보살이 가장 으뜸이었다.

그때 금강장보살 마하살이 부처님의 위신력을 받들어 보살의 큰 지혜광명 삼매에 들었다.

그때 시방세계의 한 쪽으로 십억 부처님 국토의 티끌 수 같은 세계를 지나 십억 티끌 수 같은 부처님이 모두 함께 그 몸을 나타내시니 그 이름은 모두 금강장이었다. 또 시방세계에서도 그와 같으니 그 부처님들은 모두 같은 음성으로 금강장보살을 찬탄하셨다.

"훌륭하고 훌륭하도다, 금강장이여, 그대는 보살의 큰 지혜광명 삼매에 들었구나. 그것은 시방세계의 티끌 수 같은 부처님이 다 같은 이름으로 그대에게 위신력을 더한 것이니 이른바 비로자나 부처님의 본래 원력 때문이며 그대에게 큰 지혜가 있기 때문이다.

또 그것은 모든 보살에게 불가사의한 모든 불법의 광명을 펴기 위한 것이니 이른바 지혜의 자리에 들게 하려는 것이며, 일체 선근을 포섭하게 하려는 것이며, 일체 불법을 잘 분별하게 하려는 것이며, 법의 지혜를 넓히게 하려는 것이며, 분별 없는 지혜로 잘 분별하게 하려는 것이며, 일체 세간법이 물들이지 못하게 하려는 것이며, 출세간의 선근을 청정하게 하려는 것이며, 불가사의한 지혜의 힘을 얻게 하려는 것이다.

또 그것은 이른바 보살 십지(十地)의 차별을 여실히 말하게 하려는 것이며, 보살 십지에 편히 머물게 하려는 것이며, 번뇌 없는 법을 분별해 말하게 하려는 것이며, 큰 지혜 광명으로 잘 분별해 스스로 장엄하게 하려는 것이며, 원만한 지혜의 문에 들게 하려는 것이며, 걸림 없는 변재의 광명을 얻게 하려는 것이며, 걸림 없는 큰 지혜 자리를 모두 갖추게 하려는 것이며, 보살의 마음을 잃지 않게 하려는 것이며, 모든 중생의 세계를 교화해 성숙시키게 하려는 것이니라.

금강장이여, 그대는 이 법문의 차별을 말해야 할 것이니 그것은 모든 부처님의 신력을 위해서이며, 그대의 선근을 청정하게 하기 위해서이며, 법계를 청정하게 하기 위해서이며, 중생을 이롭게 하기 위해서이며, 일체 세간의 길을 뛰어

나기 위해서이며, 세간을 뛰어난 선근을 깨끗하게 하기 위
해서이다.”

그리고 곧 시방의 여러 부처님은 금강장에게 진실하고 위
없는 궁극의 깨달음을 주고 걸림 없이 잘 말하는 변재를 주
며, 잘 분별하는 청정한 지혜를 주고, 잘 기억하여 잊지 않
는 힘을 주며, 잘 결정하는 지혜를 주고 어디든 갈 수 있는
지혜를 주며, 모든 부처님의 무너지지 않는 힘을 주고, 모든
부처님의 두려움 없음을 주며, 모든 부처님의 모든 법을 잘
분별하고 법문을 잘 아는 걸림 없는 지혜를 주고, 모든 부처
님의 가장 묘한 몸과 입과 뜻의 업을 주었다.

그때 시방의 모든 부처님이 다 오른손을 펴서 금강장보살
의 머리를 어루만지셨다. 금강장 보살은 곧 삼매에서 일어
나 여러 보살들에게 말하였다.

“불자들이여, 이 모든 보살의 서원은 잘 결정되어 허물도
없고 부술 수도 없으며, 광대하기는 법계와 같고 끝이 없기
는 허공과 같아 모든 부처님 세계의 중생들을 두루 덮습니
다. 그것은 일체 세간을 구제하기 위해서요, 모든 부처님들
의 신력의 보호를 받기 위해서입니다.

왜냐하면 모든 보살 마하살은 과거 모든 부처님의 지혜의
자리에 들어갔고 또 미래와 현재의 모든 부처님의 지혜의
자리에 들어갔고 또 들어갈 것이기 때문입니다.

어떤 것이 보살 마하살의 지혜의 자리인가. 보살 마하살
의 지혜의 자리에는 열 가지가 있으니 과거 · 현재 · 미래의

모든 부처님이 이미 말씀하셨고 장차 말씀하실 것이요, 또
지금 말씀하시는 것입니다. 그러므로 그 자리를 위해 나도
이렇게 말하는 것입니다.

그 열 가지란 첫째는 환희지(歡喜地)이며, 둘째는 이구지
(離垢地)이며, 셋째는 발광지(發光地)이며, 넷째는 염혜지(焰
慧地)이며, 다섯째는 난승지(難勝地)이며, 여섯째는 현전지
(現前地)이며, 일곱째는 원행지(遠行地)이며, 여덟째는 부동
지(不動地)이며, 아홉째는 선혜지(善慧地)이며, 열째는 법운
지(法雲地)입니다.

이 십지(十地)는 삼세의 모든 부처님이 이미 말씀하셨고
지금도 말씀하시며 또 장차 말씀하실 것입니다. 나는 모든
부처님의 국토에서 이 십지를 말하지 않는 이를 보지 못했
습니다.

왜냐하면 이 십지는 보살이 수행하는 최상의 미묘한 진리
이며, 최상의 밝고 깨끗한 법문으로서 이른바 십지의 일을
분별하는 것이기 때문입니다.

불자들이여, 이 일은 불가사의한 것이니, 이른바 보살의
모든 자리〔地〕의 지혜를 따르기 때문입니다.”

금강장보살은 십지의 이름을 설명한 뒤에 다시는 분별하
지 않고 잠자코 있었다.

그때 모든 보살은 십지의 이름을 듣고는 모두 그 진리에
대해서 듣고자 바라면서 이렇게 생각했다.

‘무엇 때문에 금강장보살은 십지의 이름만을 말하고 잠자

코 있는가.'

그때 금강장보살이 다시 자리에서 일어나 십지에 대하여
설명했다.

"불자들이여, 초지인 환희지(歡喜地)에 들어가자마자, 보
살은 범부지(凡夫地)를 초월한 자가 되며, 보살의 확정된 자
리에 들어가며, 여래의 집에 태어나며, 깨달음을 궁극의 목
적으로 해서 미래의 혈통에 속하는 자가 됩니다.

불자여! 그래서 환희지에 들어간 보살은 많은 환희가 있
게 됩니다. 그는 환희의 보살지에 들어가자마자, 곧 이러한
서원을 세웁니다.

'모든 부처님을 공양하고 공경하기 위해, 모든 뛰어난 모
습을 갖추고 뛰어난 확신에 의해 마음을 청정히 하겠다.

모든 여래께서 설하신 진리의 눈을 수지(受持)하고, 그 가
르침을 지켜 가겠다.

여러 부처님들이 세상에 나오시는 온갖 세계에서 갖가지
보살의 생존의 모습을 나타내겠다.

모든 보살의 십지에 이르는 길을 있는 대로 가르치며 바
라밀의 청정한 가르침을 설하며, 보시에 의해 이룩된 발심
을 하겠다.

모든 중생계를 성숙시키기 위해 불법에 들어가고, 모든
미혹을 끊으며 전지자의 지혜에 안주하게 하기 위해 모든
중생계의 성숙에 힘쓰겠다.

넓고 좁고 크고 작은 모든 곳에 두루 들어가, 제석천의 그

물 같이 시방의 온갖 분별에 들어가는 지혜를 얻겠다.

모든 국토가 한 국토에 들어가고, 한 국토가 모든 국토에
두루 들어가, 무량한 불국토의 광명으로 장식되며, 모든 번
뇌를 떠나 청정한 도에 도달하며, 헤아릴 수 없는 지혜로 중
생을 채워 주겠다.

어떠한 대가도 바람도 없는 선근(善根)을 닦기 위해, 여러
부처·보살과 떨어짐이 없기 위해, 궁극에 도달한 초자연적
인 능력을 얻기 위해, 불가사의한 대승의 진리를 갖추도록
하겠다.

물러섬이 없는 보살행을 하기 위해, 신(身)·구(口)·의
(意)의 활동이 헛되지 않게 하기 위해, 번뇌를 제거하기 위
해 활동을 게을리하지 않겠다.

모든 세계에서 더없는 깨달음을 얻기 위해, 또 온갖 중생
의 경계 안에서 위대하고 완전한 열반을 나타내 보이기 위
해, 또 부처님의 위대한 경계·위신력(威神力)·지혜에 도
달하기 위해, 또 중생의 소원에 응해 그때그때에 알맞은 분
별과 편안을 나타내기 위하여, 대지(大智)의 활동을 계속하
겠다.'

불자들이여, 제1의 보살지에서 아주 청정한 수행을 한 보
살은 제2의 보살지인 이구지(離垢地)를 원하게 됩니다. 그에
게는 열 가지 마음가짐이 일어납니다. 열 가지 마음가짐이
란 무엇입니까.

즉, 정직·유연(柔軟)·근면·교화·정적·진실·잡란되지 않는 것·돌아보지 않는 것·큰 마음가짐이 그것입니다.

그러기에 더러움을 떠났다[離垢]라는 제2의 보살지에 들어간 것이 됩니다.

불자여, '이구'라는 보살지에 든 보살은 본래 열 가지 선한 행위의 길[十善業道]을 갖춘 구도자입니다.

열 가지 선한 행위의 길이란 무엇입니까.

그는 살아있는 목숨을 해치는 것으로부터 떠납니다.

그는 주어지지 않은 것을 훔치는 일에서 떠납니다.

그는 욕정에 사로잡힌 행위에서 떠납니다.

그는 거짓말에서 떠납니다.

그는 이 말 하고 저 말 하는 일에서 떠납니다.

그는 욕설에서 떠납니다.

그는 야유하는 말에서 떠납니다.

그는 탐욕이 없는 자가 됩니다.

그는 성내지 않는 자가 됩니다.

그는 바른 견해를 가진 자가 됩니다.

또한 그는 중생을 관찰한 끝에 다음과 같이 생각합니다.

'아, 그들 중생은 악한 견해에 떨어지고, 지혜도 악하며 뜻도 악하다.

아, 그들 중생은 사이좋게 못 지내고 서로 배반하여 항상 증오하고 있다.

아, 그들 중생은 만족할 줄 몰라서 남이 얻은 것을 가지고 싶어한다.

아, 그들 중생은 욕심[貪]·성냄[瞋]·어리석음[痴]에 사로잡혀서 여러 가지 번뇌의 불꽃 속에 타고 있다.

아, 그들 중생은 큰 어리석음[無明]에 덮여서 깨달음의 지혜의 광명과는 멀리 떨어져 있다.

아, 그들 중생은 항상 큰 윤회의 숲을 헤매어 언제나 불안에 떨고 있다.

아, 그들 중생은 정욕과 무지의 흐름 속에 떨어지고, 윤회의 물결에 표류하여 갈망의 기슭에 도달한다.

아, 그들 중생은 많은 고뇌와 근심과 불안을 수반하고 탐욕에 의해 방해받는다.

아, 그들 중생은 자기와 자기 소유라는 관념에 사로잡혀 있다.

아, 그들 중생은 보잘것 없는 것을 믿고 대승에 귀의하려 하지 않는다.'

불자여, 제2의 보살지에서 마음이 청정해진 보살은 제3의 보살지인 발광지(發光地)로 들어갑니다.

불자여, 이 보살은 제3의 보살지에 머물면서 모든 존재가 무상함을 있는 그대로 관찰합니다. 또 그것이 고뇌요, 깨끗지 못한 것임을 관찰합니다.

이렇게 하여 모든 존재를 관찰하면 그것들은 반려가 없고, 편이 없고, 모든 근심과 슬픔, 고뇌가 없어 그의 마음은 여래의 지혜 쪽으로 돌아가게 됩니다. 그는 여래의 지혜가 불가사의하며, 비할 데 없으며, 무량함을 잘 관찰합니다.

이리하여 그는 중생계의 많은 고난을 잘 관찰하면서 다음과 같은 노력을 일으킵니다.

'이들 중생은 마땅히 나에 의해서 구제되어야 한다.'

그는 중생을 구제하고자 하여 다음과 같이 관찰합니다.

'어떠한 방편으로 저토록 고뇌에 싸인 중생들을 구원하며, 궁극의 안락처인 열반에 안주시켜야 하는가.'

또한 보살은 이렇게 생각합니다.

'그것은 자유로운 지혜에서 생기는 깨달음을 얻는 수밖에 없다.'

그러므로 그는 더욱 진리의 가르침을 듣고자 원합니다. 주야로 진리의 가르침에 대해서 듣기를 원하며, 진리를 사랑하며, 진리를 기뻐합니다.

그는 처음으로 듣는 진리의 말씀에 접하면 기뻐하지만, 삼천대천세계에 가득찬 보배를 얻어도 기뻐하지 않습니다.

그는 잘 설해진 한 시구를 들으면 기뻐하지만 전륜성왕의 지위를 얻어도 기뻐하지 않습니다.

그는 사섭사(四攝事)[58]의 실천 가운데 중생을 이롭게 하는 실천[利行攝]이 가장 뛰어나며, 십바라밀 중에서는 인욕바라밀이 가장 뛰어납니다.

불자여, 제3의 보살지에서 청정한 광명을 체득한 보살은 제4의 염혜지(焰慧地)에 도달합니다.

보살은 염혜지를 얻자마자 곧 스스로 진리를 얻기 위해 지혜를 성숙케 하는 열 가지 진리를 가지고, 여래의 집에서 성장하는 자가 됩니다. 그 열 가지 진리란 무엇입니까.

퇴전하지 않는 생각을 지닐 것, 삼보에 대한 궁극의 신앙에 도달할 것, 존재의 생멸을 관찰할 것, 모든 것의 자성은 불생(不生)임을 관찰하는 지혜, 세계의 생성과 소멸을 관찰하는 지혜, 업(業)에 의해 생존이 생김을 관찰하는 지혜, 윤회와 열반을 관찰하는 지혜, 중생의 국토와 업을 관찰하는 지혜, 원초와 종말을 관찰하는 지혜, 비존재(非存在)와 소멸을 관찰하는 지혜가 그것입니다.

불자여, 염혜지에 든 보살은 개체는 실재한다는 견해와 이것으로 야기되고 사고되고 관찰된 모든 것을 떠나버립니다.

그는 도를 깨닫기 위해 여덟 가지 바른 진리를 수행해 감에 따라 그 마음은 윤택해지고, 부드러워지고, 부지런해지고 순수해 갑니다.

그는 사섭사 중에서 중생과 더불어 불도를 행하는 실천〔同事攝〕이 가장 뛰어났고, 십바라밀 중에서는 정진바라밀이 뛰어납니다.

불자여, 제4의 보살지에 이르러 도가 정화된 보살은 제5의 난승지(難勝地)에 들어갑니다.

여기에 이른 보살은 사제(四諦)와 팔정도(八正道)에 의해 청정한 활동이 생기고 고결한 마음이 생겼으므로 다시 다음 단계의 도를 구하면서 실다운 성품〔如實性〕에 도달한 자가 됩니다. 그리고 자비에 의해 중생을 버리는 일이 없이 복덕과 지혜를 닦아 점점 위를 바라보고 나아갑니다.

그는 '이것은 고(苦)라는 성스러운 진리〔苦諦〕이다 '라고 있는 그대로 인식합니다. 또한 '이는 고의 원인〔集諦〕이다. 이는 고의 소멸〔滅諦〕이다. 이는 고의 소멸로 이끌어가는 길〔道諦〕이다 '라고 있는 그대로 인식합니다.

또한 그는 세속적 진리와 불법의 진리에 다같이 뛰어난 자가 됩니다.

그는 '모든 존재는 헛되고 허망한 것'이라고 있는 그대로 인식합니다. 그리고 그에게는 중생에 대한 위대한 연민의 정이 나타납니다.

그는 이리하여 지혜의 힘으로 모든 중생을 돌아보며, 부처님의 지혜를 구하며, 온갖 존재의 원초와 종말을 관찰합니다.

그는 어떤 선을 행하는 때에도 중생을 구제하기 위해 행합니다. 모든 중생의 이익을 위해, 모든 중생의 안락을 위해, 모든 중생을 열반에 들게 하기 위해 선을 행합니다.

그는 보시(布施)·애어(愛語)·이행(利行)·동사(同事), 기타 모든 일에 의해 중생을 교화합니다.

또 세상에서 중생구제에 도움이 될 것, 즉 글씨·논서·

도장 · 수학 · 의학 · 복술 등에 대해서도 배웁니다.

그에게 있어서는 십바라밀 중, 선정바라밀이 가장 뛰어납니다.

불자여, 이것이 난승지라는 보살지입니다.

불자여, 제5지에서 도가 충만해진 보살은 제6의 현전지(現前地)에 들어갑니다.

그는 열 가지 진리의 평등성에 의해 거기에 도달합니다. 열 가지 진리의 평등성이란 무엇입니까.

모든 것은 무상(無相)이라는 평등성, 모든 것은 발생하지 않는다는 평등성, 모든 것은 무성(無性)이라는 평등성, 모든 것은 불생(不生)이라는 평등성, 모든 것은 고요하다는 평등성, 모든 것은 원래 청정하다는 평등성, 모든 것에는 희론(戱論)이 있을 수 없다는 평등성, 모든 것에는 본래 버리고 취함이 없다는 평등성, 모든 것은 환상 · 꿈 · 그림자와 같다는 평등성, 모든 것은 존재와 비존재가 둘이 아니라는 평등성입니다.

그는 세간의 발생과 소멸을 관찰할 때, 다음과 같이 생각합니다.

'무릇 세간의 작용이 발생하는 것은 모두 아집(我執)에서 생긴다. 자아의 집착을 제거하면, 세간의 작용은 발생하지 않는다.'

그는 십이연기(十二緣起)를 순역(順逆)[59]으로 관찰한 끝에 다음과 같이 생각합니다.

'이 미혹의 세계가 존재하는 원인은 오직 마음뿐이다.'

여래가 설하신 십이인연도 또한 한 마음에 의지함을 알수 있습니다. 왜냐하면 어떤 사물에 대해 탐욕과 결부된 마음이 생겼을 때 인식작용이 발생하기 때문입니다. 사물은 구성된 것이며, 구성에 관한 어리석음이 무지입니다. 무지에서 생기는 것이 개체입니다. 개체에서 중대된 것이 여섯 감각기관입니다. 이 감각기관과 결부되는 것이 접촉입니다. 접촉과 함께 생기는 것이 감수작용입니다. 감수에서 싫증을 안 느낄 때, 그것이 갈망입니다. 핍박되는 것이 취착(取着)입니다. 이런 생존의 지분(支分)이 생기는 것이 생존입니다. 생존이 발생하는 것이 생입니다. 생은 늙음을 낳습니다. 늙음의 끝에는 죽음이 있습니다.

이리하여 그는 열두 가지 양상을 가진 연기(緣起)를 관찰하면서 자아가 없고, 중생이 없고, 개체의 존재가 없으며, 원래 공이요, 지은 자와 감수하는 자를 떠난 것으로서 관찰할 때, 모든 존재는 공(空)해서 그 본성이 없다〔空無性〕라는 깨달음의 문〔空解脫門〕이 열리게 됩니다.

그가 이런 온갖 생존의 지분(支分)의 자성을 없애고 궁극의 깨달음에 안주할 때, 어떤 상(相)도 생겨나는 일이 없습니다. 그러므로 그는 무상의 깨달음의 문〔無相解脫門〕을 연자가 됩니다.

그가 공무성과 무상의 깨달음에 들어갔을 때, 그에게는

중생에 대한 대자비 이외의 어떤 원도 생기지 않습니다. 이리하여 그는 소원 없는 깨달음의 문〔無願解脫門〕을 연 자가 됩니다.

그는 십바라밀 중에서 지혜의 바라밀에 가장 뛰어났습니다.

불자여, 이것이 보살의 제6지인 현전지입니다.

불자여, 제6보살지에서 보살도를 만족시킨 보살은 제7의 원행지(遠行地)에 들어갑니다.

제7의 보살지에 머무는 보살은 헤아릴 수 없는 중생계·세계·여러 가지 차별성을 지닌 진리·겁수(劫數)·뛰어난 확신·갖가지 의향·마음의 작용·성문승(聲聞乘)의 출리(出離)에 수반되는 갖가지 확신의 성질·독각승(獨覺乘)의 완전지(完全智)의 완성·보살행의 가행(加行)에 들어가며 그와 동시에 부처님의 지혜에 들어갑니다.

그는 이렇게 생각합니다.

'여래의 경계는 백천억 내지 무수의 겁을 세어도 셀 수가 없다. 그리고 부처님의 경계는 우리들에 의해 완성되지 않으면 안된다. 더욱이 그것은 저절로 분별함이 없이 충족되어야 한다.'

부처님의 지혜를 구하며, 선을 중생에게 회향하는 일, 이것이 그의 보시바라밀입니다.

번뇌의 온갖 불꽃을 끄는 일, 이것이 그의 지계바라밀입니다.

　자비한 마음으로 모든 중생에 대해 참는 일, 이것이 그의 인욕바라밀입니다.

　선을 쉬지 않고 닦는 일, 이것이 그의 정진바라밀입니다.

　전지자의 지혜를 실현코자 어지러움이 없는 도를 갖추는 일, 이것이 그의 선정바라밀입니다.

　모든 것은 본래 불생(不生)임을 아는 일, 이것이 그의 지혜바라밀입니다.

　헤아릴 수 없는 지혜를 완성하는 일, 이것이 그의 방편바라밀입니다.

　훌륭한 지혜를 얻으려는 원을 세우는 일, 이것이 그의 원(願)바라밀입니다.

　외도(外道)의 논설과 악마에 의해 도가 끊기지 않는 일, 이것이 그의 역(力)바라밀입니다.

　모든 것에 대해 있는 그대로 지혜를 내는 일, 이것이 그의 지(智)바라밀입니다.

　그러나 그에게 있어서는 십바라밀 중 방편바라밀이 가장 뛰어납니다.

　불자여, 이것이 보살의 제7지인 원행지입니다.

　불자여, 보살이 제8부동지(不動地)에 들면 신(身)·구(口)·의(意)의 의식적 활동을 떠나고 온갖 사념이나 분별을 떠나 과보(果報)의 본성에 머무는 자가 됩니다.

불자여, 제8지에 이른 보살은 구제와 지혜의 방편을 완성하고, 저절로 체득된 보살의 깨달음에 의해 부처님의 지혜를 관찰하면서 세계의 생성을 잘 관찰하고 세계의 소멸을 잘 관찰합니다.

그는 세계의 극소성(極小性)을 알고, 또 위대성과 무량성에 대해서도 잘 압니다. 그는 국토, 중생 등 온갖 것의 극소성을 알고 또 위대성과 무량성을 압니다.

또 그는 온갖 중생신(衆生身)의 차별을 이해하여 불국토와 집회에서 각기 그대로 자기 몸을 나타냅니다. 그는 온갖 신세의 분별을 떠나 평등성을 얻었건만 중생을 구제하기 위해 그 몸을 나타내 효과를 거둡니다.

그는 중생신이 업신(業身)임을 알고 또 번뇌신·색신(色身)·무색신(無色身)임을 압니다. 그는 이렇게 신체에 관한 지혜를 완성하여 자재한 자가 됩니다. 또 마음·용구(用具)·업·생을 받는 것·확신·원·신통력·진리·지혜의 자재를 얻습니다.

그는 모든 번뇌를 떠났으므로 마음가짐이 안정되고, 도를 떠나지 않으므로 고결한 마음이 안정되고, 중생의 이익을 버리지 않으므로 대비(大悲)의 힘이 안정되고, 온갖 중생을 구제하므로 대자(大慈)의 힘이 안정되고, 진리성을 망각하지 않으므로 다라니의 힘이 안정되고, 불법을 잘 분별하므로 변재(辯才)의 힘이 안정되고, 무한한 세계에서 일어나는 행위를 잘 구별하므로 신통력이 안정되고, 보살행을 버리지 않으므로 원력이 안정되고, 불법을 수집하므로 바라밀의 힘이 안정되고, 온갖 형태로 부처님의 지혜를 실현하므로 여래의 가지력(加持力)이 안정되어 있습니다.

또 그는 원하자마자 한 순간에 백천만억의 셀 수도 없는 삼매를 얻어 거기로 들어가고, 백천만억의 셀 수도 없는 부처님 나라에 들어가고, 백천만억의 셀 수도 없는 중생을 제도할 수 있습니다.

불자여! 이것이 보살의 제8지인 부동지입니다.

불자여, 보살이 제9지인 선혜지(善慧地)에 들면 선도 악도 아닌 무기(無記)[60]의 법과 세간·출세간의 법과 보살행의 법, 여래지(如來地)의 법이 현재에 나타나는 것을 그대로 인식하게 됩니다.

그는 온갖 중생의 마음을 있는 그대로 압니다. 마음은 다양하다는 것, 마음은 순간에 변하고 또 안 변하기도 한다는 것, 마음에는 뿌리가 없다는 것, 마음은 미혹의 세계를 따라 현존한다는 것을 압니다.

그는 온갖 소질의 둔하고, 예민하고, 그 중간인 것의 성질을 있는 그대로 알고, 또 처음과 끝에 따라 차별이 있고 없는 것을 압니다.

그는 온갖 미혹된 습성이 뜻과 함께 생기고, 마음과 함께 생김을 있는 그대로 압니다.

그는 생(生)을 받는 것의 갖가지 성질을 있는 그대로 압니다. 그것이 업에서 나온다는 것, 그리고 물질적인 세계와 정신적인 세계에 생긴다는 것을 압니다.

이 보살지에 들어간 보살은 설법자가 되고 여래의 진리의 창고를 지킵니다.

그는 사무애지(四無碍智)로써 완성된 변설을 가지고 설법을 합니다. 사무애지란 무엇입니까.

법(法)무애지 · 의(義)무애지 · 사(辭)무애지 · 변설(辯說)무애지입니다.

그는 법무애지에 의해 모든 존재 자체의 모습[相]을 알고, 의무애지에 의해 온갖 존재의 차별을 알고, 사무애지에 의해 온갖 존재를 착란 없이 설하고, 변재무애지에 의해 모든 존재가 연속하여 끊어지지 않음을 압니다.

불자여! 이리하여 보살이 위대한 설법자가 되고 여래의 진리의 창고를 수호할 때, 그는 무수한 다라니를 얻게 됩니다. 그는 무량한 다라니를 얻어 무수한 부처님에게서 진리를 듣고 그것을 잊지 않는 것입니다.

이리하여 그는 다라니를 얻고 변재를 얻어, 설법하기 위해 한 곳에 앉았으면서도 동시에 온갖 삼천대천세계에 충만하여 모든 중생을 위해 진리를 설합니다.

제9지인 선혜의 보살지를 얻은 사람은 밤이나 낮이나 오로지 부처님의 경계에 들어가, 여래와 함께 있으면서 보살의 깊은 깨달음을 얻은 자가 됩니다.

불자여, 이 보살이 제9지에 이르면, 무량한 대상을 잘 관찰한 각지(覺智)에 의해 힘과 무외(無畏)와 불공법(不共法)을 바로 관찰하기에 이르고, 전지자의 지혜를 체득하는 경지인 법운지를 얻게 됩니다.

불자여, 보살이 제10지인 법운지(法雲地)에 이르면 무수한 삼매가 나타납니다. 즉, 헤아릴 수 없는 종류의 삼매를 얻고 수용하게 됩니다.

이 삼매가 실현되면 삼천세계의 백만 배나 되는 큰 보옥의 연꽃이 나타납니다. 그것은 온갖 보배로 아로새겨지고, 불가사의한 아름다움으로 차 있습니다.

그가 전지자의 지혜를 체득하는 삼매를 얻자마자 그는 이 연꽃에 앉게 됩니다. 보살이 이 위에 앉으면 무수한 보살이 시방세계로부터 와서 앉아 이 보살을 둘러싸고 연꽃 위에 앉습니다. 그들 각자가 이 보살을 우러러보면서 백만의 삼매에 들어가는 것입니다.

이 법운지에 안주한 보살은 진리의 세계를 있는 그대로 인식합니다. 그는 욕망의 세계, 물질의 세계, 정신계의 세계, 중생계의 세계, 기타 모든 세계에 대해 있는 그대로 인식합니다.

그는 중생신의 변화를 있는 그대로 알고, 부처님의 가지(加持)를 있는 그대로 알고, 여래가 티끌 속으로 들어가는 지혜를 알고, 여래의 모든 비밀, 그 신체·언어·마음 등의 비밀을 있는 그대로 압니다. 그리고 여래가 겁(劫)에 들어가 깨닫는 지혜, 온갖 깨달음에 들어가는 지혜를 알게 됩니다.

그리하여 이 보살지를 얻은 자는 '불가사의'라는 이름의 깨달음과 '무애'라는 깨달음을 얻습니다. 그리하여 모든 보살의 깨달음으로는 헤아릴 수 없는 것을 이 십지의 보살은 얻게 되는 것입니다.

여기에 안주한 보살은 대개 대자재천왕(大自在天王)이 되며 온갖 중생에게 바라밀을 가르치는 데 뛰어난 위력을 갖추어 진리의 세계를 분별하는 질문에 막히는 일이 없습니다.

또 보시나 애어(愛語) 등에 의해 활동을 해도 어떤 경우라도 부처님의 지혜를 떠나지 않는 것입니다.

왜냐하면 '나는 온갖 중생의 우두머리가 되겠다. 가장 뛰어난 자, 가장 탁월한 자, 지도자가 되겠다'라고 생각하기 때문입니다.

그의 신체에 대해서, 광명에 대해서, 신통력에 대해서, 음성이나 장식에 대해서, 가호나 확신이나 활동에 대해서, 그 어떠한 것에 대해서도 무수한 겁이 지나도 다 헤아릴 수는 없을 것입니다."

제23장 십명품
(十明品)

그때 보현보살은 여러 보살들에게 말하였다.

"불자들이여, 보살은 열 가지 밝음을 가지고 있습니다. 그 열 가지란 무엇입니까.

첫째, 보살은 삼천대천세계에 있는 모든 중생들의 마음을 다 아는 것이니, 이른바 착한 마음과 악한 마음, 넓은 마음, 좁은 마음, 훌륭한 마음, 생사를 따르는 마음, 생사를 등지는 마음, 성문의 마음, 연각의 마음, 보살의 마음, 사람의 마음, 지옥 중생의 마음, 축생의 마음, 아귀의 마음 등 한량없는 갖가지 중생들의 마음을 다 분별해 압니다.

불자여, 이것이 보살의 첫번째, 남의 마음을 아는 지혜〔他心通〕의 밝음입니다.

불자여, 보살은 무량무수한 세계의 티끌 수 같은 중생들이 생사에 유전하는 것을 다 아나니 좋고 나쁜 것과 아름답고 추한 얼굴과 깨끗하고 더럽고 희고 검은 얼굴 등 한량없는 중생들의 죽고 나는 것을 다 잘 압니다.

보살은 장애가 없이 밝고 깨끗한 하늘눈으로 다 비추어 보되, 그 업보에 따라 받는 고락과 갖가지 업과 행과 생각하는 소원과 견해를 다 봅니다.

불자여, 이것이 보살마하살의 두 번째, 걸림 없는 하늘의 지혜〔天眼通〕의 밝음입니다.

불자여! 보살은 세계의 티끌 수 같은 말할 수 없이 무수한 중생들의 지나간 일, 즉 그 생(生)은 어떠했고 그 이름은 무엇이며,어떤 음식을 먹었고 어떤 고락을 받았는지 등을 다 압니다.

뿐만 아니라 보살은 티끌 수 같이 무수한 부처님의 이름은 무엇이고 어떻게 집을 떠나 도를 구했고 어떤 보리수 밑에서 정각을 얻었으며, 머무는 곳은 어떠했고 앉은 자리는 어떠했으며 어떻게 설법하고 어떻게 교화했으며 수명은 어떠했고 어떻게 불사를 하였으며 어떻게 남음 없는 열반에 들었으며, 그 부처님이 멸도한 뒤에는 그 정법이 얼마나 오래 머물렀는가 등을 모두 기억합니다.

불자여, 이것이 보살마하살의 세 번째, 과거 겁에 깊이 들어가 걸림없이 전생을 아는 지혜〔宿住知通〕의 밝음입니다.

불자여, 또 보살마하살은 미래 겁에 깊이 들어가 티끌 수 같이 수많은 중생들이 생사와 삼계에서 헤매는 것을 잘 압니다.

즉, 중생들의 업과 과보를 알며 중생들의 선과 불선을 알며, 중생들의 날 것과 나지 않을 것을 알고 중생들의 정취(定聚)와 정취 아닌 것을 알며, 중생들의 정정(正定)과 사정(邪定)을 알고, 중생들이 선근을 갖춘 것과 갖추지 못한 것을 알고, 중생들이 선을 모으는 것과 불선(不善)을 모으는 것을 알고, 중생들이 악법을 모으는 것과 악법을 모으지 않는 것을 압니다.

불자여, 이것이 보살마하살의 네 번째, 미래 겁에 깊이 들어가는 걸림이 없는 지혜[知劫通]의 밝음입니다.

불자여, 보살마하살은 걸림 없는 천이통(天耳通)을 내는데, 그것은 청정하고 광대하며 완전하여 이루 헤아릴 수 없습니다. 그리하여 보살은 시방세계의 멀고 가까운 모든 소리를 다 들으며 모든 부처님의 설법과 좋은 이치와 좋은 뜻과 생각하는 것과 분별하는 것 등을 모두 다 듣습니다.

불자여, 이것이 보살마하살의 다섯 번째, 걸림없는 청정한 지혜[天耳通]의 밝음입니다.

불자여, 또 보살마하살은 두려움 없는 신력의 지혜에 편히 머물면서 자재하여 지음이 없는 신력과 평등한 신력, 광대한 신력, 생각대로 이르는 신력, 변하지 않는 신력, 물러나지 않는 신력, 다함이 없는 신력, 깨뜨릴 수 없는 신력, 자라나는 신력, 따라 행하는 신력 등을 얻습니다.

그리하여 항상 바른 법을 들어 끊임이 없고 즐겨 불법을 구하며, 뛰어난 소원을 모두 이루고 보현보살의 한량없는 모든 행을 다 완전히 갖춥니다.

불자여, 이것이 보살마하살의 여섯 번째, 두려움 없는 신력에 편히 머무는 지혜의 밝음입니다.

불자여, 또 보살마하살은 무량 무수하며 말할 수 없는 세계의 티끌 수 같은 중생들의 음성과 말을 다 잘 듣습니다.

이른바 하늘의 소리, 용의 소리, 야차·건달바·아수라의 소리, 가루라·긴나라·마후라가의 소리, 사람의 소리, 사람 아닌 것의 소리 등, 온갖 중생들의 말과 소리는 다 다르지만 그러나 보살마하살은 그것을 다 분별해 압니다.

불자여, 이것이 보살마하살의 일곱 번째, 일체 말소리를 분별하여 아는 지혜의 밝음입니다.

불자여, 또 보살마하살은 일체의 빛깔[色], 즉 파랑·노랑·빨강·하얀 빛깔과 깊이 법계에 들어가 갖가지 형색으로 변화하는 빛깔, 한량없는 빛깔, 밝고 깨끗한 빛깔, 두루 비추는 빛깔, 더러움이 없는 빛깔, 모양을 갖춘 빛깔, 악을 떠난 빛깔, 단엄한 빛깔, 측량할 수 없는 빛깔, 걸림없는 빛깔, 훌륭한 빛깔, 나쁜 빛깔, 성품이 청정한 빛깔, 항상 선한 빛깔, 허공처럼 밝고 깨끗한 빛깔, 티끌을 떠난 빛깔, 고요한 빛깔, 욕심을 떠난 빛깔, 뛰어난 지혜의 빛깔 등을 잘 압니다.

그리하여, 보살마하살은 무형의 법계에 들어가 갖가지 형상으로 변화하는 빛깔을 맡아 지닙니다. 그것은 응하여 따르기 때문이니 이른바 견해로써 교화하고 바른 생각으로써 교화하며, 법륜을 굴려 교화하고 때를 따라 교화하며, 생각

생각에 따라 교화하고 신력으로 교화하며, 갖가지 신통으로 교화하고 불가사의한 큰 신변으로 교화하여 일체 중생을 다 구제하여 해탈케 합니다.

불자여, 이것이 보살마하살의 여덟 번째, 한량없는 아승지 색신의 장엄을 내는 지혜 밝음입니다.

불자여, 또 보살마하살은 모든 법은 이름이 없음을 알고, 모든 법은 성품이 없음을 알며, 모든 법은 가고 옴이 없음을 알며, 모든 법은 둘도 아니고 둘이 아닌 것도 아님을 알며, 모든 법은 '나'가 없음을 알고 모든 법은 견줄 데 없음을 알며, 모든 법은 나지 않음을 알며, 모든 법은 온 곳이 없음을 알고 모든 법은 가는 곳이 없음을 압니다.

또 모든 법은 무너짐이 없음을 알며, 모든 법은 진실하지 않음을 알고, 모든 법은 한 모양도 없음을 알며, 모든 법은 있는 것도 없는 것도 아님을 알며, 모든 법은 업이 아님을 알고, 모든 법은 업 아닌 것이 아님을 알며, 모든 법은 과보가 아님을 알고, 모든 법은 과보가 아닌 것도 아님을 압니다.

보살마하살은 이렇게 모든 법을 알기 때문에 세속 이치에도 집착하지 않고, 으뜸가는 이치에도 집착하지 않으며, 허망하게 모든 법을 취하지도 않고, 어떤 문제에도 집착하는 마음을 일으키지 않으며, 적멸한 성품을 따르면서도 모든 서원을 버리지 않으며, 말할 수 없는 방편에 들어가면서도 그 방편을 뛰어나며, 끝없는 변재로 여실한 이치를 자세히 말하되 진실한 법을 어기지 않고, 좋고 절묘한 방편으로 모든 법을 설명하며, 다함 없는 변재로 큰 자비를 성취합니다.

문자 없는 경계에서 문자의 뜻을 내어 문자의 성품을 깨뜨리지 않고, 모든 법은 인연을 따라 일어나는 것임을 관찰하여 거기에 집착하지 않으며, 모든 법을 알아 중생을 깨우치고 인도하며, 법을 드날리고 나타내며, 완전히 청정하여 온갖 의심을 없애며, 중생을 포용하되 진실한 이치를 버리지 않고, 둘이 아닌 법에서 물러나지 않으며, 걸림 없는 법문과 미묘한 음성을 완전히 갖추어 법비를 두루 내리되 그때를 놓치지 않습니다.

불자여, 이것이 보살마하살이 체득하는 아홉 번째, 모든 법에 대한 진실한 지혜의 밝음입니다.

불자여, 또 보살마하살은 생각생각에 모든 법을 멸하는 삼매에 들어가 물러나지 않으면서도 보살의 일을 버리지 않고, 큰 자비심을 버리지 않으며, 바라밀을 버리지 않고, 모든 부처님의 세계를 잘 분별하되 만족할 줄 모르며, 큰 서원을 버리지 않고 중생을 구제하며, 쉬지 않고 법륜을 굴려 중생을 교화하고, 다스리기를 끊이지 않으며, 모든 부처님을 공경하고 공양하기를 쉬지 않고, 모든 부처님을 항상 뵈오며, 모든 업은 다 평등한 줄을 잘 알고, 모든 부처님의 훌륭한 법과 온갖 서원을 다 완전히 성취합니다.

그는 항상 삼매에 들어 있으면서도 얼굴이 달라지지 않고 몸도 여위는 법이 없으며 또한 허물어지지도 않습니다. 불로 태울 수도 없고 물에 빠뜨릴 수도 없으며, 잃게 할 수도 없고 끝내게 할 수도 없으며, 일이 있거나 없거나 아무 하는 일이 없습니다.

그러면서도 보살의 할 일을 모두 잘 이루고, 모든 법을 자세히 설명하여 중생을 교화하되 때를 놓치지 않으며, 모든 부처님 법을 전하며, 모든 보살행을 다 완성하며, 중생을 이롭게 하는 일을 버리지 않고, 시방에 응해 교화하되 잠깐도 쉬지 않으며, 끊임없이 모든 길을 두루 비추지만 삼매에서 조금도 움직이지 않습니다.

불자여, 이것이 보살마하살이 체득하는 열 번째, 모든 법이 멸한 삼매의 지혜 밝음입니다.

보살마하살이 이 열 가지 밝은 지혜[十明]에 편히 머무는 경지는 모든 천신이나 인간도 헤아리지 못하며, 일체 세간도 헤아리지 못하며, 성문과 연각도 헤아리지 못하며, 자재한 삼매로도 헤아리지 못하며, 지혜의 경계로도 헤아리지 못하며, 오직 부처님만이 그 보살마하살의 공덕을 잘 헤아립니다.

불자여, 이것이 보살마하살이 체득하는 열 가지의 지혜 밝음으로서 보살마하살은 이 지혜 밝음에 머물면서 과거·현재·미래의 걸림 없는 지혜 밝음을 다 얻습니다.”

제24장 십인품
(十忍品)

그때 보현보살은 다시 여러 보살들에게 말하였다.

"불자들이여, 보살마하살은 또 열 가지 인내하는〔忍〕 마음을 성취하여 걸림 없는 모든 인내의 자리를 얻고 또 모든 부처님의 다함 없고 걸림 없는 법을 얻습니다.

그 열 가지란 무엇입니까. 그것은 이른바 음성을 따르는 인과 순응하는 인, 생멸하는 법이 없는 인, 꼭두각시와 같은 인, 아지랑이와 같은 인, 꿈과 같은 인, 메아리와 같은 인, 번개와 같은 인, 허깨비와 같은 인, 허공과 같은 인 등입니다.

불자여, 이것이 보살마하살의 열 가지 인으로서, 과거 부처님도 이미 말씀하셨고 미래 부처님도 장차 말씀하실 것이며 현재 부처님도 지금 말씀하시는 것입니다.

불자여, 그러면 어떤 것이 보살마하살의 음성을 따르는 인(忍)인가. 그는 혹 진실한 법을 들어도 놀라거나 두려워하지 않고 겁내지도 않으며, 믿고 이해하여 받아 지니고 사랑하고 좋아하며 그대로 따라 들어가, 닦아 익혀 편히 머뭅니다. 불자여, 이것이 보살마하살이 얻는 첫번째, 음성을 따르는 인입니다.

불자여, 어떤 것이 보살마하살의 순응하는 인(忍)인가.

불자여, 보살은 고요함에 순응해 모든 법을 관찰하고, 평등한 바른 생각으로 모든 법을 어기지 않으며, 모든 법에 순응해 깊이 들어가고, 청정하고 정직한 마음으로 모든 법을 분별하며, 평등한 관찰을 닦고는 거기에 완전히 깊이 들어가나니 불자여, 이것이 보살마하살이 얻는 두 번째, 순응하는 인입니다.

불자여, 어떤 것이 보살마하살의 생멸하는 법이 없는 인(忍)인가.

불자여, 보살은 어떤 법의 나고 멸하는 것을 보지 않습니다. 왜냐하면 나지 않으면 멸하지도 않을 것이며, 멸하지 않으면 다함이 없을 것이며, 다함이 없으면 오염[垢]을 떠날 것이며, 오염을 떠나면 무너짐이 없을 것이며, 무너짐이 없으면 움직이지 않을 것이며, 움직이지 않으면 그곳이 바로 적멸의 자리일 것이며, 적멸의 자리이면 욕심을 떠났을 것이며, 욕심을 떠났으면 행하는 것이 없을 것이며, 행하는 것이 없으면 그것이 큰 원[大願]일 것입니다.

만일 그것이 큰 원이면 장엄에 머물 것이기 때문이니 불자여, 이것이 보살마하살이 얻은 세 번째, 생멸하는 법이 없다는 인입니다.

불자여, 어떤 것이 보살마하살의 꼭두각시 같다는 인(忍)인가.

불자여, 보살은 모든 것은 다 꼭두각시 같다고 보는 데에 깊이 들어가 인연으로 일어나는 법을 관찰하고, 한 법 가운데서 많은 법을 알며, 많은 법 가운데서 한 법을 압니다.

보살마하살은 저 모든 법에서 세계를 분별하고 중생계와 법계에 들어가 세간을 평등하게 보며 부처님의 나고 드는 것을 평등하게 보아, 거기에 머물고 그것을 지닙니다.

비유하면 꼭두각시는 남자도 여자도 아니며 소년도 소녀도 아니요, 나무도 잎도 아니며 꽃도 열매도 아니요, 땅도 물도 불도 바람도 아니며, 밤도 낮도 아니요 해도 달도 아니며, 고요함도 어지러움도 아니며, 좋은 것도 나쁜 것도 아니요, 많은 것도 적은 것도 아닙니다.

보살마하살은 이와 같아서 일체 모든 것을 다 실체가 없는 꼭두각시와 같은 것으로 봅니다.

보살마하살은 이렇게 모든 것을 다 꼭두각시와 같다고 관찰할 때, 중생을 일으키지도 않고 중생을 깨뜨리지도 않으며, 세계를 일으키지도 않고 세계를 깨뜨리지도 않으며, 모든 법을 일으키지도 않고 모든 법을 깨뜨리지도 않으며, 과거의 허망한 모양을 취하지도 않고 미래를 짓지도 않으며, 미래에 머물지도 않고, 현재에 머물지도 않으며, 집착하지도 않습니다.

십인품

263

보리를 관찰하지도 않고 허망하게 보리를 취하지도 않으며, 부처님이 세상에 나오심을 취하지 않습니다. 또 부처님의 열반도 그에게는 없으며 큰 원을 취하지도 않습니다.

또 중생을 구제하고 모든 존재를 평등하게 보아 차별이 없으며, 모든 법은 문자도 말도 아닌 줄을 알면서도 깊고 묘한 변재를 버리지 않고, 중생 교화에 집착하지 않으면서도 법륜을 굴리며, 중생을 위하기 때문에 대비를 받아 지녀 일체를 구제하면서 과거의 인연을 말하며, 모든 법을 진실로 알아서 이르지 않는 곳이 없습니다.

불자여, 이것이 바로 보살마하살이 얻는 네 번째, 꼭두각시와 같다는 인입니다.

불자여, 어떤 것이 보살마하살의 아지랑이와 같다는 인(忍)인가.

불자여, 보살은 일체 세간을 마치 더울 때의 아지랑이와 같이 실체가 없는 것임을 깨달아 압니다.

또 보살마하살은 모든 것은 일정하지 않아서 안도 바깥도 아니요, 있는 것도 없는 것도 아니며, 모든 것은 다 거짓 이름으로서 한 빛깔도 아니요, 여러 빛깔도 아니라고 관찰합니다. 그리하여 모든 법을 완전히 깨달아 아나니 불자여, 이것이 보살마하살이 얻는 다섯 번째, 아지랑이와 같다는 인입니다.

불자여, 어떤 것이 보살마하살의 꿈과 같다는 인(忍)인가.

불자여, 보살은 모든 세간이 꿈과 같음을 압니다. 비유하

면 꿈은 세간도 아니요, 세간을 떠난 것도 아니며, 욕심의
세계도, 형상의 세계도, 무형의 세계도 아니요, 남[生]도 죽
음도 아니며 깨끗한 것도 더러운 것도 아니요, 맑은 것도 흐
린 것도 아닙니다. 그러면서도 모든 것은 나타난 것과 같습
니다.

이와 같이 보살마하살은 모든 세간이 다 꿈과 같음을 알
아 꿈을 깨뜨리려 하지도 않고 꿈에 집착하지도 않으며, 꿈
은 본래 적멸하고 꿈은 실체가 없으므로 모든 법을 받아 지
니되 다 꿈과 같음을 알아 허망하게 그것을 취하지도 않습
니다. 그리하여 모든 세간이 다 꿈과 같음을 아나니, 불자
여, 이것이 보살마하살이 얻은 여섯 번째, 꿈과 같다는 인입
니다.

불자여, 어떤 것이 보살마하살의 메아리와 같다는 인(忍)
인가.

불자여, 보살은 모든 법을 잘 배우고 성취하여 저 언덕에
이르고 모든 법이 다 메아리 같음을 알면서도 온갖 소리를
다 분별합니다.

마치 메아리가 이르는 곳이 없는 것처럼, 모든 것이 인연
을 따라 일어나는 것임을 알지만 그래도 법의 보시를 파괴
하지 않고 음성에 깊이 들어가서는 뒤바뀐 생각을 멀리 떠
나 일체를 잘 배웁니다.

또 제석천이 한 음성에서 천 가지 묘한 소리를 내면서도
허망한 음성에 집착하지 않는 것처럼 보살마하살도 그와 같

아서 허망을 떠난 법계에 들어가 절묘한 방편의 지혜를 내어 한량없는 세계에서 중생들을 위해 깨끗한 법륜을 굴려 일체 중생을 구제합니다. 불자여, 이것이 보살마하살이 얻은 일곱 번째, 메아리와 같다는 인입니다.

불자여, 어떤 것이 보살마하살의 번개와 같다는 인(忍)인가.

불자여, 보살은 세간에서 나지도 않고 세간에서 죽지도 않으며, 세간 안에 있지도 않고 세간 밖에 있지도 않으며, 세간에 다니지도 않고, 세간을 파괴하지도 않고, 세간의 갈래를 일으키지도 않고 세간의 갈래를 떠나지도 않으며, 세간과 같지도 않고 세간과 다르지도 않으며, 보살행을 행하지도 않으면서 큰 원을 버리지도 않고, 진실도 아니고 허망도 아니면서 그 행이 진실하여 모든 부처님의 바른 법을 다 이루고, 세간의 모든 일을 다 갖추면서도 세간의 흐름을 따르지 않습니다.

불자여, 이것이 보살마하살이 얻은 여덟 번째, 번개와 같다는 인입니다. 이 인을 성취한 보살은 모든 부처님이 계신 곳에 가지 않으면서도 모든 부처님의 세계에 두루 나타나고 일체 세계에 가지 않으면서도 일체 세계에 그 몸을 나타냅니다.

마치 번갯불이 나타나는 것처럼 그는 걸림 없이 노닐어 시방에 두루 이르되, 금강으로 된 모든 산의 견고한 물건도 그를 막지 못하며, 부처님의 청정한 몸과 입과 뜻을 완전히 성취하여 한량없이 청정한 일체의 색신(色身)을 얻습니다.

불자여, 어떤 것이 보살마하살의 아홉 번째, 허깨비와 같다는 인(忍)인가.

보살은 일체 세간이 다 허깨비와 같은 줄을 압니다. 허깨비는 마음을 따라 일어나지도 않고 마음 속에 머물지도 않으며, 업으로 말미암아 일어나지도 않고 혹 그 과보를 받지도 않으며, 세간에서 생기는 것도 아니요 세간에서 멸하는 것도 아니며, 법에 포섭되는 것도 아니요 법과 무관하게 존재하는 것도 아니며, 오랫동안 머무는 것도 아니요 잠깐 동안 머무는 것도 아니며, 세간의 행도 아니요 세간을 떠난 것도 아닙니다.

또 싫은 것도 아니요 싫지 않은 것도 아니며, 범부도 아니요 성인도 아니며, 깨끗한 것도 아니요 더러운 것도 아니며, 나는 것도 아니요 죽는 것도 아니며, 어리석은 것도 아니요 지혜로운 것도 아니며, 보이는 것도 아니요 없어지는 것도 아니며, 영리한 것도 아니요 미련한 것도 아니며, 불꽃처럼 일어나는 것도 아니요 고요한 것도 아니며, 생사도 아니요 열반도 아니며, 있는 것도 아니요 없는 것도 아닙니다.

그러므로, 보살마하살은 세간에 살면서 보살행을 행할 때, 방편을 받아 지녀 세간을 다 허깨비와 같다고 관찰합니다. 그리하여 세간에도 집착하지 않고 허깨비에도 집착하지 않으며, 허망하게 세간을 취하지도 않고 또한 허깨비도 취하지 않으며, 세간에 머물지도 않고 세간에서 멸하지도 않으면서 중생 교화를 버리지 않으며, 한결같은 바른 생각으로 모든 원을 원만히 갖추고 모든 법을 장엄한 모든 법을 깨뜨리지도 않으며, 아무 법도 가지지 않으면서 모든 불법을 완전히 갖춥니다.

비유하면 허깨비는 있는 것도 아니요 없는 것도 아닌 것처럼, 보살마하살 역시 이 허깨비 같다는 인에 머물면서 모든 보리를 다 갖추어 중생을 이롭게 합니다.

불자여, 이것이 보살마하살이 얻은 아홉 번째, 허깨비와 같다는 인입니다.

불자여, 보살마하살이 만일 이 인을 성취하면 그는 모든 부처님의 세계에 아무 집착이 없나니, 그것은 허깨비가 일체 세계에 아무 집착이 없는 것과 같습니다. 또 허깨비의 행은 행동하는 것이 없어 모든 뒤바뀜을 떠난 것처럼 그는 모든 불법에 대해 허망하게 행동하지 않습니다.

불자여, 어떤 것이 보살마하살의 열 번째, 허공과 같다는 인(忍)인가.

보살은 모든 세계가 허공과 같음을 아나니 그것은 실체가 없기 때문이며, 일어남이 없기 때문이며, 두 법이 없기 때문이며, 행해도 행함이 없기 때문이며, 분별이 없기 때문이며, 모든 법이 허공과 같음을 알기 때문입니다.

불자여, 보살마하살은 이와 같이 모든 법이 다 허공과 같음을 알아 허공과 같은 인의 지혜를 얻고 허공과 같은 몸을 얻고 허공과 같은 입을 얻고 허공과 같은 마음을 얻습니다.

마치 허공이 나지도 않고 죽지도 않는 것처럼 보살마하살
도 그와 같아서 모든 법신은 나지도 않고 죽지도 않습니다.
  마치 허공은 무너뜨릴 수 없는 것처럼 보살마하살도 그와
같아서 그 지혜의 모든 힘은 무너뜨릴 수 없습니다.
  마치 허공이 모든 세간의 의지하는 것이 되면서도 그는
의지하는 곳이 없는 것처럼, 보살마하살도 그와 같아서 모
든 법의 의지하는 곳이 되면서도 그는 의지하는 곳이 없습
니다.
  마치 허공이 나지도 않고 멸하지도 않으면서 모든 생멸의
의지하는 곳이 되는 것처럼 보살마하살도 그와 같아서 행하
지도 않고 이루어주지도 않으면서 모든 중생들을 다 청정하
게 합니다.
  마치 허공이 다니지도 않고 머물지도 않으면서 갖가지 위
의를 잘 나타내 보이는 것처럼 보살마하살도 그와 같아서
다니지도 않고 머물지도 않으면서 모든 행을 다 잘 분별합
니다.
  마치 허공은 빛깔도 아니요, 빛깔이 아닌 것도 아니면서
백천 가지의 빛깔을 잘 나타내 보이는 것처럼, 보살마하살
도 그와 같아서, 세간의 빛깔도 아니요, 출세간의 빛깔도 아
니면서 모든 빛깔을 다 잘 나타내 보입니다.
  마치 허공이 오래 머물지도 않고 잠깐 머물지도 않는 것
처럼 보살마하살도 그와 같아서 오래 나아가지도 않고 잠깐
나아가지도 않으면서 모든 보살의 머물고 행하는 것을 두루

잘 연설합니다.

마치 허공이 깨끗한 것도 아니요, 더러운 것도 아닌 것처럼, 보살마하살도 그와 같아서 세간의 장애도 아니요, 또 청정한 것도 아닙니다.

마치 허공은 모든 곳에 머물러 있지만 허공에는 한계가 없는 것처럼, 보살마하살도 그와 같아서 모든 법에 머물러 있지만 보살의 마음에는 한계가 없습니다.

무슨 까닭인가. 보살마하살은 자기 선근이 저 허공처럼 청정하고 원만하며, 평등하고 고요하며, 같은 맛이며 같은 분량이며, 청정하기는 허공의 빛깔과 같으며, 모든 것은 한 가지도 존재하지 않는 줄로 생각하기 때문입니다.

그리하여 무너지지 않는 모든 법을 얻어서 모든 세계에 노닐고, 일체의 몸을 다 갖추었으면서도 그 몸에 조금도 집착하지 않으며 모든 의혹을 떠나고, 깨뜨릴 수 없는 힘을 완전히 성취하며, 모든 공덕의 경계를 원만히 갖추고 갖가지 법을 다 얻으며, 허공과 같은 견고한 선근을 얻으며, 모든 묘한 음성을 내어 일체 세간에서 항상 법륜을 굴리되 그때를 놓치지 않습니다.

불자여, 이것이 보살마하살이 얻은 열 번째, 허공과 같다는 인입니다.

이 인을 성취한 보살마하살은 옴[來]이 없는 몸을 얻나니 그것은 감[去]이 없기 때문이며, 나지 않는 몸을 얻나니 그것을 멸하지 않기 때문이며, 모이지 않는 몸을 얻나니 그것

은 흩어지지 않기 때문이며, 진실하지 않는 몸을 완전히 갖
추나니 그것은 진실이 없기 때문이며, 한 모양의 몸을 얻나
니 그것은 모양이 없기 때문이며, 한량없는 몸을 얻나니 그
것은 부처님의 힘이 한량없기 때문이며, 평등한 몸을 얻나
니 그것은 진여(眞如)와 같은 모양이기 때문이며, 무너지지
않는 몸을 얻나니 그것은 삼세를 평등하게 보기 때문입니
다.

또한 보살마하살은 탐욕을 모두 버린 몸을 얻나니 그것은
모든 법은 모이거나 흩어짐이 없기 때문이며, 무궁무진하고
평등한 법에 대한 변재를 얻나니 그것은 모든 법의 성품은
허공과 같은 한 성품이기 때문이며, 한량없고 걸림없는 미
묘한 음성을 얻나니 그것은 걸림없기가 허공과 같기 때문이
며, 청정하고 완전한 보살행에 대한 절묘한 방편을 얻나니
그것은 모든 법은 걸림없고 청정하기가 허공과 같기 때문이
며, 모든 불법의 바다를 얻나니 그것은 끊을 수 없기가 허공
과 같기 때문입니다.

불자여, 이것이 보살마하살의 열 가지 인(忍)입니다."

제 25 장 심왕보살문아승지품
(心王菩薩問阿僧祇品)

그때 심왕(心王)보살이 부처님께 여쭈었다.

"세존이시여, 이른바 아승지, 불가량(不可量), 무분제(無分齊), 무주변(無周遍), 불가수(不可數), 불가칭량(不可稱量), 불가사의(不可思議), 불가설(不可說), 불가설불가설(不可說不可說) 등의 말이 있사온데, 어떤 것이 아승지 또는 불가설불가설입니까?"

부처님께서 심왕보살에게 말씀하셨다.

"착하다. 선남자여, 그대는 중생을 위하여 부처님 세계의 매우 깊은 뜻을 묻는구나.

선남자여, 그대는 지금 자세히 들으라.

백천(百千)의 백천을 한 구리(拘梨)라 하고, 구리의 구리를 한 불변(不變)이라 하며, 불변의 불변을 한 나유타라 하고, 나유타의 나유타를 한 비바라라 하며, 비바라의 비바라를 한 작(作)이라 하고, 한 작의 작을 한 래(來)라 하며, 한 래의

래를 한 승(勝)이라 하고, 한 승의 승을 한 부차(復次)라 하며, 부차의 부차를 한 아바라라 하고, 한 아바라의 아바라를 한 득승(得勝)이라 하며, 득승의 득승을 한 분계(分界)라 하고, 분계의 분계를 한 충만(充滿)이라 하며, 충만의 충만을 한 양(量)이라 하고, 양의 양을 한 해(解)라 한다.

또 해의 해를 한 차해(此解)라 하고, 차해의 차해를 한 이욕(離慾)이라 하며, 이욕의 이욕을 한 사(捨)라 하고, 사의 사를 한 취(聚)라 하며, 취의 취를 한 통(通)이라 하고 통의 통을 한 빈신(頻申)이라 하며, 빈신의 빈신을 한 망(網)이라 하고, 망의 망을 한 중류(衆流)라 하며, 중류의 중류를 한 출(出)이라 하고, 출의 출을 한 분(分)이라 하며, 분의 분을 한 분별(分別)이라 하고 분별의 분별을 한 칭(稱)이라 하며, 칭의 칭을 한 지(持)라 하고 지의 지를 한 부전도(不顚倒)라 하며, 부전도의 부전도를 한 불번(不幡)이라 하고 불번의 불번을 한 정(正)이라 한다.

또 정의 정을 한 혜(慧)라 하고, 혜의 혜를 한 제일(第一)이라 하며, 제일의 제일을 한 각(覺)이라 하고, 각의 각을 한 비차투라 하며, 비차투의 비차투를 한 극고(極高)라 하고, 극고의 극고를 한 묘(妙)라 하며, 묘의 묘를 한 라바라 하고, 라바의 라바를 한 하리바라 하며, 하리바의 하리바를 한 해탈(解脫)이라 하고, 해탈의 해탈을 한 황(黃)이라 하며, 황의 황을 한 하리나라 하고 하리나의 하리나를 한 인(因)이라 하며, 인의 인을 한 현각(賢覺)이라 하고, 현각의 현각을 한 명상(明相)이라 한다.

또 명상의 명상을 한 마루타라 하고 마루타의 마루타를 한 인(忍)이라 하며, 인의 인을 한 지(枝)라 하고 지의 지를 한 마루마라 하며, 마루마의 마루마를 한 등(等)이라 하고 등의 등을 한 이의(離疑)라 하며, 이의의 이의를 한 종(種)이라 하고, 종의 종을 한 불방일(不放逸)이라 하며, 불방일의 불방일을 한 마다라라 하고, 마다라의 마다라를 한 동(動)이라 하며, 동의 동을 한 도(到)라 하고, 도의 도를 한 설(說)이라 하며, 설의 설을 한 백(白)이라 하고, 백의 백을 한 요별(了別)이라 한다.

또 요별의 요별을 한 구경(究竟)이라 하고, 구경의 구경을 한 청량(淸凉)이라 하며, 청량의 청량을 한 아라라라 하고 아라라의 아라라를 한 조(潮)라 하며, 조의 조를 한 유(油)라 하고, 유의 유를 한 기라라 하며, 기라의 기라를 한 미(味)라 하고, 미의 미를 한 니라라 하며, 니라의 니라를 한 희(戱)라 하고, 희의 희를 한 사라라 하며, 사라의 사라를 한 취말(聚沫)이라 하고, 취말의 취말을 한 미라(彌羅)라 하며, 미라의 미라를 한 견고(堅固)라 하고, 견고의 견고를 한 풍(風)이라 하며, 풍의 풍을 한 만(滿)이라 하고 만의 만을 한 불가칭량이라 하며, 불가칭량의 불가칭량을 한 근(根)이라 한다.

근의 근을 한 미세(微細)라 하고, 미세의 미세를 한 연화(蓮華)라 하며, 연화의 연화를 한 마가바라 하고, 마가바의 마가바를 한 불가탁(不可度)이라 하며, 불가탁의 불가탁을

한 혜루라 하고, 혜루의 혜루를 한 어(語)라 하며, 어의 어를
한 겁(劫)이라 하고, 겁의 겁을 한 바바라 하며, 바바의 바바
를 한 간(間)이라 하고 간의 간을 한 무간(無間)이라 하며,
무간의 무간을 한 이구(離垢)라 하고, 이구의 이구를 한 실
승(實勝)이라 하며, 실승의 실승을 한 미라부라 하고, 미라
부의 미라부를 한 차마라라 한다.

또 차마라의 차마라를 한 법(法)이라 하고, 법의 법을 한
파라마태라 하며, 파라마태의 파라마태를 한 결정(決定)이
라 하고, 결정의 결정을 한 유전(流轉)이라 하며, 유전의 유
전을 한 광설(廣說)이라 하고, 광설의 광설을 한 무진(無盡)
이라 하며, 무진의 무진을 한 등진실(等眞實)이라 하고, 등진
실의 등진실을 한 무아(無我)라 하며, 무아의 무아를 한 아
반타라 하고, 아반타의 아반타를 한 청련화(靑蓮華)라 하며,
청련화의 청련화를 한 수(數)라 하고, 수의 수를 한 취(趣)라
한다.

또 취의 취를 한 수(受)라 하고, 수의 수를 한 아승지라 하
며, 아승지의 아승지를 한 아승지전(阿僧祇轉)이라 하고, 아
승지전의 아승지전을 한 무량(無量)이라 하며, 무량의 무량
을 한 무량전(無量轉)이라 하고, 무량전의 무량전을 한 무분
제라 하며, 무분제의 무분제를 한 무분제전이라 하고, 무분
제전의 무분제전을 한 무주변이라 하며, 무주변의 무주변을
한 무주변전이라 하고, 무주변전의 무주변전을 한 무수(無
數)라 하며, 무수의 무수를 한 무수전이라 하고, 무수전의

무수전을 한 불가칭이라 한다.

　또 불가칭의 불가칭을 한 불가칭전이라 하고, 불가칭전의 불가칭전을 한 불가사의라 하며, 불가사의의 불가사의를 한 불가사의전이라 하고, 불가사의전의 불가사의전을 한 불가량이라 하며, 불가량의 불가량을 한 불가량전이라 하고, 불가량전의 불가량전을 한 불가설이라 하며, 불가설의 불가설을 한 불가설전이라 하고, 불가설전의 불가설전을 한 불가설전전이라 하느니라."

　그때 부처님께서는 심왕보살에게 다음과 같은 게송을 설하셨다.

　　불가설 불가설이
　　일체의 불가설에 충만했나니
　　불가설의 모든 겁 동안
　　불가설을 말하여도 그 끝 없으리

　　저 불가설의 모든 부처 세계를
　　모두 가루를 내어 티끌 만들고
　　그 낱낱의 티끌 속에서
　　일체의 불가설을 다 연설하고

　　한 찰나 사이에

불가설의 모든 세계를 다 연설하고
이루 다 말할 수 없는 모든 겁 동안
생각생각 차례로 다 연설해도

불가설의 그 겁은 다할 때가 있어도
불가설은 다할 때가 없나니
이루 다 말할 수 없는 티끌 속에는
모두 다 불가설의 중생이 있는데
그들 다 보현 공덕 함께 찬탄하지만
그래도 그것을 다 말하지 못하네.

제26장 수명품
(壽命品)

그때 심왕보살이 여러 보살에게 말하였다.

"불자들이여, 석가모니 부처님 세계의 한 겁은 저 안락 세계 아미타 부처님 세계의 하룻밤 하루낮이요, 그 안락 세계의 한 겁은 저 성복당(聖服幢) 세계에 있는 금강(金剛) 부처님 세계의 하룻밤 하루낮이며, 그 성복당 세계의 한 겁은 불퇴전음성륜(不退轉音聲輪) 세계에 있는 선락광명청정개부(善樂光明淸淨開敷) 부처님 세계의 하룻밤 하루낮이요, 불퇴전음성륜 세계의 한 겁은 저 이구(離垢) 세계에 있는 법당(法幢) 부처님 세계의 하룻밤 하루낮이며, 그 이구 세계의 한 겁은 저 선등(善燈)세계에 있는 사자(師子) 부처님 세계의 하룻밤 하루낮입니다.

또 그 선등세계의 한 겁은 저 선광명(善光明) 세계에 있는 노사나장 부처님 세계의 하룻밤 하루낮이요, 그 선광명세계의 한 겁은 초출(超出) 세계에 있는 법광명청정개부연화(法

光明淸淨開敷蓮華) 부처님 세계의 하룻밤 하루낮이며, 그 초출 세계의 한 겁은 저 장엄혜(莊嚴慧) 세계에 있는 일체 광명(一切光明) 부처님 세계의 하룻밤 하루낮이요, 그 장엄혜 세계의 한 겁은 저 경광명(鏡光明) 세계에 있는 각월(覺月) 부처님 세계의 하룻밤 하루낮입니다.

불자들이여, 이와 같이 차례로 백만 아승지 세계를 지나 최후 세계의 한 겁은 저 승련화(勝蓮華) 세계에 있는 현수(賢首) 부처님 세계의 하룻밤 하루낮인데, 여러 큰 보살들이 그 안에 가득 차 있습니다."

제 27 장 보살주처품
(菩薩住處品)

그때 심왕보살이 다시 여러 보살들에게 말하였다.

"불자들이여, 동방에 보살들이 사는 곳이 있는데 이름은 선인기산(仙人起山)으로서 과거에 모든 보살들이 살았고, 현재는 금강승(金剛勝)이라는 보살이 살면서 삼백 보살을 권속으로 두고 항상 그들을 위해 설법하고 있습니다.

또 남방에도 보살들이 사는 곳이 있는데 이름은 승누각산(勝樓閣山)으로서 과거에 모든 보살들이 살았고 현재는 법혜(法慧)라는 보살이 살면서 오백 보살을 권속으로 두고 항상 그들을 위해 설법하고 있습니다.

또 서방에도 보살들이 사는 곳이 있는데 이름은 금강염산(金剛焰山)으로서 과거에 모든 보살들이 살았고 현재는 무외사자행(無畏師子行)이라는 보살이 살면서 삼백 보살을 권속으로 두고 항상 그들을 위해 설법하고 있습니다.

또 북방에도 보살들이 사는 곳이 있는데, 이름은 향취산

(香聚山)으로서 과거에 모든 보살님이 살았고, 현재는 향상(香象)이라는 보살이 살면서 삼천 보살을 권속으로 두고 항상 그들을 위해 설법하고 있습니다.

또 동북방에도 보살들이 사는 곳이 있는데, 이름은 청량산(淸凉山)으로서 과거에 모든 보살들이 살았고, 현재는 문수사리라는 보살이 살면서 일만 보살을 권속으로 두고 항상 그들을 위해 설법하고 있습니다.

또 동남방에도 보살들이 사는 곳이 있는데, 이름은 지견고(枝堅固)로서 과거에 보살들이 살았고, 현재는 천관(天冠)이라는 보살이 살면서 일천 보살을 권속으로 두고 항상 그들을 위해 설법하고 있습니다.

또 서남방에도 보살들이 사는 곳이 있는데 이름은 수제광명산(樹提光明山)으로서 과거에 모든 보살들이 살았고, 현재는 현수(賢首)라는 보살이 살면서 삼천 보살을 권속으로 두고 항상 그들을 위해 설법하고 있습니다.

또 서북방에도 보살들이 사는 곳이 있는데 이름은 향풍산(香風山)으로서 과거에 모든 보살들이 살았고, 현재는 향광명(香光明)이라는 보살이 살면서 오천 보살을 권속으로 두고 항상 그들을 위해 설법하고 있습니다.

또 네 큰 바다 가운데도 보살들이 사는 곳이 있는데 이름은 지달(枳怛)로서 과거에 모든 보살들이 살았고 현재는 담무갈이라는 보살이 살면서 이천 보살을 권속으로 두고 항상 그들을 위해 설법하고 있습니다.

또 바다 가운데 보살들이 사는 곳이 있는데, 이름은 공덕장엄굴(功德莊嚴窟)로서 과거에 여러 보살들이 항상 거기에 살았습니다.

또 비사리성(城) 남쪽에도 보살들이 사는 곳이 있는데 이름은 선주(善住)로서 과거에 여러 보살들이 항상 거기에 살았습니다.

또 파련불읍(邑)에도 보살들이 사는 곳이 있는데, 이름은 금등승가람(金燈僧伽藍)으로서 과거에 여러 보살들이 항상 거기에 살았습니다."

제28장 불부사의법품
(佛不思議法品)

그때 모임에 있던 여러 보살들은 모두 이렇게 생각했다.

'모든 부처님의 국토와 모든 부처님의 깨끗한 서원과 모든 부처님의 종성과 모든 부처님이 세상에 나오심은 불가사의하며, 또 모든 부처님의 법신과 음성과 지혜와 신력과 자재함은 불가사의하며, 또 모든 부처님의 걸림 없는 머무름과 해탈은 불가사의하다.'

그때 부처님은 보살들의 생각을 아시고, 곧 청련화(靑蓮華)보살에게, 부처님의 신력과 부처님의 지혜와 부처님의 변재와 부처님의 공덕과 부처님의 두려움 없음 등을 주어 그 몸에 충만하게 하여 모든 부처님 법계를 다 성취하게 하시고, 또 부처님의 신력의 경계와 걸림 없는 행과 부처님의 종성을 분별하는 힘을 주시고 또 셀 수 없는 모든 부처님의 방편을 주셨다.

그때 청련화보살은 곧 걸림 없는 법계와 일체의 걸림 없는 법에 들어가 보살행을 닦고, 보현보살의 소원을 성취한 뒤 모든 부처님을 따라 큰 장엄을 스스로 장엄하고, 큰 자비로 일체 중생을 두루 관찰하였다. 또 부처님의 한량없는 큰 지혜를 내어 부처님의 다함 없는 지혜의 문을 성취하고 부처님의 모든 다라니와 모든 변재를 성취한 뒤에, 그 광명으로 일체를 두루 비추었다.

그때 청련화보살은 부처님의 위신력을 받들어 연화장(蓮華藏) 보살에게 말하였다.

"불자여, 모든 부처님에게는 한량없이 깨끗하고 청정한 주처(住處)가 있으며, 모든 부처님은 무량한 자재에 편히 머물며, 모든 부처님은 일체의 일에 있어서 그 때를 놓치지 않으며, 모든 부처님은 평등하고 깨끗한 법륜을 굴리며, 모든 부처님은 네 가지 변설이 무궁무진하고, 모든 부처님의 법은 불가사의하며, 모든 부처님의 청정한 음성은 이르지 않는 곳이 없으며, 모든 부처님은 한량없는 법계를 다 분별하며, 모든 부처님은 시방세계를 광명으로 두루 비추며, 모든 부처님의 말씀은 모두 깊은 법계에 들어갑니다.

불자여, 모든 부처님에게는 열 가지 법계의 무량무변한 것이 있습니다. 그 열 가지란 이른바 모든 부처님의 청정한 색신은 무량무변하여 세간에 뛰어나고, 모든 부처님은 걸림 없는 눈이 무량무변하여 청정하고, 평등하게 일체 법을 깨달으며, 모든 부처님은 걸림 없는 귀가 무량무변하여 일체 중생의 음성을 분별하고, 모든 부처님은 신통이 저 언덕에

이르고, 모든 부처님은 넓고 긴 혀가 무량무변하여 묘한 음
성을 내어서 온 법계에 두루 들리게 합니다.

또 모든 부처님은 그 몸이 무량무변하여 중생들의 능력에
따라 부처님의 몸을 나타내고, 모든 부처님은 그 뜻이 무량
무변하며, 모든 부처님은 걸림 없는 해탈의 법문이 무량무
변하여 끝없이 자재한 위신력을 나타내고, 모든 부처님은
일체 세계에서 부처님의 세계를 장엄하는 것이 무량무변하
여 중생에 순응하며, 모든 부처님은 무량무변한 여러 보살
의 행과 훌륭한 소원과 자재한 신력을 다 완선하며, 모든 부
처님의 바른 법을 다 완성하며, 모든 부처님의 바른 법을 다
깨닫는다는 것입니다.

불자여, 이것이 모든 부처님의 열 가지 법계의 무량무변
한 것입니다.

불자여, 모든 부처님은 찰나 사이에 열 가지 다함 없는 지
혜를 냅니다.

불자여, 모든 부처님에게는 열 가지 때를 놓치지 않는 일
이 있습니다.

불자여, 모두 부처님에게는 열 가지 비유할 수도 없고 헤
아릴 수도 없는 경계가 있습니다.

불자여, 모든 부처님은 열 가지 지혜를 내어 거기에 머무
릅니다.

불자여, 모든 부처님에게는 열 가지 매우 깊고 큰 법이 있
습니다.

불자여, 모든 부처님은 열 가지 공덕으로 악을 떠나 청정
하십니다.

불자여, 모든 부처님에게는 열 가지의 끝까지 청정한 행
(行)이 있습니다.

불자여, 모든 부처님은 일체 세계에서 언제나 열 가지 불
사(佛事)를 짓습니다.

불자여, 모든 부처님에게는 열 가지의 다함이 없는 방편
지혜의 큰 바다가 있습니다.

불자여, 모든 부처님에게는 열 가지 항상한 법이 있습니
다.

불자여, 또 모든 부처님에게는 한량없이 말하는 열 가지
불법의 문이 있습니다.

불자여, 모든 부처님은 열 가지 법으로 항상 중생들을 위
하여 불사를 짓습니다.

불자여, 모든 부처님에게는 열 가지 견고한 보살의 법이
있습니다.

불자여, 모든 부처님에게는 열 가지 장애 없이 머무르는
법이 있습니다.

불자여, 또 모든 부처님에게는 열 가지의 가장 훌륭하고
위없는 장엄이 있습니다.

불자여, 모든 부처님은 열 가지 바른 법에 자재함이 있습
니다.

불자여, 또 모든 부처님은 열 가지 불가사의한 법을 다 갖

춘 뒤에라야 등정각을 이룹니다.

불자여, 모든 부처님에게는 열 가지의 절묘한 방편이 있습니다.

불자여, 모든 부처님에게는 열 가지의 불사(佛事)가 있는데, 그것은 무량무변하고 불가사의하여, 부처님의 신력 이외에는 어떤 천신이나 사람도 헤아릴 수 없고 삼세의 어떤 성문도 연각도 말할 수 없습니다.

불자여, 모든 부처님에게는 법왕과 다름 없는 열 가지 법이 있습니다.

불자여, 모든 부처님에게는 머무름으로 향하는 열 가지 법이 있습니다.

불자여, 모든 부처님은 열 가지 법을 모두 다 알고 있습니다.

불자여, 모든 부처님에게는 가장 훌륭한 열 가지 힘이 있으니, 그것은 큰 힘이요 한량없는 힘이며, 큰 공덕의 힘이요 존귀한 힘이며, 물러나지 않는 힘이요 견고한 힘이며, 깨뜨릴 수 없는 힘이요 어떤 세간도 헤아릴 수 없는 힘이며, 어떤 중생도 부술 수 없는 힘으로서, 대력나라연당(大力那羅延幢)이신 부처님의 머무는 법입니다.

불자여, 모든 부처님에게는 결정된 열 가지 법이 있습니다.

불자여, 모든 부처님에게는 열 가지 법이 있어서 어떤 중생도 부처님을 보는 이는 모두 열 가지 좋은 과보를 빨리 얻습니다.

불자여, 모든 부처님에게는 일체 보살이 항상 바로 생각해야 할 열 가지 청정한 법이 있습니다.

불자여, 모든 부처님에게는 열 가지 일체지에 머무름이 있습니다.

불자여, 또 모든 부처님에게는 한량없이 불가사의한 삼매가 있습니다.

불자여, 모든 부처님에게는 열 가지 걸림 없는 해탈이 있습니다.”

제29장 여래상해품
(如來相海品)

그때 보현보살마하살이 여러 보살들에게 말하였다.

"불자들이여, 자세히 듣고 잘 명심하십시오. 나는 당신들에게 부처님의 모습을 말하겠습니다.

부처님 머리에는 대인(大人)의 모습이 있으니, 이름은 명정(明淨)으로서 서른두 가지의 보배로 장엄하고 한량없는 큰 광명을 놓아 일체 시방세계를 두루 비춥니다.

또 부처님 머리에는 대인의 모습이 있으니, 이름은 보조불방편해(普照佛方便海)로서 원만한 여러 가지 보배와 갖가지 마니보배로 장엄하였습니다. 그것은 금강광명(金剛光明) 세계에서 일어난 것으로서, 일체 세계를 두루 비춥니다.

또 부처님에게는 대인의 모습이 있으니 이름은 보조(普照)로서, 불가사의한 모든 부처 세계를 다 나타내고, 금강마니의 묘한 보배 광명은 아무리 보아도 싫증이 나지 않으며, 온갖 보배 꽃뭉치가 떨쳐 일어나는 듯, 일체 법계의 부처 광명을 두루 비춥니다.

또 부처님에게는 대인의 모습이 있으니, 이름은 평등여래음성등운이구보해(平等如來音聲燈雲離垢寶海)로서 온갖 광명을 놓아 일체 법계, 시방세계의 보살의 공덕을 두루 비추고, 삼세 부처님의 지혜 바다를 굳건히 세웁니다.

또 부처님에게 대인의 모습이 있으니, 이름은 무량보광명륜(無量寶光明輪)으로서 과거의 청정한 선근을 나타내 보이고, 청정한 지혜의 빛을 내어 시방의 지혜바다를 두루 비춥니다.

또 부처님에게 대인의 모습이 있으니 이름은 명정운(明淨雲)으로서 보배 꽃과 유리의 달로 한량없는 백천 광명을 놓아 일체 법계와 허공계와 부처님 세계를 두루 비추고, 시방의 모든 부처님을 두루 나타냅니다.

또 부처님에게 대인의 모습이 있으니 이름은 각광명운(覺光明雲)으로서, 일체 법계에서 모든 부처님이 깨끗한 법륜을 굴리는 것을 두루 비춥니다.

불자여, 이처럼 부처님 몸에는 연화장 세계의 티끌 수 같은 대인의 모습이 있으며 이 외에 부처님 몸에는 여러 가지 묘한 보배가 장엄되어 있습니다."

제30장 불소상광명공덕품
(佛小相光明功德品)

ㄱ때 부처님께서 보수(寶手) 보살에게 말씀하셨다.

"보살마하살이 도솔천에 머물면서 큰 광명을 놓는데, 이름은 당왕(幢王)으로서 티끌 수 같이 수많은 세계와 지옥 중생들을 두루 비추어 그 고통을 다 없애고 중생들의 눈·귀·코·혀·몸·뜻 등의 모든 감각기관과 평소에 지은 업을 다 청정하게 한다.

중생들은 그 광명을 보고 모두 기뻐하며, 목숨을 마친 뒤 도솔천에 태어나서 천상의 미묘한 음성을 듣는다. 그 이름은 불가락(不可樂)으로 그 음성은 여러 천자들에게 말한다.

'방일하지 않기 때문에, 모든 부처님 계신 곳에서 선근을 심었기 때문에, 선지식을 만났기 때문에, 노사나 부처님의 위신력 때문에 저 지옥에서 목숨을 마치고 모두 이 천상에 났습니다.'

그 중생들은 목숨을 마치고 모두 도솔천에 태어나 천상의 묘한 음성을 듣고 이렇게 말한다.

‘장하고 장합니다. 여러 천자들이여! 노사나보살은 지금 더러움을 떠난 삼매에 머물러 있습니다. 그러므로 존경하여야 합니다.’

그때 천자들은 그 하늘이 교화하는 미묘한 음성을 듣고 이렇게 생각했다.

‘신기하고 신기하다. 무엇 때문에 이런 미묘한 소리를 내는가.’

그때 그 음성은 천자들에게 말했다.

‘우리 천상의 음성은 모든 선한 공덕으로 이루어진 것입니다. 여러 천자들이여, 내가 나를 말하면서도 ‘나와 내것’에 집착하지 않는 것처럼, 모든 부처님도 그와 같아서 스스로 자기를 부처라고 말하면서도 자기나 자기 것에 대해 집착하지 않습니다.

여러 천자들이여, 마치 수미산에 있는, 삼십삼천의 깨끗하고 묘한 궁전과 갖가지 오락 도구가 시방으로부터 오지 않은 것처럼 내 천상의 음성도 또한 그와 같습니다.

여러 천자들이여, 비유하면 억 나유타 부처 세계의 티끌 수 같은 세계를 부수어 티끌로 만들고, 그 티끌 수 같은 중생들을 위해 내가 설법하고, 그들의 성질을 따라 모두 기쁘게 하였다 합니다.

그러나 나는 그들에 대해 싫증을 내거나 고달프다고 생각하지 않으며, 방일하거나 교만한 마음을 내지 않는 것처럼 여러 천자들이여, 저 노사나보살이 더러움을 떠난 삼매에 머무르는 것도 그와 같아서 오른 손바닥에서 한 광명을 놓아 한량없는 자재한 신력을 내지만 일체 중생이나 성문·연각들은 그것을 알지 못합니다.

그러므로 당신네는 저 노사나보살 앞에 나아가 공경하고 예배하며, 오욕에 집착하여 모든 선근을 장애하지 말아야 할 것입니다.

여러 천자들이여, 마치 겁이 끝나면 저 수미산을 태워 다 없애는 것처럼, 천자들이여, 오욕이 마음을 걸빅하면 닦은 바 염불삼매를 다 없애버립니다. 그러므로 천자들은 은혜를 갚을 줄 알고, 한결같이 저 노사나보살을 공경하며 생각해야 합니다. 천자들이여, 은혜를 갚을 줄 모르는 중생은 죽은 뒤에는 세 가지 나쁜 길에 들어갑니다.

천자들이여, 당신네는 옛날 지옥에 있다가 광명의 은혜를 받고는 지옥을 버리고 이 천상에 났습니다. 그러므로 그 선근을 잘 길러야 하는 것입니다.'

그때 천자들은 이 음성을 듣고 한량없는 기쁨에 모두 일만의 꽃구름과 일만의 향구름·일만의 음악구름·일만의 당기구름·일만의 일산구름·일만의 찬탄구름 등을 만들고는 노사나보살이 머무는 궁전에 나아가 공경하고 공양한 뒤 한 쪽에 서 있었다. 그러나 노사나보살은 그들을 보지 못하였다.

그때 어떤 천자가 이렇게 말했다.

‘이 보살은 이미 목숨을 마치고 정반왕(淨飯王)의 집에 태어나서 전단 누각을 타고 마야 부인의 태 안에 계신다.’

그때 여러 천자들은 천안으로 노사나보살 마하살을 관찰하다가 범신천과 욕계의 여러 하늘이 공경하고 공양하는 것을 보았다.

그리하여 천자들은 이렇게 말하였다.

‘만일 우리가 먼저 노사나보살을 공경, 공양하지 않고 한 찰나 사이라도 이 도솔천에 머물면서 집착하는 마음을 일으키면 그것은 우리의 잘못이다.’

그때 여러 천자들은 각각 십 나유타의 천자 권속들과 함께 천상에서 내려와 염부제에 이르러 보살이 머무는 곳으로 가고자 하였다.

그때 천상의 묘한 음성은 다시 천자들에게 말하였다.

‘그 보살 마하살은 목숨을 마치지 않고도 어디든 교화할 만한 이에게는 다 나타납니다. 천자들이여, 마치 나는 지금 눈에 보이지 않으면서도 음성으로 말하는 것처럼, 보살 마하살이 더러움을 떠난 삼매에 머무는 것도 그와 같아서 눈에 보이지 않으면서도 곳곳에서 목숨을 마치고 태어나되 허망을 떠나고 교만을 없애며 집착하지 않는 것을 나타내 보입니다.

그러므로 천자들은 빨리 최고의 바른 깨달음으로 향하는 마음을 내어 뜻을 청정하게 하고 위의와 계율에 머물면서 일체 업의 장애와 번뇌의 장애와 과보의 장애와 삿된 견해의 장애를 참회하고, 법계와 허공계와 중생계와 같은 선한 삼업과, 또 중생계와 같은 몸과, 중생계와 같은 머리와, 중생계와 같은 혀로, 네 가지 장애를 참회하시오.'

천자들은 이 음성을 듣고는 모두 크게 기뻐하고 마음과 뜻이 부끄러워져 그 하늘 음성에 물었다.

'보살 마하살은 어떻게 참회합니까?'

그 하늘 음성은 보살 마하살의 삼매의 힘과 하늘 선근의 힘으로 천자들에게 답하였다.

'업의 장애 등 그런 죄는 동·서·남·북·상·하 어디에도 마음을 두는 것이 아닙니다. 보살 마하살은 그런 것이 다 착각으로 일어난 것임을 알고는 거기에 의혹을 내지 않습니다.

천자들이여, 이 하늘 음성이 업보의 행을 따르고 계율을 따르며, 기쁨을 따르고 고요한 적멸을 따라 말하는 것처럼, 저 부처님께서 중생들의 탐욕과 분노와 우치를 말하지만 사실은 나도 없고 내것도 없는 것처럼, 짓는 바 모든 업도 시방 어디에서 찾아보아도 얻을 수 없는 것입니다.

천자들이여, 이 음성은 생멸하지 않는 것처럼 모든 업도 다 그와 같아서 그것은 생멸하는 것이 아닙니다. 그것은 다만 업행을 따라 과보를 받는 것뿐입니다.

천자들이여, 이 음성은 한량없는 겁에도 그 끝이 없습니다. 천자들이여, 만일 이 소리가 가거나 오는 것이 있다고 생각한다면 그는 치우친 견해에 떨어질 것입니다. 중생들을 위한 방편의 설법을 제하고는 어떤 부처님도 단상(斷常)[61]을 말씀하시지 않았기 때문입니다.

천자들이여, 내 하늘 소리는 시방세계에서 교화를 받을 수 있는 중생은 다 들을 수 있는 것처럼 모든 부처님도 그와 같아서 교화를 받을 수 있는 중생은 다 그를 뵈올 수 있습니다.

천자들이여, 맑고 깨끗한 금(金)이나 유리거울이 시방세계와 같다면 그 거울에는 시방세계가 다 나타날 것입니다. 그리하여 모든 산천과 모든 중생·지옥 아귀 등의 곱고 추한 여러 가지 형상들이 다 거기에 나타날 것입니다.

천자들이여, 어떻게 생각합니까. 그 영상들이 그 거울에 들어온 것입니까.'

'아닙니다.'

'천자들이여! 일체 모든 업보도 그와 같아서, 오가는 곳이 없으면서 선근의 과보를 잘 내는 것입니다.

비유하면 요술쟁이가 사람의 눈을 어리게 하는 것처럼 모든 업도 그와 같음을 알아야 하나니, 만일 이렇게 알면 그것을 청정하고 진실한 참회라 합니다.'

이렇게 말하자 백천만억 나유타 세계 티끌 수 같은 모든 천자들은 다 생멸 없는 법인(法忍)을 얻고, 불가사의한 아승지 세계의 천자들은 다 아뇩다라삼먁삼보리심을 내었으며, 욕계 육천의 모든 천녀들은 모두 여자 몸을 버리고 남자가 되어 보리심에서 물러나지 않게 되었다.

그때 그 천자들은 보현보살의 회향하는 선근을 자세히 듣고는 모두 십지(十地)의 힘을 얻고 삼매를 갖추며, 삼업을 성취하고 일체의 장애를 다 없애 청정하게 되었다.

그리하여 백천만억 나유타 세계의 티끌 수 같은 연꽃에는 보살들이 다 가부하고 앉아 큰 광명을 놓으며 보살들의 낱낱 형상에서 중생계와 같은 광명을 놓고, 그 광명 속에서는 중생계와 같은 부처님이 가부좌하고 앉아 구제할 수 있는 중생들에게 설법하지만 그들은 더러움을 떠난 삼매를 조금도 보지 못하였다.

그때 천자들은 그 낱낱 털구멍에서 변화로 중생계와 같은 묘한 향과 꽃구름을 만들어 노사나 부처님께 공양하고 그 낱낱 꽃 속에서 모든 부처님을 보았다.

그때 그 향구름은 한량없는 티끌 수 같은 세계에 풍기어 향내를 맡는 중생은 몸과 마음이 다 즐거워졌다. 마치 넷째 선정에 든 비구처럼 그 향내를 맡는 중생은 온갖 죄업의 장애가 다 없어졌다.

즉 빛깔·소리·냄새·맛·촉감 등에 있어서 그 안에 있는 오백 가지 번뇌와 그 밖에 있는 오백 가지 번뇌와 이만일천 가지 탐욕의 번뇌와 분노의 번뇌, 우치의 번뇌 등, 모든 번뇌가 다 없어졌다.”

제31장 보현보살행품
(普賢菩薩行品)

그때 보현보살마하살은 여러 보살에게 말했다.

"여러 불자들이여, 이것은 미묘한 설법입니다. 왜냐하면 일체 여래·응공·정등각은, 교화해야 할 중생을 그 근기를 따라 설법하기 때문입니다.

즉 우치한 중생들이 번뇌에 결박되어 '나'와 '내것'을 헤아리고 '나'라는 견해에 집착하며, 항상 착각을 따라 그릇된 견해를 추종하며 그릇되게 허망함에 집착하며, 번뇌에 결박되어 생사의 세계에 윤회하면서 부처님의 가르침을 멀리하나니, 이런 중생을 위해 여래·응공·등정각은 세상에 출현하신 것입니다.

불자들이여, 만일 보살마하살이 한 번만이라도 성내는 마음을 일으킨다면 모든 악 중에서 그보다 더한 악은 없습니다.

왜냐하면 보살마하살로서 성내는 마음을 일으키면 진리

의 문에 드는 길을 방해하는 백천 가지 장애를 받게 되기 때
문입니다.

 그 백천 가지 장애란 무엇입니까.

 이른바 보리(菩提)를 보지 못하는 장애와 바른 진리를 듣
지 못하는 장애, 나쁜 갈래에 태어나는 장애, 여덟 가지 어
려움이 있는 곳에 태어나는 장애[62], 병이 많은 장애, 비방을
많이 듣는 장애, 어둡고 둔한 갈래에 태어나는 장애, 바른
생각을 잃는 장애, 지혜가 적은 장애, 눈·귀·코·혀·몸·
뜻 등의 장애, 나쁜 지도자를 가까이하는 장애, 나쁜 무리
를 가까이하는 장애, 나쁜 사람을 가까이하는 장애, 악인과
같이 사는 장애, 선량한 사람과 함께 수행하기를 좋아하지
않는 장애, 바른 견해를 멀리하는 장애 등을 받는 것입니다.

 불자들이여, 그러므로 보살마하살이 보살행을 빨리 갖추
려면 열 가지 바른 법을 닦아야 합니다.

 그 열 가지란 무엇입니까.

 일체 중생들을 버리지 않고 모든 보살에 대해 부처님이라
는 생각을 내며, 언제나 일체 불법을 비방하지 않고 모든 부
처님의 세계에서 다함 없는 지혜를 얻으며, 보살이 행하는
바를 공경하고 함께 기뻐하며, 허공과 법계와 같은 보리심
을 버리지 않고 진리를 분별하며, 부처님의 힘을 성취하여
저 언덕에 이르고 보살의 일체 변재를 닦아 익혀 중생을 교
화하되 싫증을 내지 않으며, 일체세계에서 태어남을 나타내
보이되 거기에 집착하지 않는 것 등입니다.

불자들이여, 이와 같은 열 가지 바른 법을 실천하는 보살 마하살은 열 가지 청정한 법을 거두어 지닙니다.

그 열 가지란 무엇입니까.

매우 깊은 법을 배워서 끝까지 청정하고, 선지식을 친근함이 청정하며, 모든 부처님의 바른 법을 보호함이 청정하고, 허공계를 다 분별함이 청정하며, 법계에 잘 들어감이 청정하고, 지혜로 마음의 작용을 아는 것이 청정하며, 보살의 선근을 청정하게 하고 마음이 항상 모든 겁에 집착하지 않음이 청정하며, 지혜로 삼세를 관찰함이 청정하고, 모든 부처님의 종성(種姓)[63]을 성취함이 청정한 것 등입니다.

불자들이여, 이와 같이 청정한 바른 법에 편히 머무르는 보살 마하살은 열 가지 바른 지혜를 완전히 갖춥니다.

그 열 가지란 무엇입니까.

이른바 중생의 마음과 마음의 작용을 분별하는 지혜, 중생의 모든 업보를 분별하는 지혜, 일체 불법을 두루 비추는 지혜, 모든 불법에서 방편의 차례를 얻는 지혜, 일체 문자와 변론을 성취하는 지혜, 중생들의 모든 언어를 잘 아는 지혜, 일체 세계에 몸을 나타내는 지혜, 자비의 빛으로 일체 중생을 두루 비추는 지혜, 일체 갈래에서 얻는 일체의 지혜 등입니다.

불자들이여, 이렇게 진리의 세계에 들어가는 지혜를 갖춘 보살 마하살은 열 가지 바른 마음에 편히 머무릅니다.

그 열 가지란 무엇입니까.

일체 세계의 말과 말이 아닌 법을 아는 바른 마음에 편히
머물고, 일체 중생을 바로 생각하는 바른 마음에 편히 머물
며, 허공계와 같은 바른 마음에 편히 머물고, 법계의 무량
무변한 바른 마음에 편히 머물며, 모든 부처님의 바른 법을
따르는 바른 마음에 편히 머물고, 매우 깊은 선법과 무너지
지 않는 법을 아는 바른 마음에 편히 머뭅니다.

또 일체 의혹을 없애는 바른 마음에 편히 머물고, 삼세의
법을 평등하게 관찰하는 바른 마음에 편히 머물며, 삼세 모
든 부처님의 평등을 아는 바른 마음에 편히 머물고, 모든 부
처님의 평등을 아는 바른 마음에 편히 머물고, 모든 부처님
의 한량없는 힘을 아는 바른 마음에 편히 머무는 것 등입니
다.

불자들이여, 이와 같이 열 가지 바른 마음에 편히 머무는
보살은 곧 모든 부처님의 미묘한 방편법을 얻습니다.

그 열 가지란 무엇입니까.

미묘한 방편으로 일체 부처님의 깊은 법을 두루 비추고,
미묘한 방편으로 모든 부처님의 매우 깊고 훌륭한 법을 내
며, 미묘한 방편으로 일체 부처님의 장엄한 법을 분별해 연
설하고, 미묘한 방편으로 일체 부처님의 평등한 법에 깊이
들어가며, 미묘한 방편으로 갖가지 모양의 일체 불법을 분
별하고, 미묘한 방편으로 깨뜨릴 수 없는 모든 부처님의 바
른 법에 들어가며, 미묘한 방편으로 일체 부처님의 모든 장
엄한 법에 들어가고, 미묘한 방편을 얻어 한 방편으로 일체

의 불법에 들어가며, 미묘한 방편으로 부처님의 한량없는 모든 방편법에 들어가고 미묘한 방편으로 일체 불법에서 마음이 자재함을 얻고는 물러나지 않는 것 등입니다.

불자여, 이것이 열 가지 미묘한 방편법입니다.

불자들이여! 그러므로 보살마하살은 일심으로 공경하면서 이 법을 듣고 지녀야 합니다.

왜냐하면 보살마하살이 이 법을 들으면 조그만 방편으로도 위없는 바른 깨달음을 빨리 얻어 삼세 부처님과 평등하게 될 수 있기 때문입니다."

그때 부처님의 위신력으로 티끌 수 같은 세계의 수많은 보살마하살들이 그곳으로 모여들어 이렇게 말하였다.

"장하십니다. 불자여, 당신은 이렇게 모든 부처님의 서원과 수기하는 깊은 법을 잘 말했습니다. 우리는 다같이 보현이라는 이름으로서, 저 보승(普勝) 세계에 계시는 보당자재(普幢自在) 부처님의 처소로부터 여기 왔습니다.

저 다른 일체 세계에서도 이 법을 연설하는데 그 글귀와 뜻과 일체의 행이 모두 꼭 같아서 조금도 가감이 없습니다. 그러므로 우리는 여기 와서 당신을 위해 증명하는 것입니다."

그때 보현보살마하살은 부처님의 신력과 자기 선근의 힘으로 시방과 모든 법계를 관찰하고는, 모든 보살행과 부처님의 보리를 밝히기 위해, 큰 서원을 말하기 위해, 일체 세계의 모든 겁을 분별하기 위해, 때를 따라 부처님이 보이는

것을 밝히기 위해, 중생들이 그 근기를 따라 모두 교화를 받
게 하기 위해, 부처님이 여러 곳에서 행하는 설법에 허망이
없음을 밝히기 위해, 선근을 심은 대로 그 과보가 헛되지 않
게 하기 위해, 보살의 청정한 법신을 밝히고자 미묘한 음성
을 내어 중생들을 깨우쳐 보리심을 일으키게 하였다.

제32장 여래성기품
(如來性起品)

그때 부처님께서 두 눈썹 사이의 백호상(白毫相)[64]으로부터 큰 광명을 놓으시니, 이름을 명여래법(明如來法)이라 하였다.

그 무량한 아승지 광명으로 권속을 삼아서 시방의 일체 세계를 두루 비추고, 열 바퀴를 돌며 부처님의 한량없는 자재로움을 나타내어 무수한 보살 대중을 깨우쳤다.

그때 모든 세계는 여섯 가지로 진동하고 일체 악마의 광명을 가리어 마치 먹덩이처럼 만들었다. 그리고 모든 보리를 나타내고 모든 대중을 나타내며, 장엄을 성취하여 법계 허공계 등 일체 세계를 두루 비추었다.

그리고 다시 일체 보살 대중을 돌고는 여래성기묘덕(如來性起妙德) 보살의 정수리로 들어갔다.

그때 모든 대중의 마음은 매우 기쁘고 몸과 뜻은 부드러워져 이렇게 생각하였다.

‘참으로 신기하고 희유하다. 부처님께서 지금 큰 광명을 놓으시니 반드시 매우 깊고 바른 법을 연설하실 것이다.’

그때 여래성기묘덕보살은 보현보살에게 물었다.

“불자여, 부처님이 나타내시는 큰 위력은 불가사의합니다. 이것은 무슨 상서로운 징조입니까.”

보현보살은 여래성기묘덕보살에게 답하였다.

“불자여, 내 생각과 내가 본 바로는 과거 여래께서 큰 광명을 놓으시면 반드시 여래의 성품이 일어나는 바른 법을 말씀하셨습니다. 그러므로 지금 부처님이 큰 광명을 놓아 자재한 힘을 나타내시는 것도 반드시 여래의 성품이 일어나는 바른 법을 말씀하실 것입니다.”

그때 여래성기묘덕보살이 여래성기정법이라는 이름을 듣자 일체 대지가 여섯 가지로 진동하면서 무량한 광명이 나타났다.

여래성기묘덕보살은 보현보살에게 물었다.

“불자여, 어떻게 하면 보살마하살이 여래의 성품이 일어나는 바른 법을 알 수 있습니까?”

보현보살은 여래성기묘덕보살에게 답하였다.

“불자여, 여기 모인 무수한 보살마하살은 청정한 모든 업을 잘 배워 수행하고 생각하는 지혜로 모든 부처님의 장엄을 성취하여 저 언덕에 도달하였습니다. 또 부처님의 위의에 머무르고 부처님의 행을 갖추었으며, 모든 부처님을 바로 생각하되 어지러운 일이 없으며, 큰 자비로서 일체 중생을 관찰하고 궁극의 지혜로 보살의 묘한 신통을 분별하며, 부처님의 신력을 얻고 모든 부처님의 공덕에 머뭅니다. 이와 같이 다함 없는 공덕을 성취한 보살이 모두 여기 와 모였습니다.

그대는 과거에 한량없이 무수한 부처님을 공경, 공양하면서 온갖 선근을 심어 보살의 위없는 묘한 행을 성취하고, 모든 삼매문에서 자재를 얻어 모든 부처님의 비밀의 법에 깊이 들어갔으며, 또 모든 불법에서 온갖 의혹을 없앴으며, 일체 중생의 근기를 잘 알고 그들의 성질을 따라 설법하며, 부처님의 지혜를 따라 일체 불법을 분별해 연설하면서 저 언덕에 이르러 이런 한량없는 공덕을 성취했습니다."

그때 다시 여래성기묘덕보살이 보현보살에게 물었다.

"훌륭하십니다. 불자여! 부처님의 성품이 일어나는 바른 법을 설명해 주십시오."

그때 보현보살은 여래성기묘덕보살과 여러 대중에게 말하였다.

"불자들이여, 여래의 성품이 일어나는 바른 법은 불가사의합니다. 왜냐하면 조그만 인연으로는 깨달음을 이루어 세상에 나올 수 없기 때문입니다.

불자들이여, 무량 무수한 백천 아승지의 열 가지 인연이 있어야 깨달음을 이루어 세상에 나오는 것이니 그 열 가지란 무엇입니까.

첫째는 무량한 보리심을 내어 일체 중생을 버리지 않는

것이요, 둘째는 과거의 무수한 겁 동안 온갖 선근을 닦아 그 마음이 정직하고 깊은 것이며, 셋째는 무량한 자비로 중생을 구호하는 것이요, 넷째는 무량한 수행을 닦아 큰 서원에서 물러나지 않는 것이며, 다섯째는 무량한 공덕을 쌓되 충분하다는 마음이 없는 것이요, 여섯째는 무량한 모든 부처님을 공경하며 중생을 교화하는 것입니다. 일곱째는 무량한 방편의 지혜를 내는 것이요, 여덟째는 무량한 모든 공덕의 창고를 성취하는 것이며, 아홉째는 무량한 장엄의 지혜를 내는 것이요, 열째는 무량한 모든 법의 진실한 뜻을 분별해 연설하는 것입니다.

불자들이여, 이와 같은 무량 무수한 백천 아승지의 열 가지 법문이라야 등정각을 이룬 부처로서 세상에 출현하는 것입니다.

여러 불자들이여, 보살 마하살은 또한 마땅히 알아야 합니다. 여래의 성품이 일어나는 바른 법은 그 공덕이 무량하나니, 그것은 행이 무량하기 때문이요, 시방에 충만하여 오고 감이 없기 때문이며, 나고 머물고 멸함을 떠나 행이 없기 때문이요, 마음과 의식을 떠나서 몸이 없기 때문이며, 성품이 허공과 같아 다 평등하기 때문입니다.

또 일체 중생에게는 '나'도 '내것'도 없고 그 끝도 없기 때문이며, 일체의 세계가 다함도 변함도 없기 때문이며, 미래 세상은 끊어지지도 않고 물러나지도 않기 때문이며, 여래의 지혜에 의심이 없고 둘이 없어 평등하며 유위(有爲)와 무위

(無爲)[65]를 관찰하기 때문이며, 정각을 이루어 중생을 이롭게 하고 본래 행을 회향하여 자재하고 만족하기 때문입니다."

그때 보현보살은 거듭 여러 보살들에게 말하였다.

"여러 불자들이여, 여래를 알거나 보는 보살은 한량없는 공덕을 원만히 성취합니다.

왜냐하면, 여래는 한 법이나 한 행이나 한 몸이나 한 세계로 중생을 교화하지 않고, 한량없는 법과 한량없는 행과 한량없는 몸과 한량없는 세계를 갖춰 일체 중생을 평등하게 교화하기 때문입니다.

불자들이여, 비유하면 저 허공은 빛이 있는 곳이나 빛이 없는 곳이나 어디고 다 갑니다. 그러나 그것은 가는 것도 아니요, 가지 않는 것도 아닙니다.

왜냐하면 허공은 형상이나 빛이 없기 때문입니다. 여래의 법신도 그와 같아서 일체의 장소, 일체의 세계, 일체의 법, 일체의 중생, 어디에도 가지만 가는 곳이 없습니다. 그것은 바로 여래의 몸은 정해진 몸이 아니기 때문이며, 교화할 곳을 따라 그 몸을 나타내 보이기 때문입니다.

또 불자들이여, 비유하면 허공이 아주 넓어 일체 중생을 다 수용하면서도 거기에 집착하지 않는 것처럼, 여래의 법신도 그와 같아서 일체 중생과 세간의 선근을 비추면서도 세간의 선근을 떠나 집착하지 않습니다.

왜냐하면 여래의 법신은 일체의 집착을 모두 버렸기 때문입니다.

또한 불자들이여, 해가 세상에 나오면 한량없는 일로 중생을 이롭게 합니다.

즉 어두움을 없애고 일체 산림과 약초와 온갖 곡식과 풀·나무 등을 기르며, 냉기와 습기를 없애고, 허공을 비춰서 허공의 중생을 이롭게 하며, 연못을 비춰서 연꽃을 피게 하고, 세상을 두루 비추어 일체 빛깔과 형상을 나타내며 세간의 일들을 다 성취시킵니다. 왜냐하면 해는 광명을 두루 놓기 때문입니다.

여래의 지혜도 또한 그와 같아서 한량없는 일로 일체 중생을 두루 이롭게 합니다.

또한 불자들이여, 해가 뜨면 먼저 큰 산을 비추고 다음에는 일체 대지를 두루 비춥니다. 그러나 햇빛은 '나는 먼저 큰 산을 비추고 차례로 대지를 두루 비추리라'고 생각하지 않습니다. 다만 그 산과 대지에 높고 낮음이 있기 때문에 그 비침에 먼저와 나중이 있을 뿐입니다.

또한 불자들이여, 저 해가 세상에 나타나더라도 태어날 적부터 장님인 중생은 그것을 보지 못합니다. 왜냐하면 육안이 없기 때문입니다. 그러나 그 장님이 비록 해를 보지는 못하더라도 그 햇빛의 이익은 받습니다. 즉 그 햇빛 때문에 음식과 살림살이와 도구를 얻고 냉기와 습기를 없애어 몸을 가뿐하게 하며, 바람기·한기·담중·종기 등의 병을 모두 치료할 수 있습니다.

부처님의 지혜의 해가 세상에 나오는 것도 그와 같아서 일체의 그릇된 견해·무지·그릇된 생활 등으로 날 적부터 장님이 된 중생은 부처님의 지혜 광명을 보지 못합니다.

그러나 불자들이여, 그 장님이 여래의 지혜 햇빛은 보지 못하더라도 여래의 지혜 햇빛의 이익은 얻습니다. 즉 사대(四大)[66]의 모든 고통을 없애어 몸이 안락하고 일체의 번뇌와 고통의 근본을 끊습니다.

또 불자들이여, 보살마하살은 부처님의 열 가지 한량없는 음성을 알아야 합니다.

열 가지 한량없는 음성이란 무엇입니까. 이른바 허공과 같이 한량없음을 알고 보나니 그것은 이르지 않는 곳이 없기 때문이요, 법계와 같이 한량없음을 알고 보나니 사무치지 않는 곳이 없기 때문이며, 중생계와 같이 한량없음을 알고 보나니 일체 중생들을 모두 기쁘게 하기 때문이요, 행업(行業)과 같이 한량없음을 알고 보나니 일체의 과보를 두루 설명하기 때문이며, 번뇌와 같이 한량없음을 알고 보나니 끝까지 적멸하기 때문이요, 갖가지 음성과 같이 한량없음을 알고 보나니 교화받을 중생들이 다 그 소리를 듣기 때문입니다.

또 욕락과 같이 한량없음을 알고 보나니 모든 해탈을 다 분별해 말하기 때문이요, 삼세와 같이 한량없음을 알고 보나니 한계가 없기 때문이며, 지혜와 같이 한량없음을 알고 보나니 모든 법에 깊이 들어가기 때문이요, 물러나지 않는 부처님의 경계와 같이 한량없음을 알고 보나니 여래의 법계에 순응하기 때문입니다.

불자들이여, 보살마하살은 여래의 음성에 이런 열 가지 한량없는 아승지가 있음을 알고 봅니다."

그때 여러 보살들은 보현보살에게 물었다.

"이 경은 무엇이라 이름해야 하며 또 어떻게 받들어 지녀야 합니까."

"불자들이여, 이 경의 이름은 '모든 부처님의 비밀한 진리의 창고'라 합니다. 그리하여 이것은 세간의 그 누구도 헤아리지 못하며 오직 여래만이 알고 있는 큰 지혜 광명으로서 여래의 종성(種性)을 개발하고, 일체 보살의 공덕을 기르며, 일체 여래의 경계에 순응하며, 일체 중생들을 다 청정하게 하고 부처님의 궁극의 법을 분별해 연설하는 것입니다.

불자들이여, 이 경전은 다만 불가사의한 교법을 의지하는 보살 마하살로서 한결같이 보리를 구하는 이를 위해 분별해 연설할 것이지, 다른 사람을 위한 것이 아닙니다.

왜냐하면 이 경은 보살 이외에는 어떤 중생의 손에도 들어갈 수 없기 때문입니다.

불자들이여, 비유하면 전륜성왕이 가진 칠보는 첫째 부인이 낳은 왕자로서 원만한 성왕의 상을 갖춘 이 이외에는 아무도 가질 수 없는 것과 같습니다.

불자들이여, 만일 전륜성왕에게 온갖 덕을 갖춘 왕자가 없다면, 그 왕이 목숨을 마친 뒤에는 그 보배들은 저절로 없어질 것입니다.

불자들이여, 이 경도 그와 같아서, 여래의 참 아들로서 모든 여래의 종성의 집에 태어나 여래의 성과 모든 선근을 심은 이 이외에는 어떤 중생의 손에도 들어가지 않을 것입니다. 만일 그런 부처님의 참 아들이 없다면 이 경은 곧 없어질 것입니다.

왜냐하면 일체의 성문이나 연각은 이 경의 이름조차도 듣지 못하거늘 하물며 받아 지니며 쓰거나 해설할 수 있겠습니까. 그럴 수는 없는 일입니다. 그러나 보살 마하살은 이것을 스스로 외워 지니고 베껴쓸 수 있을 것입니다.

불자들이여, 그러므로 보살마하살은 이 경의 이름이라도 들으면 기뻐하여 공경하고 정성껏 받들어 지닙니다. 왜냐하면 보살 마하살은 이 경을 믿고 좋아하기 때문에 방편을 조금만 쓰더라도 반드시 위없는 보리를 얻을 것입니다.

불자들이여, 보살마하살이 비록 무량 억 겁 동안 육바라밀을 행하고 도품(道品)의 선근을 닦아 익히더라도, 이 경의 이름을 듣지 못했거나, 들었더라도 믿고 받들지 않으면, 그들은 거짓 보살로서, 여래 종성의 가문에 태어난 이라 할 수 없는 것입니다.

불자들이여, 만일 보살마하살로서 이 경의 이름을 듣고는 그것을 믿고 받들어 지니거나 또 따르면, 그는 참 불자로서, 부처님의 가문에 태어난 이라 할 수 있습니다.

그리하여 일체 여래의 경계에 순응하고, 일체 보살의 바른 법을 갖추어, 일체종지(一切種智)[67]의 경계에 편히 머물고, 일체 세간의 모든 법을 멀리 떠나며, 여래의 행을 내어 기르고, 일체 보살의 모든 법의 저 언덕에 이르러, 여래의 자재한 바른 법에 대해 의혹하는 마음이 없으며, 스승 없는 자리에 끝까지 편히 머물고, 일체 여래의 경계에 깊이 들어갈 것입니다.

불자들이여, 보살마하살로서 이 경의 법을 듣는 이는 평등한 뜻의 행과 무량한 마음을 내고, 일체 허망한 생각을 멀리 떠나 끝까지 정직한 마음으로 평등하고 청정하기를 닦아 익힘이 허공과 같으며, 일체 보살의 행업을 분별하고 관찰하여 법계와 평등하고, 일체종지를 완전히 성취하여 세간의 더러움을 멀리 떠날 것입니다.

또 청정한 마음을 내어 일체 시방세계에 가득 채우고 보살의 법문에 깊이 들어가 삼세의 부처님들을 평등하게 관찰하며, 선근의 공덕과 지혜를 완전히 갖추어 이런 모든 법에 깊이 들어가되 들어감이 없고, 한 법도 생각하지 않고 두 법도 생각하지 않으면서 무량한 모든 법을 평등하게 다 관찰해야 하는 것입니다.

불자들이여, 보살마하살이 이런 공덕을 성취하면 조그만 방편으로도 스승 없는 지혜를 얻을 것입니다.”

제 33 장 이세간품
(離世間品)

그때 부처님께서는 마가다국 적멸도량의 보광법당에 계시면서 연화장의 보배 사자좌에 앉아 정각을 이루셨다.

그리하여 둘이 아닌 생각과 모양이 없는 생각을 관찰하고 부처님의 자리에 머물면서 일체 부처님과 평등하여, 걸림 없는 세계에 이르러서는 물러나지 않는 법과 걸림 없는 경계를 얻었다.

불가사의한 경계에 머물러 삼세를 멀리 떠나고 일체 세계에서 그 몸을 두루 나타내며, 일체의 법을 알고 일체의 묘한 행을 원만히 성취하여 의혹을 아주 떠났으며 허망한 몸도 떠나버렸다.

또 부처님의 둘이 없는 법에 머물면서 끝내 저 언덕에 이르러 일체 보살들에게 한량없는 지혜를 주고 여래의 깨뜨릴 수 없는 지혜의 법문을 완전히 갖추어 무량무변한 허공계 법계와 같은 여래의 모든 자리를 성취하였다.

그리하여 모든 부처님이 차례로 주는 수기를 환히 알고 그 세계에서 정각을 이루어 깨끗한 법륜을 굴렸다. 부처님이 없는 세계에서는 그 몸을 나타내되, 부처님이 되어 세상에 나와서는 무명에 가린 이들을 모두 청정하게 하며, 일체 보살의 업장을 없애며, 걸림 없는 법계에 들어가 있었다.

그때 보현보살은 불화엄(佛華嚴)이라는 삼매에 들었다.

그가 삼매에 들자 시방의 모든 세계는 여러 가지 모양으로 진동하면서 미묘한 소리를 내니 일체 세계의 중생들이 모두 다 들었다. 진동이 그치자 보현보살은 삼매에서 일어났다.

그때 보혜보살은 대중이 구름처럼 모인 것을 알고 보현보살에게 물었다.

"불자여, 어떤 것을 보살마하살이 의지하는 과보라 하고, 어떤 것을 기특한 생각이라 하며, 어떤 것을 행이라 하고, 어떤 것을 선지식이라 하며, 어떤 것을 부지런히 닦는 정진이라 하고, 어떤 것을 바른 희망이라 하며, 어떤 것을 중생을 성취한다 하고, 어떤 것을 계율이라 하며, 어떤 것을 수기법(授記法)[68]을 아는 것이라 하고, 어떤 것을 듦[入]이라 하며, 어떤 것을 여래에 든다 하고 어떤 것을 중생의 마음에 들어가 활동한다 하며, 어떤 것을 세계에 든다 하고 어떤 것을 겁(劫)에 든다 하며, 어떤 것을 삼계(三界)에 드는 것이라 합니까.

또 어떤 것을 근심을 떠나 의혹이 없는 것이라 하고 어떤

것을 무너지지 않는 지혜라 하며, 어떤 것을 다라니라 하고
어떤 것을 부처를 분별해 말할 줄 아는 것이라 하며, 어떤
것을 보현의 마음을 내는 것이라고 하고 어떤 것을 보현의
행원(行願)이라 하며, 어떤 것을 대비(大悲)라 하고 어떤 것
을 보리심을 내는 인연이라 하며, 어떤 것을 선지식에 대해
공경하는 마음을 일으키는 것이라 합니까.

훌륭하십니다. 불자여, 이제 이 물음에 대하여 자세히 설
명해 주시기 바랍니다."

그때 보현보살은 여러 보살에게 말하였다.

"불자들이여, 보살마하살에게는 열 가지 행이 있으니 그
열가지 행이란 어떤 것인가.

이른바 일체 중생으로 하여금 오로지 바른 법을 구하게
하는 행이요, 선근을 완전히 성숙하게 하는 행이며, 일체 계
율을 잘 배우는 행이요, 일체 선근을 기르는 행이며, 일심으
로 삼매를 닦는 행이요, 일체 지혜를 분별하는 행이며, 일체
의 닦을 바를 닦아 익히는 행이요, 일체 세계를 장엄하는 행
이며, 선지식을 공경하고 공양하는 행이요, 모든 여래를 공
경하고 공양하는 행입니다.

불자들이여, 이것이 보살마하살의 열 가지 행이니, 만일
보살 마하살이 이 행에 편히 머물면 그는 곧 여래의 위없는
큰 지혜의 행을 얻을 것입니다.

불자들이여, 또 보살마하살에게는 열 가지 선지식이 있으
니, 그 열 가지란 무엇입니까.

이른바 보리심에 편히 머물게 하는 선지식이요, 선근을 닦아 익히게 하는 선지식이며, 모든 바라밀을 다 성취하게 하는 선지식이요, 일체 법을 분별해 해설하는 선지식이며, 일체 중생을 성숙시켜 편히 머물게 하는 선지식이요, 변재를 갖추어 묻는 대로 대답하게 하는 선지식이며, 생사에 집착하지 않게 하는 선지식이요, 보살행을 행하되 싫증을 내지 않게 하는 선지식이며, 보현의 행에 편히 머물게 하는 선지식이요, 모든 부처님의 지혜에 깊이 들어가게 하는 선지식입니다.

불자들이여, 이것이 보살마하살의 열 가지 선지식입니다.

불자들이여, 또 보살마하살에게는 열 가지 부지런히 닦는 정진이 있으니, 그 열 가지란 무엇입니까.

이른바 일체 중생을 교화하기 위해 부지런히 닦는 정진과, 일체 법에 들어가기 위해 부지런히 닦는 정진과, 일체 세계를 청정하게 하기 위해 부지런히 닦는 정진과, 일체 보살의 배울 바를 성취하기 위해 부지런히 닦는 정진과, 일체 중생들로 하여금 모든 악을 멸하게 하기 위해 부지런히 닦는 정진과, 일체 지옥·아귀·축생·염라왕 등의 고통을 멸하기 위해 부지런히 닦는 정진과, 일체 악마를 항복받기 위해 부지런히 닦는 정진과, 일체 중생의 청정한 눈이 되기 위해 부지런히 닦는 정진과, 일체의 부처님을 공경하고 공양하기 위해 부지런히 닦는 정진과, 일체 여래를 모두 기쁘게 하기 위해 부지런히 닦는 정진입니다.

불자들이여, 이것이 보살마하살의 열 가지 부지런히 닦는 정진이니, 만일 보살마하살이 이 정진에 머물면 그는 곧 여래의 위없는 정진바라밀을 갖추게 될 것입니다.

불자들이여, 또 보살마하살에게는 열 가지 바른 희망이 있으니 그 열 가지란 무엇입니까.

이른바 자신도 보리심에 머물고 중생도 보리심에 머물게 하는 희망과, 자신도 성냄과 다툼을 떠나고 중생들도 그것을 떠나게 하는 희망과, 자신도 우치를 떠나 불법에 편히 머물고, 중생들도 우치를 떠나 불법에 편히 머물게 하는 희망입니다.

또한 자신도 선근을 닦아 오로지 바른 법을 구하고 중생들도 선근을 닦아 오로지 바른 법을 구하게 하려는 희망과, 자신도 모든 바라밀을 성취하여 저 언덕에 이르고 중생들도 모든 바라밀을 성취하여 저 언덕에 이르게 하려는 희망과, 자신도 여래 종성의 가문에 나고 중생들도 여래 종성의 가문에 나게 하려는 희망과, 자신도 일체 법을 관찰하여 다함이 없는 성품에 깊이 들어가고 중생도 일체 법을 관찰하여 다함이 없는 성품에 깊이 들어가게 하려는 희망입니다.

또한 자신도 일체 불법을 비방하지 않고 중생들도 일체 불법을 비방하지 않게 하려는 희망과, 자신도 일체의 지혜와 소원을 성취하고 중생들도 일체의 지혜와 소원을 성취하게 하려는 희망과, 자신도 일체 여래의 다함 없는 지혜의 창고에 깊이 들어가고 중생들도 일체 여래의 다함 없는 지혜의 창고에 깊이 들어가게 하려는 희망 등입니다.

불자들이여, 이것이 보살마하살의 열 가지 바른 희망이니, 만일 보살 마하살이 법에 편히 머물면 그는 곧 여래의 위없고도 평등한 큰 지혜의 바른 희망을 얻게 될 것입니다.

불자들이여! 또 보살마하살은 열 가지 법으로 중생을 성숙시킵니다. 그 열 가지란 무엇입니까.

이른바 보시로 중생을 성숙시키고, 단엄한 색신으로 중생을 성숙시키며, 설법으로 중생을 성숙시키고, 뜻을 같이 하여 중생을 성숙시키며, 집착 없음으로써 중생을 성숙시키고 보살행을 찬탄함으로써 중생을 성숙시키며, 일체 세계가 불붙는 것을 나타내 보임으로써 중생을 성숙시키고, 여래의 공덕을 찬탄함으로써 중생을 성숙시키며, 신력의 자재함을 나타내 보임으로써 중생을 성숙시키고, 갖가지 교묘한 방편으로 치밀하게 세간행에 순응함으로써 중생을 성숙시킵니다.

불자들이여, 이것이 보살마하살이 중생을 성숙시키는 열 가지 법이니, 만일 보살 마하살이 이 법에 편히 머물면 그는 곧 일체 중생을 잘 성숙시킬 수 있을 것입니다.

불자들이여, 또 보살마하살에게는 열 가지 계율이 있으니 그 열 가지란 무엇입니까.

이른바 보리심을 깨뜨리지 않는 계율과, 성문과 연각의 자리를 떠나는 계율과, 일체 중생을 관찰하여 이롭게 하는 계율과, 일체 중생을 불법에 머물게 하는 계율과, 일체 소유가 없는 계율과, 일체 선근을 보리로 회향하는 계율과, 일체 여래의 형상에 집착하지 않는 계율 등입니다.

불자들이여, 보살마하살에게는 또 수기(授記) 받음을 스스로 알게 하는 법, 열 가지가 있으니 그 열 가지란 무엇입니까.

이른바 한결같이 보리심을 내는 보살이 받는 수기와, 보살행을 싫어하지 않는 보살이 받는 수기와, 일체의 겁(劫)에서 고행을 닦는 보살이 받는 수기와, 일체 불법에 순응하는 보살이 받는 수기와, 일체 여래의 말을 결정코 믿고 행하는 보살이 받는 수기와, 일체 선근을 원만히 닦아 익히는 보살이 받는 수기와, 일체 중생을 보리에 굳게 머물게 하는 보살이 받는 수기와, 일체 선지식과 더불어 화합하고 그를 따르는 보살이 받는 수기와, 일체 선지식을 여래라고 생각하는 보살이 받는 수기와, 보리에 대한 본래의 서원을 수호하는 보살이 받는 수기 등입니다.

불자들이여, 이것이 보살마하살의 수기 받음을 스스로 알게 하는 열 가지 법이니, 그 보살이 스스로 알아서 받는 수기입니다.

불자들이여, 보살마하살은 또 열 가지 보현의 마음을 내나니 그 열 가지란 무엇입니까.

이른바 큰 자심(慈心)을 내나니 일체 중생을 구호하기 위해서요, 큰 비심(悲心)을 내나니 일체 중생을 대신하여 일체의 고통을 받기 위해서이며, 보시가 가장 으뜸가는 보살행이라는 마음을 내나니 일체의 소유를 다 버리기 위해서요, 일체지가 우두머리라고 바로 생각하는 마음을 내나니 일체의 불법을 즐겨 구하기 위해서이며, 공덕으로 장엄하려는 마음을 내나니 모든 보살행을 배우기 위해서요, 금강 같은 마음을 내나니 일체의 태어남을 잊지 않기 위해서입니다.

또 큰 바다와 같은 마음을 내나니 일체 깨끗한 법을 다 흘러 들게 하기 위해서요, 수미산왕과 같은 마음을 내나니 일체의 비방과 고언(苦言)을 참기 위해서이며, 안온한 마음을 내나니 일체 중생이 두려워하지 않게 하기 위해서요, 반야바라밀다를 성취하여 저 언덕에 이르려는 마음을 내나니 일체의 법이 공(空)함을 잘 깨닫기 위해서입니다.

불자들이여, 이것이 보살마하살이 내는 열 가지 보현의 마음이니 만일 보살마하살로서 이 마음에 편히 머물면 조그만 방편으로 곧 보현의 묘한 방편의 지혜를 두루 갖출 것입니다.

불자들이여, 또 보살마하살은 보리심을 내는 열 가지 인연이 있으니 그 열 가지란 무엇입니까.

이른바 일체중생을 교화하여 성숙시키려는 것이 보리심을 내는 인연이요, 일체 중생의 고통을 없애려는 것, 일체 중생에게 갖가지 즐거움을 주려는 것, 일체 중생의 우치를 없애려는 것, 일체 중생에게 부처님의 지혜를 주려는 것, 일체 부처님을 공경하고 공양하려는 것, 여래의 가르침을 따라 부처님을 기쁘게 하려는 것, 부처님의 색신의 상호를 보

려는 것, 일체 부처님의 지혜에 들어가려는 것, 부처님의 힘
과 두려움 없음을 나타내려는 것이 보리심을 내는 인연입니
다.

불자들이여, 이것이 보살마하살이 보리심을 내는 열 가지
인연이니, 만일 보살 마하살이 보리심을 내었으면 선지식을
공경, 공양하고 친근해야 합니다. 왜냐하면 일체지를 빨리
깨닫기 위해서입니다.

또 그 보살마하살은 선지식을 공경, 공양하고 친근한 뒤
에는 열 가지 마음을 일으키나니 그 열 가지란 무엇입니까.

이른바 그 선지식에 대해 모시려는 마음, 그 선지식을 어
기지 않으려는 마음, 따르려는 마음, 그 선지식을 보고 기뻐
하는 마음, 이익을 구하지 않는 마음, 한결같은 마음, 선근
을 같이하려는 마음, 서원을 같이하려는 마음, 그 선지식
을 여래라고 생각하는 마음, 원만한 행을 같이하려는 마음
등을 일으킵니다.

불자들이여, 이것이 보살마하살이 선지식에 대해 일으키
는 마음 열 가지입니다.

불자들이여, 만일 보살마하살이 이런 열 가지 마음을 내
면 그는 곧 열 가지 청정함을 얻습니다. 그 열 가지란 무엇
입니까.

이른바 정직한 마음이 청정하나니 끝까지 잃지 않았기 때
문이요, 색신이 청정하나니 교화하는 이를 따라 누구나 다
보기 때문이며, 원만한 음성이 청정하나니 일체 언어의 법

을 성취했기 때문이요, 변재가 청정하나니 묘한 방편으로
불가사의한 모든 불법을 설명하기 때문이며, 지혜가 청정하
나니 일체의 우치를 없앴기 때문이요, 태어남이 청정하나니
보살의 자재한 힘을 완전히 갖추었기 때문입니다.

또 권속이 청정하나니 과거에 같이 수행한 중생들이 온갖
선근을 성취하였기 때문이요, 과보가 청정하나니 일체의 업
장을 없앴기 때문이며, 모든 원이 청정하나니 일체 보살들
과 같기 때문이요, 모든 행이 청정하나니 보현보살의 행을
성취했기 때문입니다.

불자들이여, 이것이 보살마하살의 열 가지 청정입니다.

불자들이여, 보살마하살은 열 가지의 바라밀이 있습니다.
그 열 가지란 무엇입니까.

이른바 보시바라밀이니 일체 소유를 버리기 때문이요, 계
율바라밀이니 부처님의 계율을 깨끗하게 하기 때문이며, 인
욕바라밀이니 부처님의 인욕을 원만히 갖추었기 때문이요,
정진바라밀이니 언제나 물러나지 않기 때문이며, 선정바라
밀이니 바른 생각이 산란하지 않기 때문이요, 반야바라밀이
니 일체 법이 다 여여(如如)함을 보기 때문이며, 지혜바라밀
이니 부처님의 힘에 깊이 들어가기 때문이요, 서원바라밀이
니 보현보살의 원행이 원만하기 때문이며, 신력바라밀이니
일체 신통의 힘을 나타내 보이기 때문이요, 법의 바라밀이
니 일체의 법을 취하기 때문입니다.

불자들이여, 이것이 보살마하살의 열 가지 바라밀입니다.

만일 보살 마하살로서 이 법에 편히 머물면 그는 곧 여래의
궁극적인 지혜바라밀을 얻을 것입니다.

불자들이여, 보살마하살에게는 열 가지 법문이 있습니다.

그 열 가지란 이른바, 한 몸이 일체 세계에 가득차는 법문
과 일체 세계의 갖가지 무량한 빛깔을 나타내 보이는 법문,
일체 세계가 한 부처님의 세계에 들어가는 법문, 일체 중생
을 맡아 지니는 법문, 여래의 장엄한 몸이 일체 세계에 가득
차는 법문, 일체 세계에 두루 이르는 법문, 한 찰나 사이에
일체 세계에 노니는 법문, 한 부처님의 세계에 일체 여래가
세간에 나오심을 나타내 보이는 법문, 한 몸이 일체 법계에
가득 차는 법문, 한 찰나 사이에 일체 부처의 신력을 나타내
보이는 법문 등입니다.

불자들이여, 이것이 보살마하살의 열 가지 법문이니, 만
일 보살 마하살로서 이 법문에 편히 머무르면 그는 곧 여래
의 위없는 법문을 얻을 수 있을 것입니다.

불자들이여, 보살마하살에게는 열 가지 신통이 있습니다.

그 열 가지란 이른바 전생을 생각해내는 신통과, 걸림 없
이 들을 수 있는 신통, 일체 중생의 불가사의한 마음을 알아
내는 신통, 걸림 없이 모든 세계를 보고 중생을 관찰하는 신
통, 불가사의하고 자재한 신력을 내어 중생을 나타내 보이
는 신통, 한 몸에 불가사의한 세계를 나타내 보이는 신통,
한 찰나 사이에 말할 수 없는 세계에 나아가는 신통, 불가사
의한 장엄 거리로 일체 세계를 장엄하는 신통, 헤아릴 수 없

는 화신을 중생에게 나타내 보이는 신통, 말할 수 없는 세계에서 위없는 궁극의 깨달음의 불가사의함을 이루어 중생들에게 나타내 보이는 신통 등입니다.

불자들이여, 이것이 보살 마하살의 열 가지 신통이니, 만일 보살 마하살로서 이 신통에 편히 머무르면, 그는 곧 위없는 큰 방편 지혜의 신통을 얻어 모든 부처님의 자재한 신력을 나타낼 수 있을 것입니다.

불자들이여! 보살 마하살에게는 열 가지 해탈이 있습니다.

그 열 가지란 이른바 번뇌로부터의 해탈과 사견(邪見)으로부터의 해탈, 치연(熾然)으로부터의 해탈, 음(陰)·계(界)·입(入)[69]으로부터의 해탈, 성문·연각의 지위를 뛰어넘는 해탈, 일체 부처님의 세계와 일체의 중생과 일체의 법에 집착하지 않고, 무량 무변한 모든 보살의 지위에 머물면서도 일체의 보살행을 떠나 여래의 자리에 머무는 해탈, 한 찰나 사이에 일체 삼세의 모든 법을 다 아는 해탈 등입니다.

불자들이여, 이것이 보살마하살의 열 가지 해탈이니 만일 보살 마하살로서 이 해탈에 머무르면 그는 곧 일체 중생을 위해 위없는 불사를 지을 수 있을 것입니다.

불자들이여! 또 보살마하살에게는 열 가지의 버리지 않는 깊은 마음이 있습니다.

그 열 가지란 이른바 모든 부처님의 보리를 깨달으려는 깊은 마음과, 모든 중생을 교화해 성숙시키려는 깊은 마음,

모든 부처님의 종성을 끊어지지 않게 하려는 깊은 마음, 선지식을 친근하려는 깊은 마음, 모든 부처님의 국토에서 모든 부처님을 공경하려는 깊은 마음 등입니다.

또 오로지 대승과 모든 공덕을 구하려는 깊은 마음, 모든 부처님의 처소에서 범행을 닦으면서 계율을 지키려는 깊은 마음, 모든 보살을 포용하려는 깊은 마음, 모든 불법을 가지려는 깊은 마음, 모든 보살의 행과 원을 닦아 익히려는 깊은 마음, 모든 불법을 한결같이 구하려는 깊은 마음 등입니다.

불자들이여, 이것이 보살마하살의 열 가지 버리지 않는 깊은 마음이니, 만일 보살마하살로서 이 법에 편히 머무르면 그는 곧 일체 부처님의 버리지 않는 깊은 마음의 바른 법을 얻을 것입니다.

불자들이여, 보살마하살에게는 법을 분별하는 열 가지가 있습니다.

그 열 가지란 이른바 모든 법이 다 인연을 따라 일어남을 분별하고 모든 법이 다 꼭두각시 같음을 분별하며, 모든 법이 다 다툼이 없음을 분별하고 모든 법이 다 무량무변함을 분별하며, 모든 법이 다 의지함이 없음을 분별하고, 모든 법이 다 금강 같음을 분별하며, 모든 법이 바로 여래임을 분별하고, 모든 법이 고요함을 분별하며, 모든 법이 바른 도임을 분별하고, 모든 법이 한 모양 한 뜻임을 분별하는 것입니다.

불자들이여, 이것이 보살마하살이 분별하는 열 가지 법이니 만일 보살마하살이 이 법에 편히 머무르면 그는 곧 미묘한 방편으로 일체 모든 법을 다 잘 분별할 것입니다.

불자들이여, 또 보살마하살에게는 열 가지 방편이 있습니다.

그 열 가지란 이른바 보시의 방편이니 일체를 다 버리고도 그 갚음을 구하지 않기 위해서요, 일체의 학문을 배우고 일체의 계율을 지키며 두타(頭陀)[70]의 행을 두루 갖추는 청정한 방편이니 남을 무시하지 않기 위해서이며, 일체의 구속과 착각과 분노와 아만을 버리고 중생들의 모든 악을 참는 방편이니 일체의 '저'와 '나'라는 생각을 떠나기 위해서요, 정진하여 물러나지 않는 방편이니 삼업(三業)을 완성하여 잊지 않기 위해서이며, 일체의 선정과 삼매와 해탈과 신통의 방편이니 온갖 오욕과 번뇌를 멀리 떠나기 위해서입니다.

또 바로 지혜로 향하는 방편이니 모든 공덕을 기르되 만족하는 마음이 없기 위해서요, 대자(大慈)의 방편이니 일체 중생이라 해도 중생이 없음을 말하기 위해서요, 일체 중생을 대신해 온갖 고뇌를 받으면서도 대비(大悲)를 버리지 않는 방편이니 모든 사물의 자성(自性)이 없음을 알기 때문이요, 십력(十力)[71]을 깨닫는 방편이니 결정코 걸림 없는 지혜를 일체 중생에게 보이기 위해서이며, 물러나지 않는 법륜을 굴리는 방편이니 중생의 마음에 이르기 위해서입니다.

불자들이여, 이것이 보살마하살의 열 가지 방편이니, 만일 보살마하살이 이 법에 편히 머무르면 그는 곧 일체 부처님의 위없는 큰 지혜의 방편을 얻을 것입니다.

불자들이여, 또 보살마하살에게는 해탈로써 세계에 깊이 들어가는 열 가지가 있습니다.

그 열 가지란 이른바, 일체 세계를 한 세계에 넣고 한 세계를 일체 세계에 넣으며, 한 여래의 몸이 일체 세계에 다 충만하고 일체 세계가 모두 허공임을 나타내 보이며, 모든 부처님의 장엄으로 일체 세계를 장엄하는 것입니다.

또 한 보살의 몸이 일체 세계에 충만하여 한 털구멍 속에 일체 세계를 넣어두고 일체 세계를 한 중생의 몸 속에 넣으며, 한 부처님 도량의 한 보리수가 일체 세계에 충만하고 한 묘한 음성이 일체 세계에 충만하되, 그 응함을 따라 듣지 못하는 이가 없어 모두 기뻐합니다.

불자들이여, 이것이 보살마하살의 해탈로써 세계에 깊이 들어가는 열 가지이니, 만일 보살 마하살이 이 법에 편히 머무르면 그는 곧 모든 부처님이 부처 세계를 내는 위없는 해탈을 얻을 것입니다.

불자들이여, 또 보살마하살에게는 열 가지 마음이 있습니다.

그 열 가지란 이른바 용맹스런 마음이니 시작한 사업을 다 이루기 때문이요, 게으르지 않는 마음이니 온갖 선근을 쌓기 때문이며, 용맹하고 건실한 마음이니 일체의 악마를 다 항복받기 때문이요, 바로 생각하는 마음이니 일체 더러운 번뇌를 다 없애기 때문이며, 물러나지 않는 마음이니 도량에 나아가 보리를 성취하기 때문입니다.

또 성품이 청정한 마음이니 마음은 가는 곳이 없고 집착할 것이 없음을 깨닫기 때문이요, 중생을 아는 마음이니 중생의 성품을 따라 그를 깨우쳐 해탈을 얻게 하기 때문이며, 대범천에 들어가 불법에 머무르는 마음이니 갖가지 중생 성품을 다 구호하기 때문이요, 비고 모양 없고 소원 없고 행이 없는 마음이니 모양이 있다는 견해를 떠나 삼계에 집착하지 않기 때문이며, 금강처럼 장엄한 마음이니 중생의 수와 같은 악마도 그 털 하나 움직일 수 없기 때문입니다.

불자들이여, 이것이 보살마하살의 열 가지 마음이니, 만일 보살 마하살로서 이 마음에 굳건히 머물면 그는 곧 모든 부처님의 위없는 금강장(金剛藏)의 마음을 얻을 것입니다.

불자들이여, 또 보살마하살에게는 열 가지 깨끗한 보시가 있습니다.

그 열 가지란 이른바 평등한 마음의 보시이니 나쁜 중생이 없기 때문이요, 뜻을 따르는 보시이니 일체의 원을 이루었기 때문이며, 어지러운 마음이 없는 보시이니 물러나지 않기 때문이요, 가리지 않는 보시이니 과보를 구하지 않기 때문입니다.

또 한결같은 보시이니 어떤 물건에도 집착하는 마음이 없기 때문이요, 안팎의 모든 보시이니 끝까지 청정하기 때문이며, 보리를 회향하는 보시이니 유위(有爲)와 무위(無爲)를 멀리 떠나기 때문이요, 중생을 교화하여 성숙시키는 보시이니 도량을 버리지 않기 때문이며, 세 가지가 원만하고 청정한 보시이니 보시하는 이와 그것을 받는 이와 그 재물이 평등하고 청정하기가 허공과 같기 때문입니다.

불자들이여, 이것이 보살마하살의 열 가지 깨끗한 보시이니, 만일 보살마하살로서 이 보시에 굳건히 머무르면 그는 모든 부처님의 위없는 청정한 큰 보시를 얻을 것입니다.

불자들이여, 보살마하살에게는 열 가지 깨끗한 사랑이 있습니다.

그 열 가지란 이른바 평등한 마음의 깨끗한 사랑이니 중생을 가리지 않기 때문이요, 이롭게 하는 깨끗한 사랑이니 중생들에 대해 할 일이 있으면 모두 마련해 주기 때문이며, 구호하는 깨끗한 사랑이니 일체 중생을 생사의 험난에서 끝까지 구제해 주기 때문이요, 중생을 가엾이 여겨 버리지 않는 깨끗한 사랑이니 유위(有爲)의 선근을 기리기 때문이며, 해탈시키는 깨끗한 사랑이니 중생들의 온갖 번뇌를 없애주기 때문입니다.

또 보리를 내는 깨끗한 사랑이니 중생들로 하여금 즐겨 보리를 구하게 하기 때문이요, 중생들에 대해 걸림이 없는 깨끗한 사랑이니, 무량한 광명을 놓아 중생들을 두루 비추기 때문이며, 허공과 같은 깨끗한 사랑이니, 일체 중생을 구호하기 때문이요, 법에 의한 깨끗한 사랑이니 진실한 법을 깨닫기 때문이며, 반연이 없는 깨끗한 사랑이니 생멸을 떠난 법을 증득했기 때문입니다.

불자들이여, 이것이 보살마하살의 열 가지 깨끗한 사랑이
니, 만일 보살 마하살로서 이 사랑에 굳건히 머무르면, 그는
모든 부처님의 위없는 청정한 큰 사랑을 얻을 것입니다.

불자들이여, 또 보살마하살에게는 열 가지 청정한 슬픔이
있습니다.

그 열 가지란 이른바 거룩한 슬픔이니 자재한 큰 슬픔이
기 때문이요, 싫어함이 없는 청정한 슬픔이니 중생들을 대
신해 큰 괴로움을 받기 때문이며, 일체의 나쁜 세계에 사는
청정한 슬픔이니 생사를 받으면서 중생을 구제해 주기 때문
이요, 천상 인간에 태어나는 청정한 슬픔이니 모든 법은 다
무상하다는 것을 보이기 때문입니다.

또 사정취(邪定聚)의 중생들을 위하는 청정한 슬픔이니
무량한 겁 동안 큰 서원의 장엄을 버리지 않기 때문이요, 자
기의 즐거움에 집착하지 않는 청정한 슬픔이니 중생들과 함
께 즐거워하기 때문이며, 갚음을 바라지 않는 청정한 슬픔
이니 스스로의 마음이 청정하기 때문이요, 일체 중생들의
착각과 의혹을 없애주는 청정한 슬픔이니 진실한 법을 말하
기 때문이며, 모든 법의 자성이 청정하여 아무것도 없는데
객진(客塵)에 물들어짐을 알아서 일으키는 청정한 슬픔이
니 진실한 법을 말하기 때문이요, 모든 중생들이 어리석어
진실한 법을 알지 못할 때 일으키는 청정한 슬픔이니 중생
들로 하여금 대승의 마음을 내어 열반을 이루게 하기 때문
입니다.

불자들이여, 이것이 보살마하살의 열 가지 청정한 슬픔이
니, 만약 보살 마하살로서 이 슬픔에 굳건히 머무르면, 그는
모든 부처님의 위없는 청정한 큰 슬픔을 얻을 것입니다.

불자들이여, 또 보살마하살에게는 열 가지 생(生)이 있습
니다.

그 열 가지란 이른바 어리석음을 떠난 생이며, 큰 광명의
그물을 놓아 삼천대천세계를 두루 비추는 생이며, 다시 윤
회함이 없는 최후의 몸의 생이며, 나지 않는 생이며, 삼계의
모든 겁이 다 꼭두각시와 같음을 아는 생이며, 시방세계에
몸을 두루 나타내는 생이며, 일체지의 몸을 다 갖춘 생이며,
일체 여래의 광명을 놓아 중생들을 두루 비추어 깨우치는
생이며, 큰 지혜가 자재한 모든 선정에 바로 드는 생입니다.

불자들이여, 보살이 날 때에는 모든 부처님의 국토가 여
섯 가지로 진동하고 중생들은 다 해탈을 얻으며, 일체 나쁜
갈래는 모두 없어지고, 모든 악마들의 광명은 다 덮히며, 한
량없는 보살이 구름처럼 모여 옵니다.

불자들이여, 이것이 보살마하살의 열 가지 생이니, 중생
들을 교화하기 위해 그런 생을 나타내 보이는 것입니다.

불자들이여, 또 보살마하살은 열 가지 일 때문에 고행을
나타내 보입니다.

마음이 옹졸한 중생들을 교화하고 성숙시키기 위해 고행
을 나타내 보이며, 그릇된 견해에 집착하는 중생을 건지기
위해 고행을 나타내 보이며, 업보가 없다는 그릇된 견해를

가진 중생들로 하여금 업보를 알게 하기 위해 고행을 나타
내 보이고, 오탁(五濁)[72] 세계의 중생들에게 순응하기 위해
고행을 나타내 보입니다.

또 게으른 중생들을 위해 고행을 나타내 보이고, 중생들
로 하여금 즐겨 법을 구하게 하기 위해 고행을 나타내 보이
며, 쾌락과 아락(我樂)에 집착하는 중생을 위해 고행을 나타
내 보이고, 보살의 뛰어난 행을 보이기 위해 고행을 나타내
보이며, 미래 중생들로 하여금 정진하게 하기 위해 고행을
나타내 보이고, 사람들의 근기가 성숙하지 못했을 때, 성숙
할 때를 기다리게 하기 위해 고행을 나타내 보입니다.

불자들이여, 이것이 보살마하살이 고행을 나타내 보이는
열 가지입니다.

불자들이여, 이것이 보살마하살의 청정하고 훌륭한 행의
큰 법문이며, 모든 부처님 말씀의 무량한 깊은 뜻입니다.

그리하여 그것은 모든 지혜 있는 이를 다 기쁘게 하고, 일
체 보살의 큰 서원을 이루며 그 행을 끊이지 않게 하는 것입
니다.

불자들이여, 만일 어떤 중생이 이 경을 듣고 신심이 청정
하여 그것을 비방하지 않고 그대로 수행한다면, 그는 위없
는 바른 깨달음을 빨리 이룰 수 있을 것입니다.

왜냐하면 그는 부처님의 가르침대로 수행했기 때문입니
다. 그러므로 보살마하살은 부디 부처님의 가르침 그대로
수행하고, 일심으로 이 경을 공경하고 믿으며 받들어 지녀

야 할 것입니다.

불자들이여, 이 경은 일체 보살행의 공덕과 깊고 묘한 이치의 꽃을 내며, 지혜에 깊이 들어가 일체 법문을 포함하며, 세간을 멀리 떠나 성문이나 연각, 일체 중생은 미치지 못하는 독특한 법으로 선근을 길러 중생들을 제도합니다.

그러므로 보살마하살은 일심으로 이 경을 듣고 받들어 지녀야 하는 것입니다.

만일 보살마하살로서 이 경을 받들어 지니면 그는 일체의 서원을 세워 조그만 방편으로 위없는 바른 깨달음을 빨리 얻을 수 있을 것입니다.”

제34장 입법계품
(入法界品)

그때 부처님께서는 사위성 기수급고독원의 대장엄중각 강당에서 문수보살을 비롯한 오백 명의 보살마하살들과 함께 계셨다.

존자 사리불은 부처님의 신력을 받들어 문수사리보살이 장엄을 갖추고 기원림을 나와 남방으로 떠나는 것을 보고 이렇게 생각하였다.

'나도 문수사리보살과 함께 남방으로 가리라.'

그리하여 존자 사리불은 육천 명의 비구들과 함께 부처님께 경의를 표하고 문수사리보살에게로 향하였다.

그때 문수사리보살은 코끼리의 왕이 무리들을 위엄있게 바라보듯이 비구들을 바라보며 이렇게 말하였다.

"비구들이여, 그대들은 마땅히 알아야 한다. 만일 선남자 선여인으로서 열 가지 큰 마음을 성취하면 그는 여래의 지위를 얻을 것이거든 하물며 보살의 자리이겠는가.

그 열 가지란 바로, 광대한 마음을 내어 일체 선근을 기르
면서 끝까지 물러나지 않고 마음에 싫증을 내지 않는 것이
며, 모든 부처님을 뵈옵고 공경·공양하여 마음에 싫증을
내지 않는 것이며, 일체의 불법을 구하여 마음에 싫증을 내
지 않는 것이며, 보살의 모든 바라밀을 두루 행하면서 마음
에 싫증을 내지 않는 것이며, 보살의 모든 삼매를 구족하되
만족하다는 마음을 내지 않는 것이다.

또 불국토를 장엄하여 시방에 가득히 채우되 만족하다는
마음을 내지 않는 것이며, 일체 중생을 교화해 성숙시키되
만족하다는 마음을 내지 않는 것이며, 모든 국토와 모든 겁
동안에 보살행을 하면서도 만족하다는 마음을 내지 않는 것
이며, 광대한 마음을 내어 모든 불국토의 티끌 수 같은 온갖
바라밀을 닦아 익혀 일체 중생을 구제하고 부처님의 열 가
지 힘을 다 갖추되 만족하다는 마음을 내지 않는 것이다.

만일 선남자 선여인으로서 이런 열 가지 큰 법을 성취하
면, 그는 일체의 선근을 길러 생사의 갈래와 일체 세간의 성
품을 떠나고, 성문과 연각의 지위를 뛰어난 여래의 가문에
태어나며, 보살의 큰 서원을 모두 갖추고 보살의 행을 행하
며, 보살의 지위에 머무르고, 여래의 공덕의 힘을 성취하여
온갖 악마를 항복받고 모든 외도를 제어할 것이다."

그 말씀을 들은 비구들은 모두 다 걸림이 없는 깨끗한 눈
의 삼매를 얻었으며, 시방의 여래와 무량한 중생을 다 보며,
그 중생들의 생각과 근성 등을 알며, 그 중생들의 과거와 미

래를 모두 다 알았다.

그때 문수사리보살은 비구들에게 보현의 행을 닦고 보현의 행에 머물도록 권하였다.

그리하여 비구들은 큰 서원을 세운 뒤 몸과 마음이 청정해져 불사(不死)의 밝은 길을 얻었다. 또한 그 자리를 떠나지 않고 일체 여래의 법신을 내어 시방에 충만하고 일체의 불법을 원만히 갖추었다.

그때 문수사리보살은 비구들의 보리심을 확립시킨 뒤, 그들과 함께 차츰 남방으로 내려가 각성(覺城)의 동쪽에 이르러, 장엄당 사라숲 속의 큰 탑이 있는 곳에 머물렀다.

그곳은 과거의 모든 부처님이 계시던 곳이며, 또 과거 부처님께서 보살로 있을 때 고행을 닦으시던 곳으로서, 언제나 하늘·용·야차·건달바·아수라 들의 공양을 받는 곳이었다.

그때 각성 사람들은 문수사리보살이 장엄당 사라숲의 큰 탑이 있는 곳에 머문다는 말을 듣고, 천 명의 우바새와 오백 명의 우바이, 그리고 선재동자(善財童子)를 비롯한 오백 명의 동자와 오백 명의 동녀도 함께 문수사리보살의 처소에 나아갔다. 그들은 모두 문수사리의 발에 예배하고 물러나 한 쪽에 앉았다.

그때 문수사리보살은 대중이 모인 것을 알고 그 알맞음에 따라 대자대비의 힘으로 그들을 기쁘게 하고, 장차 설법하기 위해서 매우 깊은 지혜로 그들의 마음을 분별하고 큰 변재의 힘으로 그들을 위해 설법하였다.

먼저 문수사리보살은 코끼리의 왕처럼 선재동자를 돌아보며 말하였다.

"나는 그대를 위해 미묘한 법을 설하리라. 즉 모든 부처님의 바른 법을 분별하고, 부처님이 차례로 세상에 나타나는 법과, 권속을 깨끗하게 하는 법과, 법륜을 굴리는 법과, 모든 부처님의 색신과 상호의 청정하고 장엄한 법과, 일체 부처님의 법신을 갖추는 법과, 부처님 음성의 묘하고 장엄한 법 등을 분별하고 일체 여래의 평등하고 바른 법을 설하리라."

그때 선재동자[73]는 문수사리보살[74]로부터 불법의 여러 가지 공덕을 듣고 일심으로 최상의 깨달음을 구하며, 문수보살에게 간청하였다.

"대성(大聖)이시여, 저에게 말씀해 주십시오.

보살은 어떻게 보살의 행을 배우며, 어떻게 보살의 행을 닦으며, 어떻게 보살의 행에 나아가며, 어떻게 보살의 행을 행하며, 어떻게 보살의 행을 청정히 행하며, 어떻게 보살의 행에 들어가며, 어떻게 보살의 행을 성취하며, 어떻게 보살의 행을 따라가며, 어떻게 보살의 행을 기억하며, 어떻게 보살의 행을 더 넓히며, 어떻게 보현의 행을 속히 성취할 수 있습니까."

문수사리보살이 선재동자에게 말하였다.

"착하다, 선남자여, 그대는 위없는 보리심을 발하고 보살의 행을 찾는구나. 중생이 위없는 보리심을 내는 것도 어려운 일인데, 하물며 발심하여 보살행을 닦는 것은 더욱 어려운 일이다.

선남자여! 모든 것을 아는 지혜[一切智]를 성취하려면 반드시 진실한 선지식을 찾아야 한다. 선지식을 찾는 일에 지치거나 게으르지 말고, 선지식의 가르침에 그대로 순종하며, 선지식의 절묘한 방편에 허물을 보지 말아야 한다.

이곳으로부터 남쪽으로 가면 승락(勝樂)이라는 나라가 있다. 그 나라의 묘봉산(妙峰山)에는 덕운(德雲)이라고 하는 비구가 있다. 그대는 그에게 가서 '보살은 어떻게 보살행을 배우며, 어떻게 보살행을 닦으며, 어떻게 해야 보현행을 속히 성취합니까?'라고 물으라. 덕운 비구는 그대에게 말해줄 것이다."

선재동자는 이 말을 듣고 기뻐서 어쩔 줄을 몰랐다.

문수보살에게 엎드려 절하고, 무수히 돌고 말없이 우러르고, 눈물을 흘리면서 하직하고 남쪽으로 떠났다.

선재동자는 덕운 비구를 찾아가 엎드려 절하고 오른쪽으로 세 번 돌고 나서 여쭈었다.

"대성(大聖)이시여, 저는 이미 위없는 보리심을 발했으나 보살이 어떻게 보살행을 배우며, 어떻게 보살행을 닦으며, 어떻게 해서 보현행을 속히 성취할 수 있는지 알지 못합니다.

듣자오니 성자께서는 잘 가르쳐 주신다 하오니, 자비를

베푸시어 저에게 말씀해 주소서. 어떻게 하면 보살이 위없는 보리를 성취할 수 있습니까?"

덕운 비구는 선재동자에게 말하였다.

"착하다. 선남자여, 그대가 이미 위없는 보리심을 발했고 또 보살행을 물으니 이것은 어려운 일 중에도 어려운 일이다. 이른바 보살행을 구하며, 보살의 경계(境界)를 구하며, 보살의 벗어나는 도를 구하며, 보살의 청정한 도를 구하며, 보살의 청정하고 광대한 마음을 구하며, 보살의 신통을 성취하기를 구한다. 보살의 해탈문이 보이기를 구하며, 보살이 세간에서 짓는 업을 나타내기를 구하며, 보살이 중생의 마음에 따라줌을 구하며, 보살의 생사와 열반문을 구하며, 보살이 유위(有爲)와 무위(無爲)를 관찰하되 마음에 집착이 없음을 구함이다.

선남자여, 나는 모든 부처님의 경계를 생각하여 지혜의 광명으로 두루 보는 법문은 얻었지만, 큰 보살들의 끝없는 지혜를 청정하게 수행하는 문이야 어떻게 알겠는가.

남쪽에 해문(海門)이라는 한 나라가 있는데 거기에 해운(海雲) 비구가 있다. 그대는 그에게 가서 '보살이 어떻게 보살행을 배우며 보살도를 닦느냐'고 물으라. 그는 광대한 선근을 발하는 인연을 분별하여 말해 줄 것이다."

선재동자는 해운 비구의 처소에 가서 그 발 앞에 엎드려 절하고 오른쪽으로 세 번 돌고 나서 합장하며 이와 같이 말하였다.

"성자시여, 저는 이미 위없는 보리심을 발하였고 또 위없
는 지혜의 바다에 들고자 하오나, 보살이 어떻게 세속의 집
을 버리고 여래의 집에 나는지를 아직 모르고 있습니다.

어떻게 생사의 바다를 건너 부처님의 지혜바다에 들어가
며, 어떻게 범부의 자리를 떠나 여래의 자리에 들어가며, 어
떻게 생사의 흐름을 끊고 보살행의 흐름에 들어가며, 어떻
게 생사의 바퀴를 깨뜨리고 보살의 서원을 성취합니까."

해운비구가 선재에게 말하였다.

"선남자여, 그대가 위없는 보리심을 발하였는가?"

선재는 대답했다.

"그렇습니다. 저는 이미 위없는 보리심을 발하였습니다."

해운 비구가 말하였다.

"선남자여, 중생들이 선근(善根)을 심지 않으면 위없는 보
리심을 낼 수 없으니 보문(普門)[75]의 선근 광명을 얻어야 한
다. 보리심을 발한다는 것은 대비심(大悲心)을 발하는 것이
니, 모든 중생을 널리 구제하기 때문이다. 크게 인자한 마음
을 내어 모든 세간을 다 같이 복되게 해야 하며, 안락한 마
음을 내어 모든 중생들의 괴로움을 없애주어야 하며, 이롭
게 하는 마음을 내어 모든 중생들이 나쁜 업에서 떠나게 해
야 하며, 애민심을 내어 두려워하는 이들을 다 수호해야 한
다."

이윽고 선재동자는 다시 선주(善住) 비구 앞에 나아가 합
장예배하고 이와 같이 말하였다.

“성자시여, 저는 이미 위없는 보리심을 발했지만, 보살이 어떻게 불법을 수행하며, 어떻게 불법을 쌓아 모으며, 어떻게 불법을 갖추며, 어떻게 불법을 익히며, 어떻게 불법을 키우며, 어떻게 불법을 모두 거두며, 어떻게 불법을 끝까지 구하며, 어떻게 불법을 깨끗이 다스리며, 어떻게 불법을 깨끗하게 하며, 어떻게 불법을 통달하는지 알지 못합니다.

들건대 성자께서는 잘 가르쳐 주신다 하오니, 사랑하고 가엾이 여기시어 저에게 말씀해 주소서.”

이때 선주 비구는 선재동자에게 말하였다.

“착하다. 선남자여, 그대가 이미 위없는 보리심을 발했고, 이제 또 발심하여 불법과 모든 지혜의 법과 자연의 법을 구하는구나.

선남자여, 나는 다만 빨리 부처님께 공양하고 중생들을 성취시키는 데 걸림 없는 이 해탈문만을 알 뿐이다.

저 보살들은 대비계(大悲戒)와 바라밀계와 대승계, 보살이 중생을 도와 서로 응하는 계, 장애가 없는 계, 물러남이 없는 계, 보리심을 버리지 않는 계를 지니고 있다.

또 항상 불법으로써 상대할 이를 위한 계, 일체지(一切智)에 뜻을 두는 계, 허공과 같은 계, 모든 세간에 의지함이 없는 계, 허물 없는 계, 손해 없는 계, 모자람이 없는 계, 섞임이 없는 계, 흐름이 없는 계, 뉘우침이 없는 계, 티끌을 벗은 계, 때를 벗은 계를 지닌다.

그러나 이와 같은 공덕을 내가 어떻게 다 알고 말하겠는

가. 여기서 남쪽으로 가면 자재(自在)라는 성이 있고 그곳에
미가(彌伽)라는 장자가 있다. 그대는 마땅히 그에게 가서
'보살은 어떻게 보살행을 배우며 보살도를 닦는가 '를 물으
라.”

선재동자는 일심으로 법의 광명인 법문을 생각하면서 깊
은 믿음으로 나아갔다.

오로지 부처님을 생각하고 삼보를 끊이지 않게 하며, 욕
심을 떠난 성품을 찬탄하고 선지식을 생각하며, 삼세(三世)
를 두루 비추어 큰 원을 기억하며, 중생을 널리 구제하되 유
위(有爲)에 집칙하지 않고 끝까지 모든 법의 성품을 생각하
였다.

선재동자는 여러 부처님의 도량에 모인 대중에게 집착하
지 않으면서 점점 남쪽으로 가다가 자재성에 이르러 미가
장자를 찾았다.

미가장자는 선재에게 물었다.

“그대는 이미 위없는 보리심을 발하였는가?”

선재는 대답했다.

“그렇습니다.”

“착하다. 선남자여, 그대가 위없는 보리심을 발했구나. 위
없는 보리심을 발한 사람은 모든 부처의 씨앗을 끊어지지
않게 하며, 모든 부처님의 세계를 깨끗이 한다.

또 모든 중생을 성숙하게 하며, 모든 법의 성품을 통달하
게 되고, 모든 업의 종자를 깨닫게 되고, 모든 행이 원만하

게 되며, 모든 큰 원을 끊이지 않게 되고, 탐욕을 떨쳐버린 성품을 사실대로 이해하고, 삼세의 차별을 분명히 보고, 믿는 지혜가 영원하여 허물어짐이 없다.

보살은 또 밝은 해와 같으니 지혜의 광명이 널리 비추기 때문이며, 수미산과 같으니 선근이 높이 솟아나기 때문이며, 밝은 달과 같으니 지혜의 빛이 나타나기 때문이다.

용맹스런 장수와 같으니 마군을 굴복시키기 때문이며, 임금과 같으니 불법의 성중에서 자유자재하기 때문이며, 맹렬한 불과 같으니 중생들의 애착심을 태우기 때문이다.

또 큰 구름과 같으니 한량없이 오묘한 법리를 내리기 때문에, 때에 맞추어 내리는 비와 같으니 모든 믿음의 싹을 자라게 하기 때문이며, 뱃사공과 같으니 법 바다의 나루를 건네주기 때문이며, 다리와 같으니 생사의 흐름을 건너게 하기 때문이다."

선재동자는 보살의 걸림없는 지혜다라니의 광명으로 장엄한 문을 생각하면서 보살의 말씀, 심연 속으로 깊이 들어갔다.

선재동자는 12년을 다니다가 마침내 주림성(住林城)에 이르러 해탈장자를 만나게 되었다. 선재는 그의 앞에 엎드려 절하고 일어서서 합장한 후, 말하였다.

"성자시여, 제가 오늘에야 선지식의 회상(會上)에 함께하게 되었으니 제가 마침내 광대한 좋은 이익을 얻은 것입니다.

왜냐하면, 선지식은 보기도 어렵고 듣기도 어렵고, 출현도 어렵고 받들어 섬기기도 어렵고, 가까이 모시기도 어렵기 때문입니다.

또 함께 대하여 뵙기도 어렵고, 만나기도 어렵고, 함께 있기도 어렵고, 기쁘게 하기도 어렵고, 따라 다니기도 어려운데, 제가 이제 만났으니 이것이 어찌 좋은 이익을 얻은 것이 아니오리까.

듣건대 성자께서는 보살들을 잘 가르쳐 방편으로써 얻은 바를 밝히시고, 길을 보이시며 나루터를 일러주고 법문을 주신다고 하였습니다.

성자시여, 보살이 어떻게 보살행을 배우며 보살도를 닦으며, 닦아 익힌 것이 빨리 청정해지고 분명해지는지 저에게 말씀해 주소서.”

이때 해탈장자가 삼매에서 일어나 선재동자에게 말하였다.

“선남자여, 마땅히 알아야 하리니 보살이 불법을 닦아 부처님의 세계를 청정케 하며, 미묘한 행을 쌓아 중생을 조복하며, 큰 서원을 발하여 온갖 지혜에 들어가 자재하게 유희하며, 불가사의한 해탈문으로 부처님의 보리를 얻으며, 큰 신통을 나타내고 모든 시방 법계에 두루 가며, 미세한 지혜로 여러 겁(劫)에 널리 들어가는 이런 것들이 다 자기의 마음으로 인해서다.

그러므로 선남자여, 마땅히 착한 법으로 자기 마음을 붙

들고, 법의 물로 자기 마음을 적시고, 모든 환경에서 자기 마음을 깨끗이 다스리고, 자기 마음을 굳게 하라.

인욕으로써 자기 마음을 평온케 하고, 지혜의 증득으로 자기 마음을 결백케 하고, 지혜로써 자기 마음을 밝게 하고, 부처님의 자재함으로써 자기 마음을 개발하고, 부처님의 평등으로써 자기 마음을 너그럽게 하고, 부처님의 열 가지 힘으로써 자기 마음을 비추고 살펴야 한다.

나는 다만 이 여래의 걸림 없는 장엄해탈문에 드나들 뿐이다.

그러므로 저 보살마하살들은 걸림 없는 지혜를 얻고, 걸림 없는 행에 머물며, 모든 부처님을 항상 보는 삼매를 얻고, 열반의 틈에 머물지 않는 삼매를 얻었다.

또한 삼매의 보문(普門)경계에 통달하고, 삼세의 모든 법에 다 평등하고, 몸을 나누어 여러 세계에 두루하고, 부처님의 평등한 경계에 머물고, 시방세계의 경계가 다 앞에 나타남을 지혜로 관찰하여 분명히 안다. 몸 가운데 모든 세계가 이루어지고 무너짐을 나타내어도, 자기 몸과 여러 세계가 둘이란 생각을 내지 않는다.

이와 같이 미묘한 행을 내가 어떻게 알며 어떻게 말할 수 있겠는가."

선재동자는 일심으로 해탈장자의 가르침을 바로 생각하고, 그 가르침을 관찰하고, 그 불가사의한 보살의 해탈문을 기억하고, 불가사의한 보살의 지혜광명을 생각하고, 불가사의한 법계문(法界門)에 깊이 들어갔다.

그때 해당비구는 그 몸의 털구멍마다 아승지 세계의 티끌 수와 같은 광명을 발했다. 그 광명마다 아승지 색상(色相)과 아승지 장엄과 아승지 경계와 아승지 사업을 갖추어 시방의 모든 세계에 충만하였다.

이때 선재동자는 일심으로 해당비구를 관찰하면서 간절한 마음으로 그 삼매의 해탈을 생각하였다.

불가사의한 보살의 삼매를 생각하고, 중생을 이롭게 하는 불가사의한 방편을 생각하고, 불가사의하고 작용이 없는 보장엄문(普莊嚴門)을 생각하고, 법계를 장엄하는 청정한 지혜를 생각하고, 부처님의 가피를 받는 지혜를 생각하고, 보살의 자재(自在)를 내는 힘을 생각하고, 보살의 큰 원을 견고히 하는 힘을 생각하고, 보살의 모든 행을 넓히는 힘을 생각하였다.

선재동자는 찬탄하였다.

"성자시여, 희유하고 기이합니다. 이와 같은 삼매는 가장 깊고 가장 광대합니다. 성자시여, 이 삼매의 이름이 무엇입니까."

해당비구는 말하였다.

"선남자여, 이 삼매의 이름은 넓은 눈으로 얻음을 버림〔普眼捨得〕이라 하고, 또는 반야바라밀 경계의 청정한 광명이라고도 하고, 모든 장엄을 완성한 청정문〔普莊嚴淸淨門〕이라고도 한다. 나는 반야바라밀을 닦았으므로 이와 같은

모든 장엄을 완성한 청정삼매 등과 같은 백만 아승지 삼매
를 얻은 것이다.

선남자여, 나는 오로지 이 한 가지 반야바라밀 삼매의 광
명만을 알 뿐이다. 그러므로 저 보살들은 지혜 바다에 들어
가 법계의 경계를 깨끗이 하며, 모든 길에 통달하여 한량없
는 세계에 두루하며, 총지(總持)에 자재하여 삼매가 청정하
며, 신통이 광대하여 변재가 다함 없으며, 여러 경지를 잘
말하여 중생의 의지처가 되는 일 등, 이같이 미묘한 행이야
내가 어떻게 다 알겠는가.

내가 어떻게 그 공덕을 말하며, 그 실천하는 바를 알며,
그 경계를 밝히며, 그 원력을 끝까지 마치며, 그 요문(要門)
에 들어가며, 그 증득한 바를 통달하며, 그 진리에 이르는
길을 말하며, 그 삼매에 머물며, 그 심경을 보며, 그 가진 바
평등한 지혜를 얻겠는가.”

그때 선재동자는 휴사청신녀가 미묘한 자리에 앉아 있는
것을 보고, 그곳에 나아가 발에 절하고 말하였다.

“성자시여, 저는 이미 위없는 보리심을 발했으나 아직도
보살이 어떻게 보살행을 배우고 어떻게 보살도를 닦는지 알
지 못합니다. 듣사온즉 성자께서 잘 가르쳐 주신다 하오니
저에게 말씀해 주소서.”

휴사청신녀는 말하였다.

“선남자여, 나는 오로지 보살의 한 해탈문을 얻었으니,
나를 보거나 듣거나 생각하고 나와 함께 있거나 공양하는

이는 모두 헛되지 않을 것이다.

만약 중생들이 선근을 심지 않으면 선지식의 거두어 줌을 받지 못하고 부처님의 보호를 받지 못할 것이니, 이런 사람은 끝내 나를 볼 수 없을 것이다. 중생이 나를 보게 되면 모두 위없는 보리에서 물러나지 않을 것이다."

선재동자는 휴사청신녀에게 말하였다.

"이 해탈의 이름은 무엇입니까?"

"이 해탈의 이름은 근심을 떠난 편안한 당[離憂安隱幢]이라 한다.

나는 다만 이 한 가지 해탈문을 알 뿐이지만, 저 보살 마하살들은 그 마음이 바다와 같아서 모든 부처님의 법을 모두 다 받아들인다. 수미산과 같이 의지가 견고하여 흔들리지 않으며, 선견약(善見藥)76)과 같아서 중생들의 무거운 번뇌 병을 치료하며, 밝은 해와 같아서 중생의 무명 업장을 깨뜨리며, 대지(大地)와 같아서 모든 중생의 의지처가 된다.

좋은 바람과 같아서 모든 중생에게 이익을 주며, 밝은 등불과 같아서 중생들의 지혜광을 내며, 큰 구름과 같아서 중생들에게 적멸법(寂滅法)을 내리며, 밝은 달과 같아서 중생들에게 복덕의 빛을 놓으며, 하늘의 제석(帝釋)과 같아서 모든 중생을 수호한다. 이와 같은 일들을 내가 어떻게 알고 어떻게 그 공덕의 행을 말할 수 있겠는가."

그때 선재동자는 선지식에게 가장 존중하는 마음을 일으켜서 광대하고 청정한 이해를 내어, 항상 대승(大乘)을 생각

하고 오로지 부처님의 지혜를 구하여 부처님 뵙기를 원하였
다.

법의 경계를 관찰하되 걸림이 없는 지혜가 항상 앞에 나
타나 모든 법의 실제(實際)와, 상주제(常住際)와, 모든 삼세
의 찰나제(刹那際)와, 허공과 같은 사이[際]와, 둘이 없는 사
이, 모든 법의 분별이 없는 사이, 모든 이치의 걸림이 없는
사이, 모든 겁의 무너지지 않는 사이, 모든 여래의 사이 없
는 사이[無際之際]를 분명히 알았다.

선재는 점점 남쪽으로 가다가 사자분신성(師子奮迅城)에
이르러 여기저기 다니면서 자행동녀를 찾았다.

이 동녀는 사자당왕(師子幢王)의 딸인데 오백 동녀가 시종
이 되어 비로자나장(藏) 궁전에 살면서 미묘한 법을 설한다
고 했다.

이 말을 듣고 선재동자는 왕궁을 찾아가 자행동녀를 만나
려고 하던 참인데, 무수한 사람들이 궁중으로 들어가는 것
을 보았다. 사람들에게 어디로 가느냐고 물으니, 자행동녀
에게 법을 들으러 간다고 하였다.

선재는 생각하기를, 이 왕궁의 문은 통제가 없으니 나도
이대로 들어가리라 하고 들어가 비로자나장 궁전을 보았다.

그 안에 있는 자행동녀는 살갗이 금빛이고 눈은 자줏빛을
띠고 있고 머리카락은 검푸르렀는데, 범천의 음성으로 법을
설하고 있었다.

선재는 앞으로 나아가 그의 발에 예배드리고 무수히 돌고

합장한 후 말하였다.

"성자시여, 저는 이미 위없는 보리심을 발했으나 보살이 어떻게 보살행을 배우고 어떻게 보살도를 닦아야 할지를 알지 못합니다. 성자께서 잘 가르쳐 주신다는 말을 듣고 찾아 왔으니 말씀해 주소서."

자행동녀는 선재에 말하였다.

"그대는 내 궁전의 장엄을 보라."

선재는 예배드리고 나서 두루 살펴보았다. 벽과 기둥, 거울과 마니보배와 장엄거리와 황금풍경마다 온 법계의 여래께서 처음 발심하여 보살행을 닦고 큰 서원을 가득 채워 바른 깨달음을 이루던 일이며, 미묘한 법을 설하시다가 열반에 드신 그런 일들이 영상처럼 나타났다.

마치 맑은 물 속에 해와 달과 별 등 온갖 형상이 비치듯 하였다. 이런 현상은 모두 자행동녀가 과거세에 심은 선근의 힘이었다.

선재동자는 방금 궁전의 장엄에서 본 부처님들의 여러 가지 모습을 생각하면서 합장하고 자행동녀를 우러러보았다.

이때 자행동녀가 선재에 말하였다.

"선남자여, 이것은 반야바라밀의 두루 장엄하는 문[普莊嚴門]이니 나는 항하사 부처님의 처소에서 이 법을 얻었다. 저 여래들께서 각각 다른 문으로써 나로 하여금 이 반야바라밀로 두루 장엄하는 문에 들게 하였으며, 한 부처님이 말씀하신 것은 다른 부처님이 거듭 말씀하지 않으셨다.

선남자여, 나는 다만 이 반야바라밀로 두루 장엄하는 해탈문을 알 뿐이다. 그러나 저 보살마하살들은 마음이 광대하기 허공과 같고, 법계에 들어가 복덕을 가득 채웠으며, 출세간법에 머물러 세간의 행을 멀리하였다.

또 지혜의 눈이 걸림 없어 법계를 두루 관찰하며, 지혜의 마음이 광대하여 허공과 같으며, 모든 경계를 다 밝게 보며, 걸림 없는 지혜의 큰 광명장을 얻어 온갖 법과 뜻을 잘 분별한다. 세상의 법을 행하여도 세상에 물들지 않고, 세상을 이롭게 하되 세상을 훼손하지 않고, 모든 세상의 의지가 되어 중생의 마음을 두루 알고, 그들에게 알맞게 법을 설하고, 어느 때나 항상 자유자재하다. 내가 어떻게 이런 일들을 알며, 그 공덕의 행을 말할 수 있겠는가.”

그때 선재동자는 선견비구에게 나아가 발에 예배드리고 허리를 굽혀 합장하고 말하였다.

“성자시여, 저는 이미 위없는 보리심을 발하여 보살행을 구하고 있습니다. 듣자오니 성자께서 보살도를 잘 열어 보이신다 하시니, 원컨대 보살이 어떻게 보살행을 배우며 어떻게 보살도를 닦아야 할지 저에게 말씀해 주소서.”

선견비구는 대답하였다.

“선남자여, 나는 어리고 출가한 지도 오래되지 않지만, 이승에서 삼십팔 항하사 부처님의 처소에서 범행(梵行)을 깨끗이 닦았다. 어떤 부처님 처소에서는 하루낮 하룻밤에 범행을 닦았고, 어떤 부처님 처소에서는 칠일 칠야 동안 범행을 닦았으며, 또 다른 부처님 처소에서는 반 달, 한 달 혹은 일 년, 십 년을 지내기도 했었다.

이러는 동안 미묘한 법문을 듣고 그 가르침을 받들어 행하며, 모든 서원을 장엄하고 중득할 곳에 들어가 온갖 행을 닦아 육바라밀을 가득 채웠다.

또 그 부처님들의 성도와 설법이 각기 다르지만 어지럽지 않고, 남기신 가르침을 지니고 열반에 드시기까지를 보았다.

또 그 부처님들의 본래 세운 서원과 삼매의 원력으로 노든 불국토를 깨끗이 장엄하며, 일체행(一切行) 삼매에 들어간 힘으로 모든 보살행을 청정하게 닦고, 보현(普賢)의 법인 벗어나는 힘으로써 여러 부처님의 바라밀을 청정히 하심을 알았다.”

그때 선재는 자재주(自在主)동자의 발에 예배드리고 오른쪽으로 무수히 돌고 합장·공경하면서 한 쪽에 서서 말하였다.

“성자시여, 저는 이미 위없는 보리심을 발했으나 보살이 어떻게 보살행을 배우며 보살도를 닦아야 할지를 알지 못하니 원컨대 말씀해 주소서.”

자재주동자가 말하였다.

“선남자여, 나는 보살의 계산법을 안다. 보살의 계산법으로 한량없는 유순의 광대한 모랫더미를 계산하여 그 안에 있는 알맹이 수효를 모두 알고, 동서남북 등 시방에 있는 모든 세계의 갖가지 차별과 차례로 머물러 있음을 계산하여 안다.

시방에 있는 모든 세계의 넓고 좁고 크고 작은 것이며 그 이름과 그 가운데 있는 모든 겁의 이름, 모든 부처님의 이름, 모든 법의 이름, 모든 중생의 이름, 모든 업의 이름, 모든 보살의 이름, 모든 진리의 이름을 다 분명히 안다.

나는 다만 이 온갖 공교한 큰 신통과 지혜광명 법문만을 알 뿐이다. 그러나 저 보살 마하살은 모든 중생의 수효를 알고, 모든 법의 종류와 수를 알며, 모든 법의 차별된 수를 알고, 모든 삼세의 수도 안다.

또 모든 중생의 이름을 알고, 모든 법의 이름을 알고, 모든 여래의 수를 알고, 모든 여래의 이름을 알고, 모든 보살의 수를 알고, 모든 보살의 이름을 알고 있거늘 내가 어떻게 그 공덕을 말하고, 그 수행을 보이겠는가.

또 내가 어떻게 그 경지를 드러내며 그 뛰어난 힘을 찬탄하며 그 좋아함을 말하겠는가. 그리고 그 도를 돕는 것을 말하며, 그 큰 원을 나타내며, 그 미묘한 행을 찬탄하며, 그 바라밀을 열어보이며, 그 청정함을 연설하며, 그 뛰어난 지혜광명을 펼 수 있겠는가."

그때 선재동자는 보안(普眼)장자의 앞에 나아가 예배드리고 합장한 후 말하였다.

"성자시여, 저는 이미 위없는 보리심을 발했지만, 보살이 어떻게 보살행을 배우며 어떻게 보살도를 닦는지를 알지 못합니다."

장자는 말하였다.

"착하다, 선남자여, 그대가 위없는 보리심을 발했구나. 나는 모든 중생의 여러 가지 병을 안다. 나는 풍병·황달·해소·열병·귀신과 독충·수재·화재로 인해 생기는 온갖 병을 모두 방편으로 치료한다. 누구든지 병이 있는 이가 내게 오면 다 치료하여 낫게 하며, 향탕으로 목욕시키고 향과 꽃과 영락과 좋은 옷으로 갈아 입히고, 음식과 재물을 보시하여 아쉬움이 없게 한다.

그런 다음 그들에게 알맞은 법을 말해 준다. 탐욕이 많은 이에게는 부정관(不淨觀)[77]을 가르치고, 남을 미워하고 성을 잘 내는 이에게는 자비관(慈悲觀)[78]을 가르치며, 어리석음이 많은 이에게는 여러 가지 법의 모양을 분별하도록 가르치고, 이 세 가지가 균등한 이에게는 아주 뛰어난 법문을 보여 준다.

그들에게 부처의 거룩한 모습을 갖추게 하려고 보시바라밀을 찬탄하고, 부처의 깨끗한 몸을 얻어 온갖 곳에 이르게 하려고 지계바라밀을 찬탄하고, 부처의 청정 불가사의한 몸을 얻게 하려고 인욕바라밀을 찬탄하고, 여래의 이길 이 없는 몸을 얻게 하려고 정진바라밀을 찬탄하고, 청정하고 견줄 데 없는 몸을 얻게 하려고 선정바라밀을 찬탄하고, 여래의 청정한 법신을 드러내려고 반야바라밀을 찬탄하느니라."

그때 선재는 무염족왕의 처소에 나아가 그의 발에 예배드리고 말하였다.

"성자시여, 저는 이미 위없는 보리심을 발했으나, 보살이 어떻게 보살행을 배우며 어떻게 보살도를 닦는지를 알지 못합니다. 성자께서는 잘 가르쳐 주신다 하오니 말씀해 주소서."

왕이 선재에 말하였다.

"선남자여, 나는 보살의 여환해탈(如幻解脫)을 얻었노라.

내 국토에 있는 중생들이 살생과 도둑질과 내지는 그릇된 소견을 가진 이가 많아서, 다른 방편으로는 그들의 나쁜 업을 버리게 할 수가 없다. 나는 그들을 조복하기 위해 악인으로 변신, 온갖 죄악을 지어 갖가지 고통을 받는 장면들을 보여 주었다. 중생들이 이를 보고 무섭고 두려워하며 싫어하고 겁을 내어, 나쁜 업을 끊고 위없는 보리심을 발하게 하려는 것이다.

나는 이와 같이 교묘한 방편으로써, 중생들이 열 가지 나쁜 업을 버리고 열 가지 착한 길에 머물러 항상 즐겁고 편안하게 하여 마침내 일체지(一切智)의 자리에 머물게 하려는 것이다.

선남자여, 나는 몸과 말과 뜻으로 짓는 일로써 아직까지 한 중생도 해친 적이 없다. 내가 차라리 무간지옥에 들어가 고통을 받을지언정 한 순간이라도 모기 한 마리, 개미 한 마리일지라도 괴롭게 하려는 생각이 없는데 하물며 사람이겠는가. 사람은 복밭이다. 이는 모든 선한 법을 내기 때문이다.

나는 다만 이 여환해탈(如幻解脫)을 얻었을 뿐이다. 그러나 저 보살마하살은 생사가 없는 법의 지혜인 무생인(無生忍)을 얻어, 모든 세계가 허깨비 같고, 보살행이 다 요술과 같으며, 모든 세간이 그림자 같고, 모든 법이 꿈과 같은 줄을 안다.

그래서 실상의 걸림없는 법문에 들어가 제석천의 그물 같은 행을 닦고, 걸림없는 지혜로 경계에 행하고, 모든 것이 평등한 삼매에 들어가 다라니에 자유자재를 얻는 일이야 내가 어떻게 알며 어떻게 그 공덕의 행을 말하겠는가."

그때 선재동자는 대광왕(大光王)의 발에 예배드리고 공경하여 오른쪽으로 무수히 돌고 합장하고 서서 말하였다.

"성자시여, 저는 이미 위없는 보리심을 발했으나 보살이 어떻게 보살행을 배우며, 어떻게 보살도를 닦는지 알지 못합니다. 듣자오니 성자께서 잘 가르쳐 주신다 하오니 저에게 말씀해 주소서."

왕이 말했다.

"선남자여, 나는 보살의 대자당행(大慈幢行)을 닦으면서 그것을 가득 채웠느니라. 나는 한량없는 부처님의 처소에서 이 법을 묻고 생각하고 관찰하고 닦아서 장엄하였다.

나는 왕이 되어서 이 법으로 가르치고, 또한 이 법으로 거두어 준다. 이 법으로 세상을 따라가고, 이 법으로 중생을 인도하고, 이 법으로 중생들에게 수행케 하고, 이 법으로 중생들이 나아가게 한다.

또 이 법으로 중생들에게 방편을 주고, 이 법으로 중생들이 익히도록 하고, 이 법으로 중생들이 행을 일으키게 하고, 이 행으로 중생들이 법의 성품에 머물러 생각케 한다.

또 이 법으로써 중생들이 인자한 마음에 머물러 인자함으로 근본을 삼아 인자한 힘을 갖추게 한다.

이와 같이 이로운 마음, 안락한 마음, 가엾이 여기는 마음, 거두어주는 마음, 중생을 보호하며 버리지 않는 마음, 중생의 고통을 제거하는 데 게으른 마음이 없게 한다.

나는 이 법으로써 모든 중생들이 끝까지 즐겁고 항상 기뻐하며, 몸에는 고통이 없고, 마음에는 시원함을 얻게 한다.

또 이 법으로써 생사의 애착을 끊고 바른 법의 낙을 즐거워하며, 번뇌의 때를 씻고 악업의 장애를 깨도록 한다. 생사의 흐름을 끊고 진실한 법의 바다에 들어가며, 모든 윤회의 길을 끊고 온갖 지혜를 구하며, 마음 바다를 깨끗이 하여 무너지지 않는 믿음을 내게 한다.

나는 이와 같이 이 대자당행에 머물러 바른 법으로써 세상을 교화한다.”

선재동자는 왕의 발에 예배드리고 무수히 돌고 우러르며 하직하고 길을 떠났다.

선재동자는 앞으로 나아가다가 누각성에 이르렀다. 한 뱃사공이 성문 밖 바닷가에서 수많은 상인과 사람들에게 둘러

싸인 채, 큰 바다의 법을 말하면서 부처님의 공덕 바다의 방편을 일러주고 있었다.

선재동자는 그 앞에 나아가 발에 예배드리고 무수히 돌고 합장한 후 말하였다.

"성자시여, 저는 이미 위없는 보리심을 발했지만, 보살이 어떻게 보살행을 배우며 어떻게 보살도를 닦는지 알지 못합니다. 듣자오니 성자께서 잘 가르쳐 주신다 하오니 말씀하여 주소서."

뱃사공이 말하였다.

"착하다, 선남자여. 그대가 이미 위없는 보리심을 발했고, 이제 또 큰 지혜를 내는 근원을 묻는구나.

모든 생사의 괴로움을 끊는 인(因)과 온갖 지혜의 큰 보물섬에 가는 인과 무너지지 않는 대승(大乘)을 성취하는 인, 이승(二乘)들이 생사를 두려워하고 고요한 삼매의 소용돌이에 머무름을 멀리 떠나는 인, 큰 원의 수레를 타고 모든 곳에 두루하여 보살행을 행하여도 장애가 없는 청정한 도의 인, 보살행으로 깨뜨릴 수 없는 지혜를 장엄하는 청정한 도의 인, 모든 시방세계의 법을 두루 살펴도 장애가 없는 청정한 도의 인, 온갖 지혜의 바다에 빨리 들어가는 청정한 도의 근원을 묻는구나.

선남자여, 나는 이 성의 바닷가에 있으면서 보살의 대비당행(大悲幢行)을 깨끗이 닦았다.

나는 염부제에 있는 가난한 중생들을 이롭게 하려고 온갖 고행을 닦았다.

그들의 소원을 모두 만족케 하는데, 먼저 세상 물건을 주어 마음을 채워준 후, 다시 법의 재물을 베풀어 환희케 한다. 복덕의 행을 닦게 하고, 지혜를 내게 하고, 선근의 힘을 북돋우고, 보리심을 일으키게 하고, 보리의 원을 맑게 하고, 대비력(大悲力)을 견고케 한다.

생사를 없애는 도를 닦게 하고, 생사를 싫어하지 않는 행을 내게 하고, 모든 중생들을 거둬주게 하고, 모든 공덕을 닦게 하고, 모든 법을 비추게 하고, 모든 부처님들을 보게 하고, 일체지의 지혜에 들어가게 한다.

어떤 중생이 내 몸을 보거나 내 법을 듣는 이는 영원히 생사의 바다를 무서워하지 않고, 온갖 지혜의 바다에 들어가 애욕의 바다를 말리고, 지혜의 광명으로 삼세의 바다를 비추며 모든 중생의 고통 바다를 끝나게 한다.

모든 중생의 마음 바다를 맑히고, 모든 세계의 바다를 빨리 청정하게 하며, 시방의 큰 바다에 들어가 중생의 근기를 알고, 모든 중생의 수행을 알고, 모든 중생의 마음에 두루 따른다.

선남자여, 나는 다만 이 대비당행(大悲幢行)을 얻었으므로, 나를 보거나 내 음성을 듣거나 나와 함께 있거나 나를 생각하는 이는 모두 헛되지 않게 한다.

그러나 저 보살마하살들은 생사의 바다에 다니면서도 모든 번뇌에 물들지 않고, 허망한 소견을 버리며, 모든 법의 성품을 살피고, 네 가지 거두어주는 법으로 중생들을 제도한다.

이미 온갖 지혜의 바다에 머물러 모든 중생의 애착을 없애고, 모든 시간에 평등하게 있으면서 신통으로 중생들을 제도하고, 때를 놓치지 않고 중생들을 조복하는 일을 내가 어떻게 알며 어떻게 그 공덕을 말할 수 있겠는가."

그때 선재동자는 사자빈신 비구니에게 합장하고 서서 말하였다.

"성자시여, 저는 이미 위없는 보리심을 발했으나 보살이 어떻게 보살행을 배우며 어떻게 보살도를 닦는지 알지 못합니다. 원컨대 저에게 말씀해 주소서."

비구니가 말했다.

"선남자여, 나는 모든 지혜를 성취하는 해탈을 얻었다."

"어째서 모든 지혜를 성취한다고 합니까."

"이 지혜의 광명은 잠깐 사이에 삼세의 모든 법을 비추기 때문이다."

"성자시여, 이 지혜의 광명은 그 경지가 어떻습니까."

비구니가 말하였다.

"나는 모든 중생을 보아도 중생이란 분별을 내지 않으니 지혜의 눈으로 보기 때문이다.

온갖 말을 들어도 말이란 분별을 내지 않으니 마음에 집착이 없기 때문이며, 여래를 뵙고도 여래라는 분별을 내지 않으니 법신을 통달했기 때문이며, 모든 법륜을 주지(住持)

하면서도 법륜이란 분별을 내지 않으니 법의 자성(自性)을 깨달았기 때문이며, 한 생각에 일체 법을 두루 알면서도 일체 법이란 분별을 내지 않으니 법이 허깨비 같음을 알았기 때문이다.

선남자여, 나는 다만 일체지를 성취하는 해탈을 알 뿐이다. 그러나 저 보살마하살들은 마음에 분별이 없어 모든 법을 두루 안다. 한 몸이 단정히 앉아서도 법계에 가득하며, 자신의 몸 속에 모든 세계를 나타내며, 잠깐 동안에 모든 부처님 계신 데 나아가며, 자신의 몸 속에서 모든 부처님의 신통력을 나타내며, 한 생각에 말할 수 없이 많은 중생들과 함께 있으며, 한 생각에 말할 수 없이 많은 겁(劫)에 들어가는 일이야, 내가 어떻게 알며 그 공덕의 행을 어떻게 말할 수 있겠는가.”

그때 선재동자는 바수밀다 여인 앞에 나아가 예배드리고 합장한 후 말하였다.

“성자시여, 저는 이미 위없는 보리심을 발했지만, 보살이 어떻게 보살행을 배우며 어떻게 보살도를 닦는지를 알지 못합니다. 듣자오니 성자께서 잘 가르쳐 주신다 하오니 원컨대 말씀해 주소서.”

여인은 말하였다.

“선남자여, 나는 탐욕의 굴레를 벗어난 해탈을 얻었다. 나는 모든 중생의 욕락(欲樂)을 따라 현신(現身)하는데, 천인이 나를 볼 때에는 나는 천녀가 되어 모양과 광명이 견줄 데

없이 뛰어나며, 이와 같이 인비인(人非人)[79]이 볼 때에는 나도 인비인(人非人)의 여인이 되어 그들의 욕락대로 나를 보게 한다.

어떤 중생이 애욕에 얽매여 내게 오면, 나는 그에게 법을 말하여 탐욕이 사라지고 보살의 집착없는 경계의 삼매를 얻게 한다. 어떤 중생은 잠깐만 나를 보아도 탐욕이 사라지고 보살의 환희삼매를 얻는다. 어떤 중생은 잠깐만 나와 이야기 하여도 탐욕이 사라지고 보살의 걸림없는 음성삼매를 얻는다. 어떤 중생은 잠깐만 내 손목을 잡아도 탐욕이 사라지며 보살의 모든 부처 세계에 두루 가는 삼매를 얻는다.

어떤 중생이 잠깐만 나를 관(觀)해도 탐욕이 사라지고 보살의 고요하게 장엄한 삼매를 얻으며, 어떤 중생은 잠깐만 내가 팔을 펴는 것을 보아도 탐욕이 사라지고 보살이 외도를 굴복시키는 삼매를 얻으며, 어떤 중생은 내 눈이 깜짝이는 것을 보기만 해도 탐욕이 사라지고 보살이 구하는 부처님의 경계, 광명삼매를 얻는다.

또 어떤 중생이 나를 끌어안으면 탐욕이 사라지고 보살이 모든 중생을 거두어주면서 떠나지 않는 삼매를 얻으며, 어떤 중생은 내 입술을 한 번만 맞추어도 탐욕이 사라지고 보살이 모든 중생의 복덕을 늘게 하는 삼매를 얻는다.

이와 같이 중생들이 나를 가까이 하면 모두 탐욕을 떠나는 틈에 머물러 보살의 온갖 지혜가 앞에 나타나는 걸림없는 해탈에 들어간다."

입법계품

그때 선재동자는 관자재보살의 발에 예배드리고 오른쪽으로 무수히 돌고 합장하고 서서 말하였다.

"성자시여, 저는 이미 위없는 보리심을 발했지만, 보살이 어떻게 보살행을 배우며 어떻게 보살도를 닦는지 알지 못합니다. 듣건대 성자께서 잘 가르쳐 주신다 하오니 저에게 말씀해 주소서."

보살이 말하였다.

"착하다. 선남자여, 그대는 이미 위없는 보리심을 내었구나. 나는 보살의 대비행(大悲行) 해탈문을 성취하였다. 나는 끊임없이 이 대비행의 문으로 모든 중생을 평등하게 인도한다.

나는 대비행의 문에 머물러 항상 모든 여래의 처소에 있으며, 모든 중생의 앞에 두루 나타난다. 보시로써 중생을 거두어 주기도 하고, 사랑스런 말과 이롭게 하는 행과 같은 일로써 중생을 거두어 주기도 한다.

또 육신을 나타내어 중생을 거두어 주기도 하고, 온갖 불가사의한 빛과 맑은 광명을 나타내어 중생을 거두어 주기도 하며, 음성과 위의와 설법으로써 거두어 주기도 하며, 신통 변화를 나타내기도 하며, 그 마음을 깨닫게 하여 성숙시키기도 하며, 같은 형상으로 변화하여 함께 있으면서 성숙케 하기도 한다.

선남자여, 나는 이 대비행문을 수행하여 항상 모든 중생을 구호하려고 한다. 모든 중생이 험난한 길의 두려움에서 벗어나기를 원하며, 번뇌의 두려움에서 벗어나고, 미혹의 두려움에서 벗어나고, 속박의 두려움에서 벗어나고, 살해의 두려움에 벗어나고, 가난의 두려움에서 벗어나기를 원한다.

또 생활하기 어려운 두려움에서 벗어나고, 악명의 두려움에서 벗어나고, 죽음의 두려움에서 벗어나고, 대중의 두려움에서 벗어나고, 나쁜 길의 두려움에서 벗어나고, 암흑의 두려움에서 벗어나기를 원한다.

또 옮겨 다니는 두려움에서 벗어나고, 사랑하는 이와 헤어지는 두려움에서 벗어나고, 원수를 만나는 두려움에서 벗어나고, 몸을 핍박하는 두려움에서 벗어나고, 마음을 핍박하는 두려움에서 벗어나고, 걱정과 슬픔의 두려움에서 벗어나기를 원한다.

또 중생들이 나를 생각하거나 내 이름을 부르거나 내 모습을 보게 되면, 다 모든 두려움에서 벗어나기를 원한다.

선남자여, 나는 이와 같은 방편으로 중생들을 두려움에서 벗어나게 하고, 다시 가르쳐서 위없는 보리심을 발하고 영원히 물러나지 않게 한다.

나는 다만 보살의 대비행문을 얻었을 뿐이다. 그러나 저 보살 마하살들은 보현의 모든 원을 맑게 하고 보현의 모든 행에 머물러 있으면서, 온갖 착한 법을 항상 행하고, 모든 삼매에 항상 들어가고, 모든 그지없는 겁(劫)에 항상 머문다. 모든 삼세 법을 항상 알고, 모든 끝없는 세계에 항상 가고, 모든 중생의 악을 항상 쉬게 하고, 모든 중생의 선을 항상 늘게 하고, 모든 중생의 생사의 흐름을 항상 끊는 일이야 내가 어떻게 알며 그 공덕의 행을 어떻게 말할 수 있겠는가.”

그때 선재동자는 적정음해(寂靜音海) 주야신의 발에 예배 드리고 무수히 돌고 합장한 후 말하였다.

“성자시여, 저는 이미 위없는 보리심을 발했습니다. 저는 선지식을 의지하여 보살행을 배우고 보살행에 들어가고 보살행을 닦고 보살행에 머물고자 하오니, 원컨대 자비로 가엾이 여기시고, 저를 위해 보살이 어떻게 보살행을 배우며 어떻게 보살도를 닦는지 말씀해 주십시오.”

주야신이 선재동자에게 말하였다.

“착하다. 선남자여, 그대가 선지식을 의지하여 보살행을 구하는구나. 나는 보살의 생각생각마다 광대한 기쁨을 내는 장엄 해탈문을 얻었노라.”

선재동자가 말했다.

“성자시여, 그 해탈문은 어떤 일을 하며, 어떤 경계를 행하며, 어떤 방편을 일으키며, 어떤 관찰을 합니까.”

주야신이 말하였다.

“선남자여, 나는 청정하고 평등함을 좋아하는 마음을 내었다. 나는 또 모든 세간의 티끌을 떠나 청정하고 견고하게 장엄하여 깨뜨릴 수 없는 좋아하는 마음을 내었으며, 불퇴전의 자리와 관계하여 영원히 퇴전하지 않을 마음을 내었으며, 공덕 보배의 산을 장엄하여 동요되지 않는 마음을 내었다.

나는 머무는 곳이 없는 마음을 내었으며, 모든 중생 앞에 두루 나타나 구호하는 마음을 내었으며, 모든 부처님 바다를 보고도 만족할 줄 모르는 마음을 내었으며, 모든 보살의 청정한 원력을 구하는 마음을 내었으며, 큰 지혜의 광명 바다에 머무는 마음을 내었다.

어떤 중생이 탐욕이 많으면 나는 그에게 부정관문(不淨觀門)을 설하여 생사의 애착을 버리게 하고, 어떤 중생이 성내는 일이 많으면 나는 그에게 대자관문(大慈觀門)을 설하여 부지런히 닦는 데 들어가게 하고, 어떤 중생이 어리석은 짓을 많이 하면 그에게 법을 설하여 밝은 지혜를 얻어 모든 법의 바다를 보게 하고, 어떤 중생이 삼독을 행하면 그에게 법을 설하여 여러 가르침의 바다에 들게 한다.

어떤 중생이 생사의 낙을 좋아하면 법을 설하여 싫어서 떠나게 하고, 어떤 중생이 생사의 고통을 싫어하여 여래의 교화를 받을 만 하면 법을 설하여 방편으로 일부러 태어나게 하고, 어떤 중생이 오온(五蘊)에 애착하면 법을 설하여 의지함이 없는 경지에 머물게 한다. 어떤 중생이 그 마음이 옹졸하면 나는 그에게 훌륭하게 장엄한 도를 보이고, 어떤 중생이 마음이 교만하면 그에게 평등한 법의 지혜를 말하고, 어떤 중생이 마음이 곧지 못하면 나는 그에게 보살의 곧은 마음을 말한다.”

그때 선재동자는 구파 여인에게 예배드리고 합장한 후 말하였다.

"성자시여, 저는 이미 위없는 보리심을 발했으나 보살이 어떻게 생사 중에 있으면서도 생사의 근심에 물들지 않으며, 법의 바탕[自性]을 깨달아 성문이나 벽지불의 자리에 머물지 않는지를 아직 모릅니다.

또 어떻게 하면 불법을 갖추고도 보살행을 닦으며, 보살의 자리에 있으면서 부처님 경계에 들어가며, 세상에서 초월해 있으면서 세상에 태어나며, 법신(法身)을 성취하고도 끝없는 갖가지 육신을 나타내며, 상(相)이 없는 법을 증득하고도 중생을 위해 모든 상을 나타내며, 법이 설할 것 없는 줄 알면서도 중생을 위해 법을 설하며, 중생이 공한 줄 알면서도 중생을 교화하는 일을 버리지 않으며, 부처님이란 불생불멸임을 알면서도 부지런히 공양하여 물러가지 않으며, 모든 법이 업도 없고 과보도 없는 줄 알면서도 어째서 온갖 선행을 닦아 항상 쉬지 않는지를 아직 알지 못합니다."

구파여인이 선재에게 말하였다.

"장합니다. 선남자여, 당신이 이제 보살마하살이 마땅히 행해야 하는 법을 묻는군요. 보현의 모든 행원을 닦는 이라야 이와 같이 물을 수 있습니다. 자세히 듣고 잘 생각해보십시오. 내가 부처님의 위신력을 빌어 당신에게 말하겠습니다.

선남자여, 보살이 열 가지 법을 성취하면 인드라그물같이 넓은 지혜 광명인 보살행을 가득 채우게 될 것입니다.

화엄경

372

그 열 가지란, 선지식을 의지하고, 광대하고 뛰어난 이해를 얻고, 청정한 욕락을 얻고, 온갖 복과 지혜를 모으고, 여러 부처님 처소에서 법을 듣고, 마음에 항상 삼세 부처님을 버리지 않고, 모든 보살행과 같고, 모든 여래께서 보호하고 생각하고, 큰 자비와 서원이 다 청정하고, 지혜의 힘으로 모든 생사를 끊는 일들입니다.

불자여, 보살이 선지식을 가까이 섬기면 물러남이 없는 정진으로 다함이 없는 불법을 닦아서 냅니다. 보살은 열 가지 법으로 선지식을 가까이 섬기는데 그것은 이렇습니다. 자기의 몸과 목숨을 아끼지 않으며, 세상의 오락 기구를 탐내어 구하지 않으며, 모든 법의 바탕이 평등함을 알며, 모든 지혜와 서원에서 물러가거나 버리지 않으며, 모든 법계의 실상을 관찰하며, 마음은 항상 모든 존재의 바다를 버리고 떠나며, 법이 공한 줄 알고 마음에 의지함이 없으며, 모든 보살의 큰 원을 성취하며, 모든 세계 바다를 항상 나타내며, 보살의 걸림없는 지혜를 맑게 닦는 일들입니다.”

그때 선재동자는 천궁에 가서 천주광(天主光) 왕녀에게 예배드리고 합장하고 서서 말하였다.

“성자시여, 저는 이미 위없는 보리심을 발했지만, 보살이 어떻게 보살행을 배우며 보살도를 닦는지 알지 못합니다. 듣건대 성자께서 잘 가르쳐 주신다 하오니 저에게 말씀해 주소서.”

천녀가 답해 말했다.

"선남자여, 나는 보살의 해탈을 얻었으니, 그 이름은 걸림 없는 생각의 청정한 장엄입니다. 나는 이 해탈의 힘으로 지난 세상 일을 기억합니다. 지나간 세월에 푸른 연꽃〔靑蓮華〕이라는 뛰어난 겁이 있었는데, 나는 그때 항하의 모래처럼 많은 부처님 여래께 공양하였습니다. 그 여래들께서 처음 출가할 때부터 내가 받들어 섬기고 공양하여, 절을 짓고 도구들을 마련했습니다.

또한 저 부처님들께서 보살로 어머니의 태에 있을 때와 탄생할 때, 일곱 걸음을 걸을 때, 크게 사자후를 토할 때, 동자의 몸으로 궁중에 있을 때, 보리수 아래서 정각을 이룰 때, 바른 법륜을 굴리며 부처님의 신통변화를 나타내어 중생들을 교화하고 조복할 때 여러 가지로 하시던 일들을, 초발심으로부터 법이 다할 때까지를 내가 다 똑똑히 기억하여 잊음이 없으며, 항상 눈앞에 나타나듯 하여 잊지 않습니다.

또 기억되는 것은, 과거에 선지(善地)라는 겁이 있었는데 나는 그 겁에서 열 항하의 모래 수 같은 부처님 여래께 공양하였습니다. 또 과거에 묘덕(妙德)이란 겁이 있었는데 나는 그때에도 한 세계의 티끌 수 같은 부처님 여래께 공양하였습니다.

이와 같이 항하의 모래 수 겁을 두고 내가 부처님 여래 응공 정등각을 항상 버리지 않았음을 기억하며, 저 모든 여래께서 이 걸림없는 생각의 청정한 장엄인 보살의 해탈을 듣고, 받아 지니고 닦아 행하며 항상 잊지 않았습니다.

선남자여, 나는 다만 이 걸림없는 생각의 청정한 해탈을 알 뿐입니다."

선재동자는 점점 남쪽으로 가다가 최적정(最寂靜) 바라문의 마을에 이르렀다. 선재는 최적정 바라문에게 예배드리고 합장 공경하면서 한 쪽에 서서 말하였다.

"성자시여, 저는 이미 위없는 보리심을 발했지만, 보살이 어떻게 보살행을 배우며 보살도를 닦는지 알지 못합니다. 원컨대 저에게 말씀해 주소서."

바라문이 말하였다.

"선남자여, 나는 보살의 해탈을 얻었으니 그 이름은 진실하게 원하는 말〔誠願語〕이다. 과거·현재·미래의 보살들이 이 말로써 위없는 보리에서 물러가지 않았다. 또한 지금 물러가지도 않고, 앞으로도 물러가지 않을 것이다.

나는 이 진실하게 원하는 말에 머물렀으므로 마음대로 하는 일이 모두 만족했다.

나는 다만 이 진실하게 원하는 말의 해탈을 알 뿐이다. 그러나 저 보살마하살들은 진실하게 원하는 말과 함께 다니고 멈춤에 어김이 없고, 그 말은 반드시 진실하여 허망하지 않으며, 한량없는 공덕이 여기에서 생기는 일이야, 내가 어떻게 알며 말할 수 있겠는가."

선재동자는 점점 남쪽으로 가다가 묘의화문성(妙意華門城)에 이르러 덕생동자와 유덕동녀를 만났다. 선재동자는 예배드리고 합장한 후 말하였다.

"성자들이시여, 저는 이미 위없는 보리심을 발했지만, 보살이 어떻게 보살행을 배우며 어떻게 보살도를 닦는지 알지 못합니다. 원컨대 자비를 베풀어 저에게 말씀해 주소서."

동자와 동녀가 선재에게 말하였다.

"선남자여, 우리는 보살의 해탈을 증득했으니 그 이름은 환주(幻住)입니다. 이 해탈을 얻었으므로 모든 세계가 다 환상[幻]처럼 머무는 것을 보는데 그것은 인연으로 생기기 때문입니다. 일체 중생이 다 환주와 같으니 업과 번뇌로 일어나기 때문이며, 일체 세간이 다 환주와 같으니 무명과 존재와 욕망 등이 서로 인연이 되어 생기기 때문이며, 모든 법이 다 환주와 같으니 '나'라는 소견 등 갖가지 환 같은 인연으로 생기기 때문이며, 일체 중생의 생멸과 생로병사와 근심과 슬픔과 고뇌가 모두 환주와 같으니 허망한 분별에서 생기기 때문입니다.

선남자여, 우리 두 사람은 다만 이 환주해탈을 알 뿐입니다.

선남자여, 당신은 한 가지 선을 닦고, 한 가지 법을 비추고, 한 가지 행을 행하고, 한 가지 원을 발하고, 한 가지 수기(授記)를 얻고, 한 가지 지혜에 머물러 구경(究竟)이란 생각을 내지 마십시오. 한정된 마음[限量心]으로 여섯 바라밀을 행하거나 십지(十地)에 머무르거나 불국토를 맑히거나 선지식을 섬기려고 하지 마십시오.

왜냐하면 보살마하살은 한량없는 선근을 심어야 하고, 한량없는 보리의 도구를 모아야 하며, 한량없는 보리의 인(因)을 닦아야 하고, 한량없이 교묘한 회향(廻向)을 배워야 하며, 한량없는 중생계를 교화해야 하기 때문입니다.

또 한량없는 중생의 마음을 알아야 하고, 한량없는 중생의 뿌리를 알아야 하고, 한량없는 중생의 이해를 알아야 하고, 한량없는 중생의 행을 보아야 하고, 한량없는 중생을 조복해야 합니다.

또 한량없는 번뇌를 끊어야 하고, 한량없는 업의 버릇을 밝혀야 하고, 한량없은 사견(邪見)을 없애야 하고, 한량없이 물든 마음을 제거해야 하고, 한량없는 청정심을 발해야 하고, 한량없는 고통의 독화살을 뽑아야 하고, 한량없는 애욕의 바다를 말려야 하고, 한량없는 무명의 어둠을 깨뜨려야 하고, 한량없는 교만의 산을 허물어야 하고, 한량없는 생사의 결박을 끊어야 하고, 한량없는 존재의 흐름을 건너야 하고, 한량없이 태어나는 바다를 말려야 하고, 한량없는 중생들을 오욕의 진창에서 나오게 하고, 한량없는 중생들을 삼계의 감옥에서 떠나게 하고, 한량없는 중생들을 성스러운 길에 있게 해야 합니다."

그때 선재동자는 합장공경하며 미륵보살 마하살에게 말씀드렸다.

"큰 성자시여, 저는 이미 위없는 보리심을 발했으나 보살이 어떻게 보살행을 배우며 어떻게 보살도를 닦는지 알지 못합니다. 모든 여래께서 존자(尊者)에게 수기(授記)하시기를, 한 생[一生]에 위없는 보리를 얻으라 하셨습니다.

큰 성자시여, 보살이 어떻게 보살행을 배우며 어떻게 보살도를 닦아야, 그 닦고 배움을 따라 모든 불법을 빨리 갖출 수 있습니까. 또 어떻게 해야 염려되는 중생을 다 제도할 수 있으며, 세운 큰 원을 두루 채울 수 있으며, 일으킨 행을 두루 마칠 수 있으며, 모든 하늘과 사람들을 널리 위로할 수 있으며, 자신을 등지지 않고 삼보(三寶)를 끊어지지 않게 하며, 모든 불보살의 종자를 헛되지 않게 하며, 모든 부처님의 법안(法眼)을 지닐 수 있습니까. 이와 같은 일들을 말씀해 주소서.”

미륵보살[80]마하살은 선재동자의 온갖 공덕을 칭찬하여 무량 중생에게 보리심을 발하게 한 후, 선재동자에게 말하였다.

“착하다. 선남자여, 그대는 모든 세간을 이롭게 하기 위해, 일체 중생을 구호하기 위해, 모든 부처님 법을 부지런히 구하기 위해 위없는 보리심을 발한 것이다.

그대는 좋은 이익을 얻었고, 사람의 몸을 얻었고, 수명이 길고, 여래의 출현을 만났고, 문수사리 큰 선지식을 보았으니, 그대의 몸은 좋은 그릇이라 온갖 선근으로 윤택해졌다. 그대는 선한 법으로 유지되었으므로 이해와 욕구가 다 청정하였으며, 여러 부처님께서 함께 보호하고 염려한 바가 되었으며, 선지식들이 함께 거두어 주게 되었다.

왜냐하면 보리심은 씨앗과 같아 모든 불법을 내게 하며,

보리심은 좋은 밭과 같아 중생들의 깨끗한 법을 자라게 하며, 보리심은 대지와 같아 모든 세간을 지탱하며, 보리심은 맑은 물과 같아 모든 번뇌의 때를 씻어 주며, 보리심은 태풍과 같아 세간에 두루 걸림이 없다.

또 보리심은 타오르는 불과 같아 온갖 소견의 숲을 태우며, 보리심은 밝은 해와 같아 모든 세간을 두루 비추며, 보리심은 보름달과 같아 깨끗한 법이 다 원만하며, 보리심은 밝은 등불과 같아 갖가지 법의 광명을 발한다.

또한 보리심은 큰 산과 같아 모든 세간에서 우뚝 솟아 있으며, 보리심은 부처님의 탑과 같아 모든 세간에서 공양할 바이다.

선남자여! 보리심은 이와 같이 한량없는 공덕을 성취하는 것이니, 요약해 말하면, 보리심은 모든 불법의 공덕과 같다. 왜냐하면, 보리심은 보살의 행을 낳게 하니 과거·현재·미래의 여래가 모두 보리심에서 출현하기 때문이다. 그러므로 위없는 보리심을 내는 이는 이미 한량없는 공덕을 낸 것이며, 일체지의 길을 널리 거두어 가짐이다.

선남자여, 그대가 묻기를, 보살이 어떻게 보살행을 배우며, 보살도를 닦느냐고 했는데, 그대는 이 비로자나장엄장 큰 누각에 들어가 두루 살펴 보라. 곧 보살행을 배우는 것을 알게 될 것이고, 배우면 한량없는 공덕을 성취할 것이다."

이때 선재동자는 미륵보살마하살을 공경하며 오른쪽으로 돌고나서 여쭈었다.

입법계품

"원컨대 성자께서 이 누각문을 열어 제가 들어가게 하소서."

미륵보살이 누각 앞에서 손가락을 튕겨 소리를 내니 문이 곧 열리었다. 선재가 기뻐하며 들어가니 문은 곧 닫기었다.

선재가 누각 안을 살펴보니, 넓고 크기가 무한하여 허공과 같았다. 아승지 보배로 땅이 되고, 아승지 궁전과 아승지 문과 아승지 창호, 아승지 섬돌, 아승지 난간, 아승지 길이 모두 칠보로 되어 있었다.

또 그 가운데 한량없는 누각이 있었는데, 크고 넓고 화려하기가 허공과 같아서 서로 장애되지도 않고 어지럽게 섞이지도 않았다. 선재가 한 곳에서 모든 곳을 보듯이, 모든 곳에서도 다 이와 같이 보았다.

선재동자는 비로자나장엄장 누각이 이처럼 가지가지로 헤아릴 수 없이 자유자재한 경계를 보고 아주 기뻐했으며 몸과 마음이 유연해져서 모든 의혹이 사라졌다. 본 것은 잊지 않고 들은 것은 기억하며 생각이 어지럽지 않아 걸림없는 해탈문에 들어갔다. 마음을 두루 움직이며 모든 것을 두루 보고 널리 예경하였다.

잠깐 머리를 숙이자 미륵보살의 위신력으로 인해 자신의 몸이 누각마다 두루하여 있음을 보았고, 갖가지 불가사의한 자재로운 경계를 보았다. 미륵보살이 처음 위없는 보리심을 발할 때의 이름과 그 집안과 선지식의 깨우침으로 선근을 심던 일들을 보았다.

또 미륵보살이 처음 자심(慈心)삼매를 증득하고 난 그때부터 자씨(慈氏)라고 부르던 일을 보기도 했고, 미륵보살이 묘행(妙行)을 닦으며 모든 바라밀을 이루던 일을 보기도 했고, 청정한 국토를 성취하는 것을 보고, 여래의 바른 교법을 보호하며, 큰 법사가 되어 무생인(無生忍)을 얻고, 어느 여래에게 위없는 보리의 수기(授記)를 받던 일을 보기도 하였다.

또 여러 누각의 사방 벽은 온갖 보배로 장식되었는데, 낱낱 보배에서는 미륵보살이 과거세에 보살도를 수행하던 일을 나타내었다. 자신의 손과 발 등 온갖 지체를 보시하고, 병든 이를 치료해주고, 길을 잘못 든 이에게 바른 길을 가리켜 주고, 혹은 뱃사공이 되어 바다를 건네 주던 일들이 새겨져 있었다.

이때 선재동자는 잊어버리지 않는 기억력을 얻고, 시방을 보는 청정한 눈을 얻고, 잘 관찰하는 걸림없는 지혜를 얻고, 보살들의 자재한 지혜를 얻고, 보살들이 지혜의 자리에 들어간 광대한 이해를 얻었기 때문에, 여러 누각 속에서 이와 같이 한량없고 불가사의하고 자재한 경계와 여러 가지로 장엄된 일들을 볼 수 있었다. 마치 사람이 꿈을 꾸면서 여러 가지 일들을 보는 것과 같았다.

그때 미륵보살마하살이 신통력을 거두고 누각 안으로 들어와 손가락을 퉁겨 소리를 내고 선재동자에게 말하였다.

"선남자여, 일어나라. 법의 바탕이 이와 같으니, 이는 보살의 모든 법을 아는 지혜의 인연이 나타난 현상이다. 이러한 자성(自性)이 환상과 같고 꿈과 같고 그림자 같고 영상 같아서 다 성취하지 못한다.”

선재동자는 이때 손가락 퉁기는 소리를 듣고 삼매에서 깨어났었다. 미륵보살이 다시 선재에게 말하였다.

“선남자여, 그대가 보살의 불가사의한 자재해탈에 머물러 삼매의 기쁨을 받았으므로, 보살의 신통력을 지니고 도를 돕는 데서 흘러 나오는 원과 지혜로 나타난 여러 가지로 눈부시게 장엄한 궁전을 본 것이다. 보살의 행을 보고, 보살의 법을 듣고, 보살의 덕을 알고, 여래의 원을 이룬 것이다.”

선재동자는 이렇게 생각하였다.

‘나는 이제 반드시 보현보살을 뵙고 선근을 더욱 늘릴 것이며, 모든 부처님을 뵙고 보살의 광대한 경계에 대해 궁극적인 이해를 내어 일체지를 얻을 것이다.’

선재동자는 몸과 마음을 가다듬어 일심으로 보현보살을 보려고 분발하여 정진하며 물러가지 않았다. 넓은 눈으로 시방의 부처님과 보살들을 관찰하면서 보이는 것마다 다 보현보살을 뵙는다고 생각하였다.

지혜의 눈으로 도를 보니, 마음이 광대하기 허공과 같았고, 대비(大悲)가 견고하기 금강과 같았으며, 미래가 다하도록 보현보살을 따라다니면서 순간마다 보현행을 수순하여 닦으려 하였고, 지혜를 성취하고 여래의 경지에 들어 보현의 자리에 머물려고 하였다.

이때 문득 보니, 보현보살이 여래 앞에 있는 대중 가운데서 보련화 사자좌에 앉아 있었다. 여러 보살들이 에워싸고 있었는데 가장 뛰어나 세간에 견줄 이가 없고, 지혜의 경지는 한도 끝도 없어 헤아리기 어렵고 생각하기 어려워 삼세 부처님과 같았으며, 보살들로는 제대로 살펴볼 수 없었다.

다시 보니, 보현보살의 몸에서 모든 세계의 미진수 광명 구름을 내어 법계와 허공계의 모든 세계에 두루하였고, 일체 중생의 괴로움과 근심을 없애어 보살들이 아주 기뻐하였다.

선재동자는 보현보살의 이와 같이 자재하고 신기한 경계를 보고 몸과 마음이 한량없이 기뻤다. 그리고 곧 열 가지 지혜바라밀을 얻었다.

즉, 순간마다 모든 부처님 세계에 두루하는 지혜바라밀, 순간마다 모든 부처님 처소에 나아가는 지혜바라밀, 순간마다 모든 여래께 공양하는 지혜바라밀, 순간마다 모든 여래의 처소에서 법을 듣고 받아지니는 지혜바라밀, 순간마다 모든 여래의 법륜을 생각하는 지혜바라밀, 순간마다 모든 부처님의 불가사의한 큰 신통을 아는 지혜바라밀, 순간마다 한 마디 법을 말하시는데 오는 세상이 끝나도록 변재가 다 하지 않는 지혜바라밀, 순간마다 깊은 반야로 모든 법을 관찰하는 지혜바라밀, 순간마다 모든 법계와 실상 바다에 들어가는 지혜바라밀, 순간마다 모든 중생의 마음을 아는 지혜바라밀, 순간마다 보현보살의 지혜와 행이 모두 앞에 나타나는 지혜바라밀 등이다.

선재동자가 이 열 가지 지혜바라밀을 얻은 뒤 보현보살이
바른 손을 펴서 선재의 머리를 만졌고, 머리를 만진 뒤에는
곧 모든 세계의 빠짐없는 삼매문을 얻었다.

역주와 해설

화엄경 역주

1) 마가다국의 적멸도량 : 마가다는 범어 Magadha의 음사. 고대인도의
   중부에 있던 나라. 적멸도량은 석가모니 부처님이 처음 정각을 이룬
   도량. 즉 니련선하(尼連禪河)변의 보리수하 금강보좌(金剛寶座). 석가
   모니 부처님은 이 적멸도량에서 처음 정각을 완성하여 화엄경의 교주
   인 비로자나불과 일체가 된다.
2) 정토(淨土) : 예토(穢土=사바세계)에 반대되는 말로써 불교수행의 완
   성에 의해 이루어지는 청정한 세계. 정토에는 불보살이 주하는 주처정
   토(住處淨土)와 중생이 아미타불의 본원력에 의해 왕생하는 왕생정토
   (往生淨土)가 있다. 화엄경에서의 정토는 비로자나불의 연화장법계이
   다.
3) 아수라(阿修羅), 라후라(羅喉羅), 긴나라(緊那羅) : 불법을 수호하는 천
   룡팔부(天龍八部) 중에 속하는 세 신중(神衆). 아수라는 범어 asura의
   음사. 항상 제석천과 싸움을 일삼는다는 전투의 신. 그러나 불법을 수
   호하기로 서원한 신이기도 하며 선악의 양면을 모두 갖추고 있어서 그
   성격이 복잡하다고 함. 라후라는 범어 Rāhula의 음사. 아수라의 왕으
   로서 해와 달의 빛을 가리워 일식, 월식을 일으킨다고 한다. 긴나라는
   범어 kiṁnara의 음사. 한역불전에서는 인비인(人非人)이라고 옮기고
   있으며 그 모습이 사람인지 짐승인지 구별하기 어려우며 노래와 춤을
   즐긴다고 한다.
4) 삼십삼천왕(三十三天王) : 제석천(帝釋天)을 말함. 삼십삼천은 불교의
   세계관에서 설하는 욕계 6천(六天)의 제2천으로써 도리천이라고 한다.
   수미산의 제일 꼭대기에 있는 천상계이며 이곳의 왕은 제석천이다.
5) 보살행(菩薩行) : 보살은 범어 Bodhisattva의 음사. 깨달음을 구하는 사
   람, 큰 마음을 가진 사람이라는 뜻으로 대승불교의 이상적인 인간상.

보살은 '위로는 부처님의 진리를 구하고 아래로는 중생을 돕는다(上求菩提下化衆生)'는 자각을 바탕으로 중생을 이롭게 하는 여러 가지 자기 헌신의 봉사를 게을리 하지 않는다. 대표적인 보살행으로는 육바라밀이 있다.

6) 법신(法身) : 불생불멸하는 절대의 이법(理法), 진여를 체(體)로 하고 있는 부처. 부처님의 삼신(三身 : 法身·報身·化身) 중의 하나.

7) 비사문야차왕(毗沙門夜叉王) : 범어 Vaiśramaṇa의 역어. 야차와 나찰(羅刹)을 이끌어 북방을 수호하고 사람들에게 복을 주는 일을 맡은 천왕. 사천왕 중의 다문천왕(多聞天王)이다.

8) 화신(化身) : 화신의 본신은 법신(法身)이다. 부처님은 중생을 제도하기 위하여 그때그때마다 여러 가지 모습(화신)을 나타낸다. 화신은 응신(應身)이라고도 하며, 화엄경에서 법신불은 비로자나불이며 화신불은 석가모니 부처님이라고 할 수 있다.

9) 감로(甘露) : 범어 amṛti의 역어. 마시면 모든 악업이 소멸되고 불사의 경지에 이른다는 청정수. 비유하여 불법을 뜻함.

10) 업력(業力) : 중생이 지은 선악의 과보에 의해 생로병사를 거듭케 하는 숙업의 작용 또는 그 과보.

11) 선지식(善知識) : 불교의 도리를 실천하고 중생을 교화하여 해탈로 이끄는 수행자.

12) 삼천대천세계(三千大千世界) : 범어 trisahasra-mahāsāhasra-lokadhātu의 역어. 이 사바세계를 1소세계라고 하고 이 소세계 천 개 모은 것을 소천세계, 소천세계 천 개 모은 것을 중천세계(中千世界), 다시 중천세계 천 개 모은 것을 대천세계라고 한다. 이 대천세계가 세 번 모인 것이 삼천대천세계 즉 10억의 세계이며 이는 바로 무한의 세계를 의미하며 또한 화엄경의 세계관을 의미한다.

13) 보리심(菩提心) : 보살도의 수행자가 일으켜야 하는 마음. 진리를 향해 걸어가는 마음. 보리는 범어 Bodhi의 음사로써 깨달음, 도(道), 진리라고 옮긴다. 즉 지금까지 세간적인 것에만 집착하고 있던 자기존재를 깨달음의 실현, 불도의 실천으로 돌리려는 마음.

14) 겁(劫) : 범어 kalpa의 음사. 가장 긴 시간의 단위. 겁에는 우주가 존속

되고 파괴되어 없어지는 기간, 즉 우주가 생성되는 성겁(成劫)과 우주가 존속되는 주겁(住劫), 우주가 무너지는 괴겁(壞劫), 우주가 소멸되어 존재하지 않는 공겁(空劫)이 있으며 이 성주괴공의 겁이 진행되는 한 주기의 겁을 대겁(大劫)이라고 한다. 또 겁의 기나긴 기간에 관한 비유로서는 천녀가 백 년에 한 번씩 사방 사십리의 돌산을 치마의 얇은 천으로 문질러 다 닳아 없어지는 때를 일겁이라고 한다는 이야기가 있다.

15) 사제(四諦) : 초전법륜에서 설해진 불교의 기본교리.

  ① 고제(苦諦) : 모든 현상적 존재는 고통을 받고 있다.

  ② 집제(集諦) : 생존의 고통에는 그 고통을 집성한 원인이 있다. 그것은 탐진치라는 번뇌의 쌓임과 그 상승작용에 의한 것이다.

  ③ 멸제(滅諦) : 고통이 원인을 소멸하는 진리, 그것은 열반이다.

  ④ 도제(道諦) : 열반에 이르기 위한 길. 그것은 여덟 가지의 바른 실천 즉 팔정도(八正道)이다. 팔정도란 바른 지혜[正見], 바른 사유[正思], 바른 언어[正語], 바른 행위[正業], 바른 생활[正命], 바른 노력[正精進], 바른 기억[正念], 바른 선정[正定]이다.

16) 공(空) : 연기(緣起)의 이법(理法) 즉 불교가 설하는 존재의 법칙은 무자성(無自性), 불생불멸(不生不滅), 부상부단(不常不斷)이므로 실체적인 자성은 존재하지 않는다는 불교의 중심 교리. 우리는 보통 공(空)을 무(無), 허무(虛無), 텅빈 허공 등 존재의 덧없음을 표명하는 용어로 쓰고 있지만 어원적으로 공을 가르키는 범어 순야(Śūnya)란 '증가한다, 확장한다'를 의미하는 어원 스비(Svi)에서 파생된 단어이다. 따라서 공은 허무가 아니라 모든 현상이 연기적(緣起的)인 관계에서 끊임없이 운동, 변화하는 존재의 역동적인 실상을 의미한다.

17) 복전(福田) : 범어 puṇya-ksetra의 역어. 선행의 씨앗을 뿌려서 반드시 복을 받는 터전, 복덕을 낳는 밭. 부처님이나 승가와 같은 존경의 대상은 경전(敬田), 스승과 부모와 같이 그 은혜를 갚지 않으면 안되는 존재를 은전(恩田), 병자·빈자와 같이 자비로운 구제가 필요한 대상을 비전(悲田)이라고 한다. 이 모두를 합하여 팔복전이라고 한다. 즉 불법승(佛法僧) 삼보, 부모, 사승, 빈궁인, 병자, 축생.

역 주

389

18) 변재천(辯才天) : 범어 Sārasvati의 역어. 묘음천(妙音天), 대변공덕천 (大辯功德天)이라고도 한다. 노래, 음악을 맡은 여신으로서 걸림없는 재능으로 불교를 전하고 중생의 수명을 늘리며 재산을 가져다 준다고 한다.

19) 네 가지 한량없는 마음[四無量心] : 불교 수행자가 지녀야 할 네 가지 영원한 마음가짐.
　① 자무량심(慈無量心) : 일체 중생의 고통을 덜어주는 영원한 자애심.
　② 비무량심(悲無量心) : 멀고 가까움을 차별하지 않고 평등히 사랑하 는 마음.
　③ 희무량심(喜無量心) : 일체 중생과 함께 기쁨을 나누는 마음.
　④ 사무량심(捨無量心) : 모든 것에 집착하지 않는 영원한 마음.

20) 삼업(三業) : 몸과 말과 생각으로 짓는 세 가지 업. 신(身)·구(口)·의 (意) 삼업이라고 한다.

21) 여섯가지 수행[六波羅蜜] : 대승불교의 수행자 즉, 보살이 실천하는 여 섯 가지 수행덕목. 바라밀은 범어 pāramitā의 음역으로서 '저 언덕으 로 건너간다(度彼岸)'라고 번역한다. 육바라밀은 다음과 같다.
　① 보시(布施)바라밀 : 공(空)의 이법(理法)을 체득하여 일체 중생에게 헌신하는 수행.
　② 지계(持戒)바라밀 : 불교윤리의 실천
　③ 인욕(忍辱)바라밀 : 참고 용서하는 마음의 수행
　④ 정진(精進)바라밀 : 굳은 신심과 끊임없는 노력
　⑤ 선정(禪定)바라밀 : 선(禪)으로의 길
　⑥ 반야(般若)바라밀 : 지혜의 완성

22) 삼계(三界) : 중생들이 살아가는 세계를 그 특성에 따라 욕계(欲界), 색 계(色界), 무색계(無色界)로 나눈 것. 욕계는 정욕과 식욕을 가진 중생 들의 세계. 색계는 앞의 두 가지 욕망은 떠났으나 아직 형상의 제약을 받는 중생들의 세계. 무색계는 욕망이나 형상의 제약을 받지 않는 중 생들의 세계.

23) 보처(補處) : 미래에 부처를 이루리라는 수기를 받은 보살·보살도의 수 행자가 도달하는 궁극의 경지. 한 생을 지나면 바로 성불하므로 일생

보처라고도 한다.

24) 열반(涅槃) : 범어 nirvāṇa의 음역. 탐욕의 불길을 끈 상태. 일체의 미망
을 떠난 깨달음의 경지. 업과 번뇌의 완전한 지멸(止滅)을 이룬 경지.
또는 스님들의 입적(죽음)을 뜻하기도 한다.

25) 해인삼매(海印三昧) : 범어 sāgara-mudrā-samādhi의 역어. 해인정(海
印定)이라고도 한다. 파도가 잔잔한 바다에 일체의 현상이 남김없이
비추어지듯 번뇌의 파도가 없어진 맑고 고요한 부처님의 지혜바다에
일체의 현상이 남김없이 나타나는 것을 해인이라고 하며, 이를 관하는
삼매를 해인삼매라고 한다. 화엄경은 바로 부처의 해인삼매 중에서 드
러난 법문이다.

26) 성문(聲聞) : 범어 śravāka의 역어. 부처님이 설하신 진리의 말씀을 듣
고 전념하여 깨달음을 얻는 소승이 선자.

27) 연각(緣覺) : 범어 pratyekabuddha의 역어. 십이연기(十二緣起)의 도리
를 관찰하여 홀로 깨달음을 얻은 소승의 성자. 독각(獨覺)이라고도 한
다.

28) 대승(大乘) : 범어 Mahāyāna의 역어. 크나큰 수레, 위대한 가르침이라
는 뜻으로, 소승불교의 승원 중심의 독선적인 불교를 비판하면서 이론
과 학문보다는 신앙과 실천을 바탕 삼는 대승불교. 이 새로운 형태의
불교는 부처님 입적 400년 후인 B.C. 1세기경 북부인도를 중심으로 발
흥하기 시작하여 중국, 한국, 일본에 전해졌다. 대승불교의 이상적인
인간상으로서 보살은 불교실천의 능동적인 주체임을 자각하고 보다
철저한 자기수행과 이타적 실천을 중시한다. 따라서 대승불교는 일체
중생과 더불어 해탈(解脫)의 길로 나아가고자 하며 대승불교의 웅대한
사상과 종교적 목표는 《반야경》, 《법화경》, 《유마경》, 《화엄경》 등과
같은 대승경전에서 웅변적으로 설해지고 있다.

29) 수미산(須彌山) : 범어 sumeru의 역어. 묘고산(妙高山)이라고 옮긴다.
불교의 우주관에 의하면 우주의 중심에 수미산이 높게 솟아 있다고 한
다. 수미산은 대해(大海)의 중앙에 있고 금산(金山) 위에 있으며 그 높
이는 수면에서 8만 유순, 구산팔해(九山八海)가 둘러싸여 있다고 한다.
정상에는 제석천의 궁전인 도리천이 있고 중턱에 사천왕천이 있다고

한다.

30) 도리천(忉利天) : 범어 Trāyastriṃśa의 역어. 불교의 세계관에서 설하
는 욕계 6천의 제2천. 33천이라고도 한다. 수미산의 정상에 있는 천상
계. 중앙에 4면이 각각 8만 유순이 되는 선견성이 있고 이 성 안에 제
석천이 주하고 있다. 또한 사방으로 각각 8성이 있어서 제석천의 권속
들이 살고 있다. 사방 8성인 32성과 중앙의 선견성을 더하여 33성이
된다. 이 33천에서는 반달의 삼제일(三齋日)마다 성 밖에 있는 선법당
에 모여서 법답고 법답지 못한 일들을 논한다고 한다.

31) 가섭불(迦葉佛) : 범어 kāśyapa의 역어. 과거칠불(過去七佛) 중 제6위의
부처님.

32) 구나함모니불(拘那含牟尼佛) : 범어 Kanakamuni의 역어. 과거칠불 중
제5위의 부처님.

33) 구류손불(拘留孫佛) : 범어 Krakucchanda의 역어. 과거칠불 중 제4위
의 부처님.

34) 비사부불(毘舍浮佛) : 범어 Visvabha의 역어. 과거칠불 중 제3위의 부
처님.

35) 시기불(尸棄佛) : 범어 Śikhin의 역어. 과거칠불(過去七佛) 중 제2위의
부처님.

36) 비바시불(毘婆尸佛) : 범어 Vipaśyin의 역어. 과거칠불 중 제1위의 부
처님.

37) 연등불(燃燈佛) : 범어 Dipaṃkara의 역어. 아득히 먼 과거의 겁 이전에
출현하여 석존이 수메다라는 이름의 청년으로 보살행을 닦고 있을 때
반드시 부처가 되라는 수기를 주었다는 과거불.

38) 게송(偈頌) : 범어 gāthā의 역어. 운문(韻文)으로 설해진 부처님의 가르
침. 또는 운문으로 부처님의 공덕을 찬탄한 시. 불교의 게송은 중국시
문학의 한시의 양식과 합해져서 당대 이래의 선종에서는 절구체(絕句
體)의 짧은 게송으로 발전하게 된다.

39) 여덟 가지 바른 길[八正道] : 사성제(四聖諦) 중의 제4도제(道諦)에서
설하는 여덟 가지 실천덕목. 바른 지혜[正見], 바른 사유[正思], 바른
언어[正語], 바른 행위[正業], 바른 생활[正命], 바른 노력[正精進],

바른 기억〔正念〕, 바른 선정〔正定〕.

40) 무생법인(無生法忍) : 일체 제법의 무생무멸(無生無滅)의 도리를 체득
하여 분별망상이나 집착을 일으키지 않는 마음.

41) 범행(梵行) : 범어 brahmacariyā의 역어. 번뇌나 욕망의 오염을 초월한
청정한 수행.

42) 팔십종호(八十種好)와 삼십이상(三十二相) : 부처님에게만 갖추어져
있다고 하는 훌륭한 모습. 밖으로 보아서 알 수 있는 32가지의 신체적
특징과 쉽게 알아볼 수 없는 80가지의 신체적 특징을 말함.

43) 예류과(預流果) : 범어 srota-āpanna의 역어. 영원한 평화의 흐름에 든
자라는 뜻. 무명을 끊고 처음으로 성자의 계열에 든 자. 소승불교의 성
자가 얻는 깨달음의 네 가지 계위 중의 첫번째.

44) 일래과(一來果) : 범어 sakṛdāgāmin의 역이. 한 번 오는 사라는 뜻. 소
승불교에서는 깨달음을 이룬 성자는 두 번 다시 생을 받지 않는다고
한다. 그러나 일래과를 이룬 사람은 한 번 더 인간으로 태어나 완전한
깨달음을 이루어야 해탈할 수 있다고 한다. 소승불교의 성자가 얻는
깨달음의 네 가지 계위 중 제2과.

45) 아라한과(阿羅漢果) : 아라한은 범어 arhat의 역어. 부처님의 말씀을 전
해 듣고 수행하여 해탈에 도달한 소승불교의 성자. 마땅히 존경받아야
할 성자라는 의미에서 응공(應供)이라고도 한다. 과는 아라한이 성취
한 수행의 결과.

46) 여섯 가지 초인적인 능력〔六神通〕 : 수행의 결과 체득되는 여섯 가지
특이한 능력.
① 신족통(神足通) : 어느 장소든지 자유롭게 왕래할 수 있는 능력.
② 천이통(天耳通) : 어느 곳의 소리든 자유롭게 들을 수 있는 능력.
③ 타심통(他心通) : 타인의 생각을 꿰뚫어 보는 능력.
④ 숙명통(宿命通) : 모든 중생의 운명을 아는 능력
⑤ 천안통(天眼通) : 온 누리를 투시하여 아는 능력
⑥ 누진통(漏盡通) : 번뇌를 완전히 소멸시킬 수 있는 능력.
제5통까지는 재천신선(諸天神仙)도 얻을 수 있지만 제6 누진통은 부처
님과 같은 완전한 각자(覺者)에게만 가능하다고 한다.

역 주

393

47) 오계(五戒) : 불교도들의 다섯 가지 근본윤리.

　① 불살생(不殺生) : 살아있는 생명을 해치지 말라.

　② 불투도(不偸盜) : 주지 않는 재물을 훔치지 말라.

　③ 불사음(不邪淫) : 삿된 음행을 하지 말라.

　④ 불망어(不妄語) : 거짓말 하지 말라.

　⑤ 불음주(不飮酒) : 술 마시지 말라.

48) 십선(十善) : 몸과 입, 생각으로 10악을 범하지 않는 수행 덕목.

　① 불살생(不殺生) ② 불투도(不偸盜) ③ 불사음(不邪淫) ④ 불망어(不妄語) ⑤ 불양설(不兩舌) ⑥ 불악구(不惡口) ⑦ 불기어(不綺語) ⑧ 불탐욕(不貪欲) ⑨ 불진애(不瞋恚) ⑩ 불사견(不邪見).

49) 사선(四禪) : 번뇌를 끊고 불법의 공덕을 발생시키는 네 단계의 근본 선정. 사선정(四禪定), 사정려(四靜慮)라고도 한다. 사선이란 악(惡), 불선(不善)을 대치하는 초선, 선정의 희락을 발생시키는 제2선, 정념정지로써 희락의 집착에서 벗어나는 제3선, 마음의 청정을 체득하는 제4선을 가리킨다.

50) 열 가지 수행의 완성〔十波羅蜜〕: 6바라밀에 방편 · 원(願) · 력(力) · 지(智) 바라밀을 더한 10바라밀.

51) 여섯 가지 방편으로 화합하는 길〔六和敬〕: 불교도들의 화합에 필요한 여섯 가지 방편.

　① 동계화경(同戒和敬) : 같이 계율을 지킴.

　② 동견화경(同見和敬) : 같은 견해를 지님.

　③ 동행하경(同行和敬) : 같이 수행함.

　④ 신자화경(身慈和敬) : 서로 예절을 지킴.

　⑤ 구자화경(口慈和敬) : 서로 바른 언행을 지님.

　⑥ 의자화경(意慈和敬) : 서로의 뜻을 존중함.

52) 양족존(兩足尊) : 부처님의 이칭. 지혜와 복덕이 구족하신 분이라는 뜻.

53) 오온(五蘊) : 범어 pañca-skadha의 역어. 인간존재를 구성하는 다섯 가지 요소.

　① 흙덩어리와 같은 색온(色蘊 ; 물질적 요소 · 色如聚沫)

　② 물거품과 같은 수온(受蘊 ; 인상작용 · 受如水泡)

화엄경

394

③ 아지랑이와 같은 상온(想蘊;표상작용·想如陽炎)

④ 파초와 같은 행온(行蘊;의지, 맹목적인 충동·行如芭蕉)

⑤ 몽환과 같은 식온(識蘊;순수감각, 의식·識如夢幻)

54) 인다라망(因陀羅網):인다라는 범어 Indra의 음사. 불교에서는 도리천
    궁의 왕 제석천(帝釋天)을 뜻하며 인다라망은 도리천궁의 보배구슬로
    엮은 그물. 화엄경에서는 법계의 장엄을 표현하는 용어로 쓰이며 구슬
    과 구슬이 서로 빛을 발하여 마치 거대한 샹들리에처럼 우주를 장엄한
    다고 한다. 만유의 제법이 중중무진하게 상즉상입하는 경계를 표현하
    는 용어.

55) 다라니(陀羅尼):범어 dhāraṇi의 음역. 총지(總持), 능지(能持), 능차
    (能遮)라고 옮김. 모든 악을 버리고 선법을 갈무리하고 있는 가르침.
    삼매로 얻어진 지혜 또는 진언을 가리킴.

56) 당기(幢旗):불법의 공덕을 나타내는 장엄도구. 장대 끝에 용머리 형상
    으로 꾸미고 비단깃발을 매단 것.

57) 연기(緣起):연기는 인연생기(因緣生起)의 준말. 존재의 상의상관성과
    무자성을 표명하는 불교의 중심 교리. 모든 존재는 상의상관성의 법칙
    에 의해 생성소멸한다는 관계성의 존재론. 부처님의 깨달음은 바로 이
    십이연기(十二緣起)를 깨달은 것이라고 한다.

58) 사섭사(四攝事):사섭법(四攝法)이라고도 한다. 보살이 중생을 교화하
    기 위하여 베푸는 네 가지 방편.

    ① 보시섭(布施攝):중생이 좋아하는 바를 베품.

    ② 애어섭(愛語攝):부드럽고 온화한 말을 사용함.

    ③ 이행섭(利行攝):중생에게 이익되는 바를 행함.

    ④ 동사섭(同事攝):중생의 근기에 맞추어 행동을 같이하여 불법으로
        인도함.

59) 십이연기(十二緣起)를 순역(順逆):십이연기는 인간존재의 근본적인
    존재방식을 열 두 가지의 항목으로 설한 것. 즉 무명(無明)－행(行)－
    식(識)－명색(名色)－육입(六入)－촉(觸)－수(受)－애(愛)－취(取)－유
    (有)－생(生)－노사(老死)이다. 이와 같은 십이연기는 그 실천의 측면
    에서 순관(順觀)과 역관(逆觀)의 두 체계를 갖고 있다. 그것은 인간존

재의 근본적인 미망을 나타내는 무명……에서 노사에 이르는 과정을
관찰하는 순관과, 노사……에서부터 무명을 지멸하는 반성적 사유과
정을 나타내는 역관이다. 이 십이연기를 순관, 역관하는 것.

60) 무기(無記) : 선도 악도 아닌 성질로써 선과 악의 어떤 결과도 발생시키
지 않는 중간적 특성. 이 무기에는 선악의 결과를 모두 발생시킬 능력
이 없으면서도 수행을 방해하는 유부무기(有覆無記)와 수행을 방해하
지 않는 무부무기(無覆無記)가 있다.

61) 단상(斷常) : 단견(斷見)과 상견(常見)의 두 생각. 즉 죽은 뒤에도 비록
육신은 없어지지만 정신은 남아서 다시 다음 생을 받아서 업보가 계속
된다는 상견(常見)과, 죽고 나면 몸과 마음이 없어져서 아무것도 없다
는 단견(斷見)을 말한다.

62) 여덟 가지 어려움이…… : 불법을 만날 수 없는 여덟 가지 어려운 장애,
지옥·아귀·축생·장수천(長壽天)·변지(邊地)·맹롱음아(盲聾瘖
瘂)·세지변총(世智辨聰)·불전불후(佛前佛後)

63) 모든 부처님의 종성(種姓) : 과거·현재·미래의 모든 부처님들이 이
어가는 전통과 계통.

64) 백호상(白毫相) : 부처님의 32상 중의 하나. 부처님의 두 눈썹 사이에
있는 희고 빛나는 터럭. 오른쪽으로 말렸으며 끊임없이 광명을 발한다
고 함.

65) 유위(有爲)와 무위(無爲) : 유위는 번뇌를 수반하는 행위 혹은 요소. 무
위는 번뇌의 작용이 지멸되어 분별망상이 없어진 상태.

66) 사대(四大) : 만유를 구성하는 지대(地大)·수대(水大)·화대(火大)·
풍대(風大).

67) 일체종지(一切種智) : 불보살의 지혜. 일체만법의 차별상을 낱낱이 모
두 아는 지혜.

68) 수기법(授記法) : 부처님 또는 덕이 높은 보살이 중생에게 언제 마땅히
성불하게 되리라는 예언을 주는 것. 법화경 권3에 〈授記品〉이 있다.

69) 음(陰)·계(界)·입(入) : 음은 오음(五陰) 즉 색·수·상·행·식을 말
함. 음은 온(蘊, skandha)의 고역(古譯). 계는 육근(六根 ; 眼根, 耳根,
鼻根, 舌根, 身根, 意根)과 그 인식대상인 육진(六塵 ; 色, 聲, 香, 味, 觸,

法)과 그 인식결과인 육식(六識 ; 眼識, 耳識, 鼻識, 舌識, 身識, 意識)이
합해진 18계이다. 육입(六入)은 지각의 다섯 가지 감관적 근거인 안,
이, 비, 설, 신, 의를 뜻함.

70) 두타(頭陀) : 범어 Dhūta의 음역. 욕심을 버리고 번뇌를 털어버린다는
뜻. 초기불교 이래 무소유, 무집착, 인욕을 체득하기 위한 불교수행자
들의 수행 방법. 모두 열두 가지의 두타행법이 있다.

① 산림과 황야에서의 생활[在阿蘭若處]

② 항상 걸식한다[常行乞食]

③ 빈부를 차별하지 않고 차례대로 걸식한다[次第乞食]

④ 하루 한 때만 먹는다[受一食法]

⑤ 먹는 일에 욕심내지 않는다[節食]

⑥ 오후에는 쥬스나 우유도 마시지 않는다[中後不得飮漿]

⑦ 사람들이 쓰고 버린 천으로 옷을 만들어 입는다[著弊衣]

⑧ 다만 세 가지 가사만을 소지한다[但三衣]

⑨ 묘지에서 산다[塚間住]

⑩ 나무 아래 산다[樹下住]

⑪ 지붕이나 벽이 없는 야외에서 산다[露地住]

⑫ 다만 앉기만 할 뿐 눕지 않는다[但坐不臥]

71) 십력(十力) : 보살에게 있는 열 가지 지력(智力), 심심력(深心力)·증
상심심력(增上深心力)·방편력(方便力)·지력(智力)·원력(願力)·행
력(行力)·승력(乘力)·신변력(神變力)·보리력(菩提力)·전법륜력(轉
法輪力)

72) 오탁(五濁) : 말법의 시대에 나타나는 다섯 가지 오염된 현상.

① 겁탁(劫濁) : 사람의 수명이 점차 줄어들며 기근, 질병, 전쟁이 잦음.

② 견탁(見濁) : 온갖 그릇되고 비도덕적인 견해가 일어나 세상을 어지
럽힘.

③ 번뇌탁(煩惱濁) : 중생의 번뇌가 깊고 무거워짐.

④ 중생탁(衆生濁) : 중생들이 나쁜 일을 좋아하며 과보를 두려워하지
않음.

⑤ 명탁(命濁) : 중생의 수명이 점차 줄어듦.

73) 선재동자(善財童子) :《화엄경》입법계품에 등장하는 소면구도자. 보리
심을 발하고 문수사리보살의 가르침에 따라 53선지식을 순례하며 불
법의 진리와 보살행의 방법을 묻는다.

74) 문수사리 보살(文殊舍利菩薩) : 범어 Mañjusri의 역어. 불교의 지혜를
상징하는 보살. 실천을 상징하는 보현보살과 함께 석가모니 부처님의
좌우에서 보좌하는 보살. 사자를 탄 형상으로 석가모니 부처님을 왼쪽
에서 모신다.

75) 보문(普門) : 관세음보살의 교화 방편을 넓은 문에 비유하는 표현.

76) 선견약(善見藥) : 설산에서 난다는 양약. 눈으로 보면 눈이 청정해지고
약의 이름을 들으면 귀가 청정해지며 냄새를 맡으면 코가 청정해지며
먹으면 모든 병이 치유된다는 약.

77) 부정관(不淨觀) : 욕망이 과도한 사람들이 닦는 관법(觀法). 시체의 부
패, 팽창, 해체, 풍화과정을 응시하면서 육신의 더러움을 깨닫고 욕망
에 집착하지 않게 됨.

78) 자비관(慈悲觀) : 화를 잘 내고 난폭한 사람들이 닦는 관법. 불보살의
자비로운 모습을 마음 속으로 관하여 자비로운 성품을 깨닫는 관법.

79) 인비인(人非人) : 사람과 사람 아닌 존재. 팔부신중과 사람을 구별하여
부르는 호칭. 비인은 불보살이 설법하는 장소에 사람의 모습으로 변하
여 온 천신 등을 가리킨다. 단 주의해야 할 점은 팔부신중 중의 긴나라
(緊那羅)를 인비인이라고 옮기는 한역불전이 있어서 혼동할 수 있다.
관음경 등에서는 긴나라와 인비인을 구별하여 사용하고 있다.

80) 미륵보살(彌勒菩薩) : 범어 Maitreya의 음역. 석가모니 부처님의 수기
를 받은 미래불. 석존의 입적 후 56억 7천만 년이 지난 후에 사바세계
에 출현하여 중생들을 제도한다고 한다. 지금은 일생보처의 보살로서
도솔천에 머물고 있다고 한다.

화엄경 해설
－깨달음의 바다－

한국인의 사유방법과 화엄경

석존의 고향 인도에서 발생한 불교는 중국문화의 모태를 통해서 한역대장경(漢譯大藏經)이 탄생하였고 한자문화권인 중국·한국·일본에 진리의 법유(法乳)를 공급하게 되어 가지와 열매를 무성하게 발전시켰습니다. 그러면서도 동양의 불교는 각 나라마다 그 지역의 특성을 지니고 독자적인 성숙의 길을 걸었습니다. 그 불교사상에서 《화엄경》은 단연 문화와 사상, 종교의 통일이었습니다. 7세기에서 8세기에 걸친 동아시아의 역동적인 세계는 가히 '화엄의 세기(世紀)'라고 부를 만하며 중국·한국·일본의 불교운동을 전형적으로 보여주었습니다.

그러나 무엇보다도 화엄사상의 발달이 신라 스님들에 의해서 절정에 이르렀다는 것을 우리는 자랑스럽게 생각해야 할 것입니다. 중국불교의 대가들은 그들의 권위를 인정받기 위해서 우리 신라 스님들의 저서를 고증했던 것을 잊을 수가 없는 것입니다.

몇 가지 예를 들어보겠습니다.

중국 화엄종의 제3조로 숭앙받아온 법장(法藏)은 그의 저서 《탐현기(探玄記)》에서 원효의 4교판(四敎判)을 인용했고, 또 화엄오교장(華嚴五敎章)에서는 원효의 《이장의(二障義)》라는 저술로 종성의(種性義)의 골격을 이루었습니다. 그리고 일본의 화엄을 최초로 연 스님이 바로 신라의 심상(審詳)스님이었으며, 일본의 가마꾸라[鎌倉]시대의 명혜(明惠)스님은 《화엄경연기회권(華嚴經緣起繪卷)》(一名 華嚴祖師傳) 6권을 엮었습니다.

그런데 그 내용이 중국이나 일본 스님이 아닌 신라 스님 즉, 원효스님과 의상스님을 주인공으로 엮었다는 사실은 우리들의 옷깃을 여미게 합니다. 그 6권 중 4권은 신라 의상(義相)스님과 당나라의 처녀 선묘를 그리고 있으며 나머지 2권은 의상과 원효스님이 주인공이 되어 있습니다. 《송고승전(宋高僧傳)》에 실린 의상, 원효전(傳)을, 빛깔도 은은히 고운 당채권자본(唐彩卷子本)에 그린 이 《화엄경연기회권》 6권은 오늘날 일본의 국보로 그 장엄을 더하고 있습니다.

우리나라 스님네들은 선(禪)과 화엄경의 탐구에 정진함으로써 한국불교의 그윽한 종풍을 선양해오셨습니다. 그 대표적인 신라시대의 스님들로서 원측(圓測)·의상(義相)·자장

(慈藏)·표훈(表訓)스님 등 모두 열거할 수 없을 정도입니다. 특히 원측스님은 당나라 현장삼장의 회상에서 그 명성을 떨쳤는데 스님은 유식불교의 대가로서 임종하실 무렵에는 화엄경을 연구했다고 전해지고 있습니다. 그리고 고려시대의 화엄사상은 그 실천의 심도를 더하여 불후의 문화유산 고려대장경을 조성한 신심과 예술을 낳았습니다. 특히 고려의 균여(均如)스님이 지으신 보현십원가(普賢十願歌) 11수는 화엄경 보현행원품의 골수를 서민대중이 알기 쉽게 읊은 것으로 유명합니다.

조선조에 이르러서도 스님들은 강원이력의 최고과정에서 화엄경을 깊이 연구하셨습니다. 저 연담(蓮潭)과 백파(白坡) 스님의 화엄연구는 그 깊이 있는 성과로 해서 우리를 더욱 감복케 하고 있습니다. 이렇듯 화엄사상은 우리 민족의 원융무애한 사유방법 형성에 큰 영향을 끼쳐왔던 것입니다.

화엄경의 구성과 사상

대승불교의 대표적인 경전인 화엄경은 공간과 시간의 한정을 초월하여 비로자나불의 연화장법계(蓮華藏法界)와 석존의 깨달음이 상즉상입의 우주관을 바탕으로 묘파되고 있는 대승불교의 웅대한 설계도입니다.

화엄경(華嚴經)의 원제는 《대방광불화엄경(大方廣佛華嚴

經)》입니다. 범어 원제는 Buddha-avataṁsaka-nama-mah
āvaipulyasūtra입니다. 먼저《대방광불화엄경》이라는 제명
(題名)에 대해서 알아보겠습니다.

여기서의 대(大)란 소(小)에 대비되는 의미가 아니라 불법
의 궁극까지 철견(徹見)된 무한절대(無限絕對)의 이법(理法)
입니다.

그리고 방광(方廣)이란 한정된 공간의 넓이나 방향이 아
니라 연화장법계의 상즉상입이 끊임없이 이루어지는 깨달
음의 법계를 의미합니다. 그러므로 화엄경은 시간과 공간의
한정이 완전히 초극된 깨달음의 경지에서 어떠한 차별도 사
라져버린 무법상(無法相), 무영상(無影像)의 법계를 전개합
니다.

우리들의 빈약한 언어로서는 그 광휘에 빛나는 깨달음의
세계, 어떠한 차별도 없이 존재와 존재의 불가사의한 상호
융합이 이루어지는 원융무애의 경지를 다만 화엄의 경지라
고 표현할 수밖에 없을 것입니다.

화엄경의 기본 입장은 갖가지 분별과 번뇌에 의해서 오염
되어 있는 우리의 언어나 감각으로 이해될 수 있는 불법의
세계를 설하고 있지 않습니다. 시간과 공간의 한정에 의해
서 제한되지 않는 광대한 불법의 세계가 석가모니불이라는
각자(覺者)의 명상을 통해서 설해지고 있는 것입니다.

화엄의 범어 명칭은 간다뷔하(Gaṇḍa-vyūha)입니다. Gaṇḍa
는 잡화(雜華)를, vyūha는 엄식(嚴飾)을 의미합니다. 즉 이름

없는 꽃을 포함한 수많은 종류의 꽃으로 법계를 아름답게 장식한다는 것입니다. 물론 꽃이란 중생인 우리 모두의 마음에서 피어나는 작은 진실의 꽃이라고도 할 수 있습니다. 이렇듯 이름 없는 한 송이 꽃에서도 무한한 우주의 생명이 약동하고 있음을 깨닫는 것, 그것이 바로 화엄경의 메시지임에는 틀림 없습니다.

화엄경의 범어 완본은 현재까지 발견되지 않고 있습니다. 다만 《십지품(十地品)》과 《입법계품(入法界品)》에 해당하는 범본(梵本)이 전해지고 있을 뿐입니다. 이 두 가지 범본은 A.D.150~250년경에 활동한 위대한 불교사상가 용수(龍樹)의 여러 저서에서 인용되고 있어서 성립기에 있던 화엄경의 원초 형태임을 알려주고 있습니다. 이 두 품은 화엄경이 하나의 독립경전으로 이루어지기 전에 이미 각각 별도의 경전으로 이루어졌기 때문에 화엄경 전체에 대한 범본은 없어도 위의 두 품에 대한 범본이 있게 된 것이 아닌가 생각됩니다. 또한 실제로 화엄경 중에서도 《십지품》과 《입법계품》이 화엄경을 가장 잘 대표하고 있는 품이라고 할 수 있습니다.

현재 한역(漢譯)으로 전해지는 화엄경은 다음의 세 가지가 있습니다.

(1) 동진(東晉) 불타발타라(佛陀跋陀羅, Buddhabhadra 359~429) 역. 34품 60권 화엄경. 진경(晉經) 또는 구역(舊譯) 화엄경이라고 칭함.

(2) 당(唐) 실차난타(實叉難陀, śikṣānada 652~710) 역. 39
품 80권 화엄경. 당경(唐經) 또는 신역(新譯) 화엄경이라고
칭함.
　(3) 당(唐) 반야삼장(般若三藏) 798년 역. 1품 40권 화엄경.
입법계품 단역본(單譯本). 40화엄 또는 정원경(貞元經)이라
고 칭함.

이제 본서의 저본으로 사용된 불타발타라 역 60권 화엄
경, 전 7처 8회 34품의 내용에 대해서 간략히 살펴보겠습니
다.

(1) 적멸도량회(寂滅道場會)

　① 세간정안품(世間淨眼品) : 세간정안품은 부처님께서 처
음 깨달음을 얻으셨을 때의 광경을 묘사하고 있다. 깨달음
을 얻으신 석존은 화엄경의 교주(敎主)인 비로자나불과 하
나가 된다. 법회에 운집한 많은 보살들이 석존의 깨달음을
찬탄한다. 이 찬탄은 석존께서 증득하신 깨달음의 광대무변
한 세계를 알리는 서곡이다.
　② 노사나품(盧舍那品) : 노사나품은 화엄경의 교주 비로
자나불의 세계를 설하고 있다. 그러나 비로자나불은 화엄경
에서 한 말씀도 설하지 않는다. 다만 광명을 발하여 그의 국
토인 연화장세계(蓮華藏世界)를 비춘다. 본 품에서도 수많은

보살이 등장한다. 특히 보현보살(普賢菩薩)은 비로자나불을 대신하여 비로자나불의 대행(大行)을 설하고, 문수보살(文殊菩薩)은 비로자나불의 대지(大智)를 설한다.

(2) 보광법당회(普光法堂會)

③ 여래명호품(如來名號品) : 무수한 여래의 명호를 설하고 그 명호는 곧 여래가 중생을 제도하는 지혜와 방편을 나타낸다. 그것은 곧 중생을 깨달음의 긴로 안내하는 길잡이가 되기도 한다.

④ 사제품(四諦品) : 초기불교의 핵심교리인 사성제를 설하고 있다. 본 품에서는 고(苦)·집(集)·멸(滅)·도(道)의 사제에 무수한 이름이 있음을 밝히고 사성제의 진정한 의미를 대승의 입장에서 설한다.

⑤ 여래광명각품(如來光明覺品) : 문수보살이 석존의 수행과 깨달음의 세계를 설한다.

⑥ 보살명난품(菩薩明難品) : 신행(信行)의 내용을 설한다. 연기(緣起)의 가르침에 대한 믿음과 자성청정의 세계를 밝힌다. 이에 대해서 묻는 사람은 문수보살이며 답하는 사람은 열 명의 보살이다.

⑦ 정행품(淨行品) : 청정한 믿음의 실천을 설한다. 재가자와 출가자들의 많은 서원을 밝히고 있다. 설법자는 문수보살이다.

해 설

⑧ 현수보살품(賢首菩薩品) : 보살행에 의한 공덕의 완성을 설한다. 설법자는 현수보살이다.

(3) 도리천궁회(忉利天宮會)

⑨ 불승수미정품(佛昇須彌頂品) : 앞의 적멸도량회와 보광법당회에서는 부처님의 깨달음과 신행의 의미, 보살도 수행의 공덕을 설했으나 본 도리천궁회에서는 보살도 수행의 실제적인 덕목을 설한다. 설법 장소는 수미산의 정상에 있는 도리천이다.

⑩ 묘승전상설게품(妙勝殿上說偈品) : 시방의 모든 보살이 도리천궁 묘승전에 운집하여 부처님의 공덕을 찬탄한다.

⑪ 보살십주품(菩薩十住品) : 본 품에서는 도리천궁회의 설법주제인 보살의 열 가지 수행단계에 대해서 설한다. 설법자는 법혜보살이다.

⑫ 범행품(梵行品) : 본 품에서는 보살의 수행을 완성하기 위한 열 가지의 청정한 행을 설한다.

⑬ 초발심보살공덕품(初發心菩薩功德品) : 초발심은 앞의 보살십주품에서 설해진 십주의 제1주(住)이다. 처음 깨달음에의 마음을 일으킨 보살의 공덕을 설한다.

⑭ 명법품(明法品) : 초발심보살이 정진해야 할 불도의 덕목에 대해서 설한다. 설법자는 법혜보살이다.

(4) 야마천궁회(夜摩天宮會)

⑮ 불승야마천궁자재품(佛昇夜摩天宮自在品) : 설법 장소
는 야마천궁의 보장엄전(寶莊嚴殿)이다. 야마천왕이 부처님
의 공덕을 찬탄하고 여러 과거불들의 공덕을 찬탄한다.
⑯ 야마천궁보살설게품(夜摩天宮菩薩說偈品) : 여러 보살
이 운집하여 각자 불법에 관한 자신들의 견해를 피력한다.
⑰ 십행품(十行品) : 본 품에서는 야마천궁회의 설법 주제
인 보살의 십지(十地)에 대해서 설한다. 설법자는 제불의 화
신(化身)인 공덕림(功德林)보살이다.
⑱ 십무진장품(十無盡藏品) : 보살이 갖추어야 할 열 가지
종교적 덕목을 설한다.

(5) 도솔천궁회(兜率天宮會)

⑲ 여래승도솔천궁품(如來昇兜率天宮品) : 도솔천궁회의
주제는 십회향(十廻向)이며 본 품은 도솔천에 오른 부처님
의 큰 설법을 알리는 전조를 설한다.
⑳ 도솔천궁보살찬불품(兜率天宮菩薩讚佛品) : 여러 보살
들이 부처님의 위신력에 힘입어 부처님의 공덕을 찬탄한다.
㉑ 십회향품(十廻向品) : 보살의 수행에 의해 얻어진 공덕과
깨달음의 회향을 설한다.

(6) 타화천궁회(他化天宮會)

㉒ 십지품(十地品): 10바라밀(十波羅蜜)에 배대하여 보살이 수행해야 할 실천덕목을 설한다. 십지란 환희지(歡喜地)·이구지(離垢地)·발광지(發光地)·염혜지(焰慧地)·난승지(難勝地)·현전지(現前地)·원행지(遠行地)·부동지(不動地)·선혜지(善慧地)·법운지(法雲地)이다.

㉓ 십명품(十明品): 보살의 수행단계를 십지에 의해서 설한다. 설법자는 금강장보살이다.

㉔ 십인품(十忍品): 보살이 수행해야 할 열 가지 지혜의 본질에 대해서 밝힌다.

㉕ 심왕보살문아승지품(心王菩薩問阿僧祇品): 부처님만이 아시는 여러 가지 계산법(法)의 종류를 설하고 깨달음의 공덕은 모든 산법으로도 헤아릴 수 없음을 설한다.

㉖ 수명품(壽命品): 여래의 영원한 생명을 설하고 중생의 근기에 의해서 수명의 장단자재(長短自在)를 보임을 밝힌다.

㉗ 보살주처품(菩薩住處品): 보살의 주처는 중생 교화를 위해 법계의 어느 곳이든 자재해야 함을 설한다.

㉘ 불부사의품(佛不思議品): 부처님의 공덕과 지혜의 작용은 불가사의함을 설한다.

㉙ 여래상해품(如來相海品): 부처님께서 갖추신 상호의 공덕은 오랜 보살행의 결과임을 밝히고 그 공덕을 찬탄한다.

㉚ 불소상광명공덕품(佛小相光明功德品): 부처님께서 갖

추신 각각의 상호에서 낱낱의 광명을 발하고 그 광명은 법계에 두루 비춰서 지옥의 고통을 받는 중생도 해탈할 수 있음을 설한다.

㉛ 보현보살행품(普賢菩薩行品) : 보현보살의 열 가지 행원을 설하고 일승원교(一乘圓敎)의 도리를 밝힌다.

㉜ 여래성기품(如來性起品) : 제불의 깨달음과 그 공덕은 바로 불성(佛性)에서 생기한 것이며 일체중생도 모두 제불과 동일한 불성을 갖추고 있음을 설한다.

(7) 중회보광법당회(重會普光法堂會)

㉝ 이세간품(離世間品) : 불도의 완성을 위한 갖가지 수행방편과 그 실천을 설한다.

(8) 서다림회(逝多林會)

㉞ 입법계품(入法界品) : 본 품은 화엄경 전체의 약 사분의 일(1/4)에 해당하는 긴 분량으로서 독립경전으로서도 완전한 체계를 갖추고 있다. 보리심을 일으킨 소년 선재가 문수보살의 가르침에 의해 53선지식을 순례하며 보살행의 완성에 대해서 묻는다. 화엄경 전체의 구성을 압축하여 보여준다.

실로 이와 같이 장엄하고 화려한 구성을 바탕으로 불도(佛道)의 근본이념과 수행체계를 웅대하게 전개하고 있는 화엄경은 대승불교의 대표적인 경전이라고 부르기에 손색이 없습니다. 즉 화엄경은 부처님께서 이루신 정각(正覺)을 근본 주제로 하여 '불도의 실천이란 무엇인가?' '깨달음이란 무엇인가?' '일체 중생은 어떻게 깨달음에 이를 수 있는가?'라는 문제를 제기하고 있습니다.

그러므로 화엄경에서는 불도를 이루기 위해 수행하는 보살의 갖가지 수행 즉, 십신(十信) · 십주(十住) · 십행(十行) · 십회향(十廻向)을 설하고 있으며 마음과 우주의 연기적(緣起的) 구조, 보현보살의 광대한 행원(行願), 선재동자(善財童子)의 53선지식 편력과 같은 대승불교의 근본 주제가 웅대한 체계로 전개되고 있는 것입니다.

이와 같은 화엄경은 부처님이 깨달으신 내용과 무한의 세계관 및 보살행을 가장 잘 표현하고 있습니다.

우리는 보통 이상과 현실은 합일(合一)될 수 없다고 말합니다. 그러나 현실과 이상이 자유자재롭게 합일될 뿐만 아니라 또 현실은 현실대로, 이상은 이상대로 움직이는 화엄경의 사유방식은 다른 경전에서는 볼 수 없는 독특한 것이 아닐 수 없습니다. 뿐만 아니라 화엄경에서는 보살행을 행하는 사람은 마땅히 자기자신을 수천 번이라도 버리는 헌신을 강조합니다. 화엄경에서 설해지는 보살은 그야말로 진정한 종교인의 모습이 아닐 수 없습니다.

선재동자의 구도정신

화엄경의 전체불량 중 약 1/4에 해당하는 맨 마지막 품인 〈입법계품〉에서는 열렬한 구도정신으로 보살도를 실천하는 구도자의 전형으로 선재동자가 등장합니다.

문수보살의 가르침에 의해 보리심을 일으킨 소년 선재는 오랜 세월 53명의 선지식을 찾아 다니며 보살도의 실천에 대해서 묻습니다. 이 53명의 선지식은 보살 4명·비구 4명·비구니 1명·재속의 여신도 4명·바라문 2명·이교도 1명·선인(仙人) 1명·신(神) 11명·왕 2명·장자 10명·의사 1명·뱃사공 1명·부인 2명·여인 1명·소년 4명·소녀 4명으로 구성되어 있습니다.

이 53명의 선지식 가운데에는 불교도들도 있지만 갖가지 직업을 가진 세속인과 다른 종교의 신자도 포함되어 있습니다. 선재동자는 그 대상이 누구이건 인생의 도(道)에 통달하여 가르침을 베풀 수만 있다면 성별이나, 나이, 신분, 종교를 초월해 진리를 물었던 것입니다. 이와 같이 진리를 추구해 마지 않는 열렬한 구도정신은 바로 세속의 번뇌에 물듦이 없이 꿋꿋한 마음을 지닌 선재라는 소년의 순진무구함에서 비롯됩니다. 그것은 바로 순진무구한 모든 소년들의 영원한 특권인 것입니다.

　화엄사상 연구에 조예가 깊은 한 노학자는 일찍이 이렇게 말하고 있습니다.

"돌이켜 보건대 화엄경의 설법은 극히 하찮은 일상생활에서부터 끝없이 확대되며 전우주의 공간을 포용하여 전개되고 있는 영원의 세계관이었다. 이 세계관은 바로 우리들의 깨달음과 실천에 의해 끊임없이 심화됨으로써 그대로 비로자나불에 연결되어 있는 것이었다."

　이 화엄경을 읽는 우리들 모두는 각자 한 사람의 선재동자가 되지 않으면 안될 것입니다. 우리들 모두의 인생은 불도를 향해 얼굴을 돌린 초발심(初發心)으로부터 궁극적인 깨달음에 이르기까지의 전과정 중 한 과정이며, 저마다의 인생을 반경으로 하는 원형(圓形)으로 표상될 수 있을 것입니다. 이 원형은 바로 초월적이며 내재적이면서도 삼라만상이 상즉상입의 연화장법계에 표용되는 화엄의 세계를 표출해 내고 있습니다.
　사람은 누구나 한 사람의 선재동자로서 자기 자신의 인생을 반경으로 하는 원형의 외곽으로부터 그 중심을 향해 걷고 있는 순례자입니다. 그 원의 중심점에 도달했을 때 비로소 우리는 자기자신이 바로 한 사람의 부처이며, 전 우주인 것을 깨달을 수 있을 것입니다.
　화엄의 교리에서는 극소의 세계 속에 극대의 세계가 내재

되어 있다고 말합니다(一卽多 多卽一). 또 '털구멍 속에서 일체가 출현한다'고 하며 하나의 털구멍 속에 원자의 수만큼이나 되는 모든 세계가 포함되어 있다고 합니다. 그리고 시간적으로 한정되어 있는 한 찰나 속에 우주의 일체를 포함하는 의식을 긍정합니다. 일념 속에서 일체처에 두루 존재함으로 자기자신 속에서 일체사물을 파악한다는 사상도 성립될 수 있었던 것입니다.

오늘날 우리는 대승불교의 깊은 정신성(精神性)과 준교적 실천을 설하고 있는 화엄경을 숙독하지 않으면 안될 시대적 필연성을 깨닫고 있습니다. 그것은 변화의 시대를 살면서 분단국가의 숙명을 짊어지고 있는 우리 현대의 한국인은 화엄경이 가르치는 원융무애의 통일적 세계관에 기초한 창조적 자기형성의 진리를 항상 닦고 실천해야 할 것이기 때문입니다.

역자소개 : 김 지 견 (金知見)

전남 영암 출생. 동국대 대학원 졸업.
일본 고마자와(駒澤)대학과 도쿄(東京)대학 박사과정 졸업.
도쿄대학에서 '신라시대 화엄사상에 대한 연구'로 박사학위를 받음.
동국대, 강원대, 한국정신문화연구원 교수 역임.
한국 화엄학 연구의 선구자. 2001년 향년 71세로 작고.
*저서 : 《신라불교연구》·《균여대사화엄학전서》·《프라산나파다
(中論頌)》·《元曉聖師의 철학세계》·《육조단경의 세계》 등.

불교경전 ①

화 엄 경

1994년 9월 30일 초판 1쇄 발행
2025년 4월 10일 초판 16쇄 발행

역 자 — 김 지 견
발행인 — 윤 재 승
발행처 — 민 족 사

등록 제1-149호, 1980. 5. 9.
서울 종로구 삼봉로 81 두산위브파빌리온 1131호
전화 (02) 732-2403~4, 팩스 (02) 739-7565
홈페이지 // www.minjoksa.org, E-mail // minjoksabook@naver.com

ISBN 978-89-7009-175-4 04220
ISBN 978-89-7009-160-0 (세트)

● 경전은 부처님의 말씀입니다.
● 경전을 소중히 합시다.